新时代 大学生 劳动教育教程

主 编 邝邦洪
副主编 张 辉 李 琴

广东高等教育出版社
Guangdong Higher Education Press
·广州·

图书在版编目（CIP）数据

新时代大学生劳动教育教程/邝邦洪主编．—广州：广东高等教育出版社，2022.6（2024.8重印）

ISBN 978－7－5361－7263－0

Ⅰ．①新⋯　Ⅱ．①邝⋯　Ⅲ．①劳动教育－高等学校－教材　Ⅳ．①G40－015

中国版本图书馆 CIP 数据核字（2022）第 105404 号

XINSHIDAI DAXUESHENG LAODONG JIAOYU JIAOCHENG

出版发行	广东高等教育出版社
	地址：广州市天河区林和西横路/510500
	营销电话：(020) 87551597
	网　　址：http://www.gdgjs.com.cn
印　刷	广州方迪数字印刷有限公司
开　本	787 mm × 1 092 mm　1/16
印　张	12.75
字　数	310 千
版　次	2022 年 6 月第 1 版
印　次	2024 年 8 月第 3 次印刷
定　价	32.00 元

版权所有　翻印必究

序言

2018年9月10日，习近平总书记在全国教育大会上强调，要"培养德智体美劳全面发展的社会主义建设者和接班人"，"要努力构建德智体美劳全面培养的教育体系，形成更高水平的人才培养体系"，"要在学生中弘扬劳动精神，教育引导学生崇尚劳动、尊重劳动，懂得劳动最光荣、劳动最崇高、劳动最伟大、劳动最美丽的道理，长大后能够辛勤劳动、诚实劳动、创造性劳动"。很显然，这是对高校提出了培养什么样的人和加强劳动教育的新任务、新课题。

面对这一新任务、新课题，高校的每一位教育工作者都应当认真思考，认真反思，拿出新的思路、新的举措，强化对新时代大学生的劳动教育。

一、反思高校大学生劳动教育的缺失

在对新时代大学生进行劳动教育的过程中，我们曾一度淡化和弱化了对大学生的劳动教育，现在我们不能不反思，必须正视劳动教育的缺失现象。

一是日常生活劳动习惯的缺失。过去，大学生宿舍的卫生保洁都是由同宿舍的学生轮值完成的，现在不存在了；过去，大学生宿舍楼的周边卫生，教室、校园场所的卫生保洁都是由班集体完成的，现在不存在了；过去，学生到饭堂吃饭，碗筷都得自己洗，现在也不存在了。这种自身服务和公共服务性劳动的弱化和缺失必然会导致大学生劳动观念的变化。二是社会服务性劳动的缺失。过去，大学生会到工厂、农村体验劳动生活，接受劳动教育，到工厂、铅锌矿、煤矿参加劳动，体验工人劳动工作的强度，学习工人的劳动精神；或到农村参加修水利、抗旱救灾、挖水渠、收稻谷等劳动，接受农民的劳动教育，在劳动过程中充分发挥双腿、双臂、肩、背和腰在劳动中的作用，真正体会到了体力劳动的艰辛。但这一切都已基本缺失了。三是社会劳动教育的缺失。由于社会环境的变化，在相当长的一段时间内，社会以及学校对大学生的劳动教育是缺失的，过多地强调了"智育"。分数至上的要求，"学好数理化，走遍天下都不怕""学而优则仕""工字不出头"的观念仍在影响着人们。独生子女的出现，导致家长对子女劳动观念的教育被淡化、弱化，强调得过多的是学习成绩，于是出现了不珍惜劳动成果、不想劳动、不会劳动的现象，甚至出现了大学生定期寄脏衣服回家洗、家长陪读的现象。这些劳动观念、劳动习惯、劳动意识的缺失，不得不说，会影响大学生正确世界观、人生观、价值观的形成。

反思与正视劳动教育的缺失并进行整改,在新时代重新强化劳动教育,这对于培养大学生德智体美劳全面发展、成为社会主义的建设者和接班人具有重要意义。

二、开辟新时代高校劳动教育的新路径

劳动教育是新时代党对教育的新要求,是中国特色社会主义教育制度的重要内容,是培养德智体美劳全面发展的合格大学生的重要组成部分。高等教育工作者必须顺应新时代的形势要求,开辟新时代高校劳动教育的新路径。一是引导大学生自觉养成日常生活劳动习惯,独立处理自身的生活事务,积极参与宿舍卫生保洁劳动,提高劳动自立自强能力。二是引导大学生自觉提高校园服务性劳动意识,自觉参与教室、实验实训室、饭堂等公共场所的卫生保洁,以及绿化美化校园的服务性劳动,树立为校园环境优化服务的劳动观念。三是引导大学生积极参与"进社会"的劳动实践,结合专业学习、创业创新教育,组织学生进入社会,到高新企业、中小微企业,以及各类行业进行产教融合,进行与科学实验、毕业设计、实习实训、顶岗实习等相结合的各类劳动实践。这一方面可以提高大学生的动手能力和操作能力;另一方面可以让大学生在与企业家、行业专家、高科技人员、普通劳动者的交流中,学习他们勤勉敬业的劳动精神、奉献精神,加深对劳动价值的理解,提高对劳动创造物质财富、精神财富的认识,领悟"幸福是奋斗出来的"的丰富内涵和深远意义。四是引导大学生加强劳动教育课程的学习。新时代的高等教育肩负着立德树人的根本任务,肩负着为社会主义培养建设者和接班人,"为人民服务,为中国共产党治国理政服务,为巩固和发展中国特色社会主义制度服务,为改革开放和社会主义现代化服务"的神圣使命。要完成这些重要任务,必须开好劳动教育这门课程,因为在过去对大学生的教育比较注重"德智体美"的教育,劳动教育相对来说比较缺失。我们要通过劳动教育课程,使大学生树立正确的劳动观念,充分认识劳动创造历史、创造价值、创造财富、创造美好生活的重要意义,自觉培养劳动意识、劳动态度、劳动精神、劳动情感、劳动习惯、劳动技能,将来更好地创业就业,为社会的发展贡献青春的力量。

三、编写新时代高校劳动教育的新教材

为落实习近平总书记的重要指示、《中共中央 国务院关于全面加强新时代大中小学劳动教育的意见》和教育部《大中小学劳动教育指导纲要(试行)》精神,以适应培养德智体美劳全面发展的社会主义建设者和接班人的需要,广州工商学院组织众多一线教师编写了《新时代大学生劳动教育教程》。本教材是专供应用型大学开设劳动教育课程使用的,在编著设计时,追求新的特色。

第一,内容的新颖性。教材将劳动教育的历史源流与创新发展做了概括归纳,独特又新颖。一是从原始社会时期的劳动教育开始,一直梳理到近代以来的劳动教育,以大量的史实、案例说明劳动创造人、劳动创造价值、劳动创造财富、劳动培养了中国人民勤劳的品质和不畏艰苦的传统精神。二是教材从新中国成立初期的劳动教育一直梳理到新时代的劳动教育,以大量的资料说明中国共产党的教育方针,党和国家领导人高度重视对学生的劳动教育,并不断创新发展。尤其是进入新时代后,劳动教育体系得到全新的构建,彰显了新时代"五育并举"、全面育人的理念。教材还高度概括地介绍了国外

劳动教育的思想理念、教学体系、师资培养经验、教学途径以及保障体系，以开拓劳动教育的视野和借鉴成功的经验。

第二，指导的有效性。本教材以有效指导劳动教育过程化为编著理念，形成一个有效的劳动教育体系。一是指导学生回顾马克思主义劳动观与劳动教育的历史，思考与践行新时代劳动观，分析劳动教育的现状与前景；二是根据新时代国家与社会的发展、学生个人成长的需要，兼顾知识的系统性与教学的引导性，有针对性地设置了案例分析的板块，以指导学生树立正确的劳动观念，形成正确的劳动习惯，激发学生的劳动热情；三是提出大学生日常生活劳动、服务性劳动的方法与路径，以及生产劳动的方法与路径，具有一定的科学性、指导性和可操作性。

本教材的写作框架由邝邦洪提出，经邝邦洪、张辉研讨后确定写作提纲。具体的编写分工是：序言由邝邦洪撰写；第一章由李琴撰写；第二章由张辉撰写；第三章第一节、第二节由周静撰写，第三节、第四节由黄鹏撰写；第四章由赵复查撰写；第五章由李赣撰写。邝邦洪负责全书的统稿工作。本教材在编写的过程中，得到了广东高等教育出版社的大力支持，在此深表谢意。

由于编者水平有限，书中难免存在疏漏，恳请广大师生在使用后提出宝贵的意见和建议，以便我们及时做出修订。

邝邦洪

2022 年 1 月于广州工商学院

第一章 劳动教育的历史源流与创新发展 / 1

第一节 我国劳动教育的历史脉络 / 1

一、原始社会时期的劳动教育（170万年前—公元前2070年）/ 1

二、夏商周时期的劳动教育（公元前2070年—公元前769年）/ 3

三、春秋战国时期的劳动教育（公元前770年—公元前221年）/ 4

四、秦朝至晚清的劳动教育（公元前230—1840年）/ 5

五、近代以来的劳动教育（1840—1949年）/ 7

第二节 新中国劳动教育的创新发展 / 10

一、劳动教育初建时期（1949—1955年）/ 10

二、劳动教育挫折时期（1956—1977年）/ 13

三、劳动教育改革时期（1978—1992年）/ 15

四、劳动教育转型时期（1993—2011年）/ 20

五、劳动教育创新时期（2012年至今）/ 22

第三节 劳动教育的国际经验与借鉴 / 25

一、国外劳动教育思想理念 / 25

二、国外劳动教育教学体系 / 29

三、国外劳动教育师资培养经验 / 33

四、国外劳动教育教学途径 / 37

五、国外劳动教育保障体系 / 40

第二章 新时代加强大学生劳动教育的重大意义 / 42

第一节 新时代劳动教育的基本内涵和基本理念 / 42

一、新时代劳动教育的基本内涵 / 42

二、新时代劳动教育的基本理念 / 48

三、新时代高校劳动教育的内涵及外延 / 55

第二节 新时代劳动教育的指导思想和重大意义 / 66

一、新时代劳动教育的指导思想 / 66

二、新时代劳动教育的重大意义 / 68

第三节 新时代高校劳动教育的基本原则和主要功能 / 69

一、新时代高校劳动教育的基本原则 / 69

二、新时代高校劳动教育的主要功能 / 71

第三章 新时代大学生劳动教育的内容要义 / 75

第一节 树立马克思主义劳动观、价值观 / 75

一、马克思主义劳动观的思想渊源 / 75

二、马克思主义劳动观的价值内涵 / 79

三、新时代大学生劳动观内涵的扩展 / 84

第二节 重视日常生活劳动教育，树立自立自强意识 / 86

一、日常生活劳动教育的内涵及特征 / 86

二、大学生日常生活劳动教育的路径 / 88

三、在日常生活劳动教育中着力培养自立自强能力 / 94

第三节 强化服务性劳动教育，培育爱国爱民情怀 / 100

一、服务性劳动教育的内涵及特征 / 101

二、在服务性劳动教育中着力培育爱国爱民情怀 / 106

第四节　加强生产劳动教育，提高创新性解决问题能力 / 111
　　一、生产劳动教育的内涵及特征 / 112
　　二、生产劳动教育的方法与路径 / 113
　　三、在生产劳动教育中着力提高创新性解决问题能力 / 113

第四章　新时代大学生劳动教育的实施体系 / 122

第一节　新时代大学生劳动教育的途径 / 122
　　一、家庭教育是大学生劳动教育的起点 / 123
　　二、学校教育是大学生劳动教育的基石 / 126
　　三、社会教育是大学生劳动教育的延伸 / 130

第二节　新时代大学生劳动教育的方式 / 135
　　一、从日常生活着手培养劳动工作习惯 / 135
　　二、从专业发展着手参与创新创业实践 / 139
　　三、从社会实践着手提升专业发展技能 / 144

第三节　新时代大学生劳动教育的组织实施 / 147
　　一、明确新时代大学生劳动教育的意义 / 148
　　二、把握新时代大学生劳动教育的原则 / 151
　　三、抓好新时代大学生劳动教育的实施 / 154

第五章　新时代大学生劳动教育的保障体系 / 158

第一节　新时代大学生劳动教育的条件保障 / 158
　　一、组建多元化劳动教育师资队伍 / 158
　　二、拓展多样性劳动教育实践场所 / 161
　　三、健全多层次劳动教育条件保障机制 / 164

第二节　新时代大学生劳动教育的评价督导 / 168

　　一、建立大学生劳动教育责任制与激励机制 / 168

　　二、健全大学生劳动素养评价制度 / 172

　　三、加强劳动教育督导检查与质量评估 / 176

第三节　新时代大学生劳动教育的社会支持 / 181

　　一、建立大学生校内外劳动教育实训实践基地 / 181

　　二、组织大学生社会实践和志愿服务 / 185

　　三、引导大学生客观科学地掌握数字劳动 / 188

第一章
劳动教育的历史源流与创新发展

马克思主义劳动学说认为劳动创造了人本身,劳动对人和人类社会的形成和发展具有根本的决定意义。正如恩格斯指出的:"一句话,动物仅仅利用外部自然界,简单地通过自身的存在在自然界中引起变化;而人则通过他所作出的改变来使自然界为自己的目的服务,来支配自然界。这便是人同其他动物的最终的本质的差别,而造成这一差别的又是劳动。"[①] 语言从劳动中并和劳动一起产生出来,人脑、感官、意识以及抽象能力、推理能力的发展,又反过来对劳动和语言发生作用,促成了"完全的人"的形成。劳动的重要性使劳动教育的地位也十分显著。马克思在《资本论》里指出:"从工厂制度中萌发出了未来教育的幼芽,未来教育对所有已满一定年龄的儿童来说,就是生产劳动同智育和体育相结合,它不仅是提高社会生产的一种方法,而且是造就全面发展的人的唯一方法。"[②] 所以劳动乃至劳动教育在社会主义阵营总是有着特殊的地位,这既是人的基本属性,也是无产阶级的生活特征。

第一节 我国劳动教育的历史脉络

一、原始社会时期的劳动教育（170万年前—公元前2070年）

在物质条件不丰富的原始社会,由于社会组织结构简单,生产力低下,大部分人为了获取生活资料苦于奔波。与劳动同步进行的社会生产教育是对年轻一代教育的主要内容。随着语言的产生与发展,人们的交流更加丰富,劳动经验的积累也使人们对年轻一代进行更有计划性、目的性,与社会生产高度相关联的训练,由此便形成了狭义的劳动教育概念。但值得注意的是,在整个原始社会时期,人们主要是从生活中,更主要的是从劳动中获取知识与技能,这是教育的雏形。人们获取的知识也主要是原始的社会生产技能与个体的一些主观性经验。因此,在进入阶级社会之前,劳动教育的概念才开始出

---

① 中共中央马克思恩格斯列宁斯大林著作编译局. 马克思恩格斯选集：第三卷 [M]. 北京：人民出版社，2012：997-998.

② 中共中央马克思恩格斯列宁斯大林著作编译局. 马克思恩格斯选集：第二卷 [M]. 北京：人民出版社，1995：212

现，同时有着传授年轻一代生产技能经验的功能。①

在传说时代的劳动教育，往往通过首领故事的口耳相传进行。远古时期的首领参与劳动的故事往往以偶像崇拜的方式存于后世，其劳动事迹被后世传颂，这也奠定了中华民族勤劳、注重实践的优秀劳动教育传统。比较著名的有神农氏、嫘祖和大禹。

神农氏既是部落首领，也是传说中农业的创始人，他将农作种植技术与耕作技术传授给民众，因此获得千秋功绩。《白虎通》曰："古之人民皆食禽兽肉。至于神农，人民众多，禽兽不足，于是神农因天之时，分地之利，制耒耜，教民农作，神而化之，使民宜之，故谓之神农也。"②《周易·系辞下·第八》曰："包牺氏没，神农氏作，斫木为耜，揉木为耒，耒耨之利，以教天下，盖取诸益。"炎帝神农发明及制造了耒耜等多种农具、教化民众种地劳作的事迹一直流传至今。这也是我国史前发明利用工具发展农业的先例。③

在神话传说中，嫘祖发明推广了养蚕技术。她是传说时代首领体现勤劳传统的代表人物。嫘祖相传为黄帝正妃，她协助黄帝发展社会生产，具有很大贡献。从她的功绩中来看，对社会生产贡献最大的是发明植桑养蚕、缫丝制衣，并将技术授予民众，造福广大民众。据《淮南子》记载："黄帝元妃西陵氏始蚕，即为先蚕。"淮南王刘安《蚕经》云："黄帝元妃西陵氏始蚕，盖黄帝制衣裳因此始也。"《路史·疏仡纪·黄帝》云："命西陵氏劝蚕稼。"《路史·后纪》云："黄帝元妃西陵氏曰傫祖，以其始蚕，故又祀之先蚕。"④嫘祖辛勤劳动的形象经过代代相传，成为重要的劳动教育素材，至今仍然根植于人民的记忆中。

大禹治水是人类通过自身劳动改造自然的先例，并在后世继续得到大力颂扬，表现了中国人民勤劳的品质，也形成了不怕艰苦、人定胜天的传统精神。大禹身为部落首领，在传说中保持着亲身劳动、大公无私、苦行救世的形象。《庄子·天下》曰："禹亲自操橐耜而九杂天下之川；腓无胈，胫无毛，沐甚雨，栉疾风，置万国。禹大圣也，而形劳天下也如此。使后世之墨者，多以裘褐为衣，日夜不休，以自苦为极，曰不能如此，非禹之道也，不足谓墨。"春秋时代的墨子、庄子都十分推崇大禹，说他"沐雨栉风，亲操劳作"，便是形容他为人民服务不辞辛劳，为治水、改造水道，常年将双腿浸于水中，以至于到了"腓无胈，胫无毛"的程度。⑤

远古时期英雄人物的劳动传说是劳动教育的原始素材，为后世的劳动教育提供了生动的教育资源，远古时期作为劳动教育的萌芽时期，成为中华五千年来劳动教育的起点。

---

① 明正. 劳动教育不容忽视：劳动教育历史考察随笔［J］. 赣南师范学院学报，1987（2）：73-76.

② 刘涛涛，童海燕. 试论炎帝神农文化的当代价值［J］. 商丘职业技术学院学报，2016，15（1）：113-115.

③ 肖浩辉. 试论炎帝神农氏文化的特点及其现实意义［J］. 船山学刊，1994（1）：1-5.

④ 杨东晨. 中华"先蚕"嫘祖考：黄帝正妃嫘祖与本姓后裔的事迹［J］. 西南科技大学学报（哲学社会科学版），2008（5）：62-68.

⑤ 冯孟. 身体力行：基于墨子身体观的大学生劳动教育研究［J］. 智库时代，2020（2）：204-205.

二、夏商周时期的劳动教育（公元前 2070 年—公元前 769 年）

进入阶级社会后，统治集团逐渐从人民大众中划分出来，扮演祭祀、社会管理者、军事统治者的角色。一部分知识含量高的工作如田地的测量、天象的观察、灾祸的预告、病人的诊治等集中掌握在上层阶级手中。教育开始出现分化，智力教育集中在上层阶级。这种教育不同于与体力劳动相关的传授劳动技能和经验的教育，而是与宗教祭祀、军事应用、上层设计等高度相关，这逐渐化作统治集团的特权。教育逐渐为上层阶级服务，为了讲授这些知识，国家开始建立专门传授知识的学校，以此更好地管理民众、维护统治。①

虽然劳动已经与统治集团的日常相分离，但生产仍然是国之大事。因为生产劳动广泛存在，所以劳动教育必然存在于普通群众中，一代代人民群众也必须接受劳动教育才能保持正常的经济社会发展。劳动教育的精神内核通过祭祀祭礼依然存在于社会教育体系之中。天子籍田礼自夏朝便有，学校教育虽然与劳动分离，但国家大型仪式也仍然体现了国家对农业劳动的重视。古代中国是一个传统的以农业为主的国家，农业生产与国家实力、国家兴旺息息相关，与农业相关的仪式从古至今都被历代帝王重视，这从古代祭典祭礼就能看出。天子籍田礼便是自阶级社会建立起来就出现的国家重要传统仪式。它不仅展示了国家对农业发展的重视，也隐含了君王拥有掌控国土权力的内涵。公元前 2070 年，夏王朝——中国历史上建立的首个王朝便以农业为尊。《论语·宪问》有载："禹稷躬稼而有天下"。《论语·秦伯》有载："卑宫室而尽力乎沟洫"。至商朝，商王不仅通过祭典籍田礼等祈求好年成，还亲自深入农地察看情况，派专任农官指挥督促农业生产。至周朝，君王对农业也非常重视，如《尚书·无逸》载："文王卑服，即康功田功"。总的来说，夏、商、周三朝虽然在教育上已发展出学校教育，但从国家发展角度来说，农业仍然是重中之重，依旧不能忽视对农业劳动的重视。② 当时对劳动人民的教育主要是围绕以籍田礼为主的祭典祭礼展开的。这与周朝统治者对农业的重视密切相关。产生于周代的《诗经》也包含了生产种植教育相关的内容，反映了国家以农为本的内核，同时也展现出周人对先人的敬仰和对自身传统的肯定。《周颂·噫嘻》有载："率时农夫，播厥百谷。骏发尔私，终三十里。亦服尔耕，十千维耦。"这是赞颂周王带群臣进行籍田礼的诗句，其中的"农夫"是作为一个群体、阶级的代表，周王及其群臣的籍田只是作为礼仪，但也带动了真正的耕作主力，即进行"十千维耦"的农夫的积极性。《豳风·鸱鸮》有载："予手拮据，予所捋荼。予所蓄租。予口卒瘏，曰予未有室家……予室翘翘。风雨所漂摇"。以寓言的形式，用担心鸱鸮侵略家园来隐喻守护国家需要时刻辛勤劳作，时刻面对即将到来的危险。其中"拮据""捋荼""蓄租""卒瘏"等动词，看似在描写禽鸟辛劳构筑巢穴，实质上却体现了民众为了建立家园而辛勤劳动的详细情况。"予室翘翘""风雨所漂摇"生动描写了家园处于风雨飘摇的状态，同时也可当作是普通大众贫苦饥寒状况的体现。这说明作为统治集团的代表人周公，其心目中的劳动者形象也非常勤劳、辛苦，为生计痛苦挣扎。诗句中深刻体现了对劳动的肯定和对劳动者的同情。

---

① 曹孚. 外国教育史［M］. 北京：人民教育出版社，1962.
② 钟祥财. 中国农业思想史［M］. 上海：上海交通大学出版社，2017：3.

《诗经》中也有生动描写民众劳作情景的诗句，这也是劳动教育在民间的体现，如《豳风·七月》《大雅·绵》《大雅·生民》等经典章节。《豳风·七月》为国风第一长诗，它完整地描绘了豳地百姓一整年辛勤劳动的情景：一月修理农具（"三之日于耜"）；仲春养蚕（"遵彼微行，爰求柔桑"）；七月烹煮菜豆（"七月烹葵及菽"）；八月剪桑（"取彼斧斨，以伐远扬，猗彼女桑"）；九月修整打谷场（"九月筑场圃"）；十月收割庄稼（"十月纳禾稼"），然后修整房屋（"亟其乘屋"）；十一月狩猎（"一之日于貉"）；十二月凿冰、藏冰（"二之日凿冰冲冲，三之日纳于凌阴"）；岁末进行仪式典礼，祭祀先人（"朋酒斯飨，曰杀羔羊。跻彼公堂，称彼兕觥"）。豳地在今陕西、甘肃交界一带，属泾河流域，以陕西旬邑、彬县为中心，北至甘肃宁县、庆城等地，周人先祖公刘迁居于此。《豳风·七月》中的作物、气候等，经过千年，仍可与当地农作规律相符合。这样直观地描绘农业生产和百姓生活，也体现出周人朴实的品性和勤劳的本质。与农作相关的诗歌既是如实记录，也是当时劳动经验的凝练与汇总，体现出明显的以农为本、重视体力劳动的思想倾向。①

可见在先秦时期，无论是官方还是民间均较为注重劳动教育。

三、春秋战国时期的劳动教育（公元前770年—公元前221年）

随着生产力的发展，官学流散于民间，诸子百家崛起。百家之中也出现了赞颂劳动、关注底层劳动者等优秀思想，这是对世人进行劳动教育的形式之一。

古代儒家思想对原始大同理想的描绘中，有着重视劳动的相关记载。《礼记·礼运》中就有十分著名的与劳动相关的表述："大道之行也，天下为公。选贤与能，讲信修睦。故人不独亲其亲，不独子其子，使老有所终，壮有所用，幼有所长，矜、寡、孤、独、废、疾者皆有所养，男有分，女有归。货恶其弃于地也，不必藏于己；力恶其不出于身也，不必为己。是故谋闭而不兴，盗窃乱贼而不作，故外户而不闭。是谓大同。"主张每个社会成员都为了社会的共同利益而劳动。

诸子百家中，墨家是最尊重生产劳动的派别之一，其劳动思想也在诸子百家的思想中最为著名。此后从私学上，教育与劳动开始结合。墨子是践行与发展劳动教育的代表人物，他将劳动放在十分重要的地位，提出"赖其力者生，不赖其力者不生"等思想，更提出"劳形天下"。墨子本身也是一位十分出众的劳动者，他的劳动教育是以自身为主要承载，强调身体上、体力上的劳动。他寄希望于通过亲身劳作实现墨家的兼爱思想，从而创造出了以自身身体为中心的劳动观念。② 墨子将弟子参加生产性劳动放在培养内容极重要的位置，他强调教育要从生产劳动中汇总经验，掌握技能，从而来引导实践。③

到了战国时期，随着社会生产力的提高，重视农业生产的农家也随之兴起，其中以农家学者许行为代表。农家劳动思想内容丰富，可分为不同的种类，有以许行为代表的

---

① 杜志强. 到《诗经》里听劳动之声："五一节里说劳动"之一 [J]. 博览群书, 2019（5）：98-104.

② 冯孟. 身体力行：基于墨子身体观的大学生劳动教育研究 [J]. 智库时代, 2020（2）：204-205.

③ 刘杨. 中国古代教育思想（一）[J]. 西部素质教育, 2018, 4（8）：8-9.

"君民并耕"等思想精神，也有《吕氏春秋·士容论》中以农家四篇为代表的其他种类，但总的来说，农家自身始终没有脱离重视农业的本质。许行"君民并耕"等农家代表精神，在战国时代环境下产生，有其历史的契合性。农家希望通过自家的思想精神对当时时代的"不合理性"给予修正，也希望通过自身努力实践农家对于治国等诸方面的主张，所以农家劳动教育的出发点非常高，是从治国出发，想将农业劳动推至国家运行层面。

四、秦朝至晚清的劳动教育（公元前230—1840年）

自秦建立了统一国家开始，我国两千多年的封建社会都受到儒家文化的影响，官方教育注重对文人的培养。总的来说，这段时期劳动教育的重点集中在农业生产领域，注重农业生产，传承了籍田礼，但缺乏对参与生产劳动的广大人民的尊敬与重视，对手工业劳动的重视也不够。

历经乱世之后，籍田礼从汉文帝时期开始恢复，"至汉文帝开耤田，置令、丞，春始东耕。武帝制策：今朕亲耕，以为农先。昭帝耕于钩盾。明帝东巡，耕于下邳。章帝北巡，耕于怀县。魏氏天子亲耕于耤。晋武帝耕于东郊，供祀训农。宋文帝制千亩亲耕。齐武帝载耒耜躬耕。梁初依宋礼。后魏太武帝祭先农而后耕。北齐耕耤于帝城。隋制。耤坛行礼，播植，以拟齍盛。唐太宗致祭先农，耕于千亩之甸。玄宗欲重劝耕，进耕五十余步。肃宗命去耒耜雕刻，冕而朱纮，躬九推焉。宋端拱以来，有《耕耤事类》五卷。此耤田之制，历载经史，昭然可鉴。钦惟圣明，丕阐皇图，讲明典礼，开帝耤于京畿，备齍盛于郊、庙，先身示劝，照映古今"①。可见，籍田礼作为一种十分经典的仪式在古代统治集团的典礼中一直延续下来，这也是古代官方进行劳动教育的一个缩影。

在这一时期的民间，人们也注重农业生产和在实践中学习。虽然民间仍然未出现专门培养劳动意识的课程，但一些重要人物对生产劳动技术的推广发挥了突出作用。西汉时期赵过对耕作制度进行修改，发明了楼车，把牛耕技术推广到民众之中。北魏贾思勰的《齐民要术》是凝聚了劳动生产经验和农业技术智慧的巨著。贾思勰在《齐民要术》的自序中，不光强调了加强农业生产和重视农业技术的必要性，还讲道："鄙意晓示家童，未敢闻之有识。"② 这说明此书的初衷是为了让家中从事生产劳动的劳动民众学习，而不是针对知识分子而写的。

明代徐光启的《农政全书》体现的农本思想也和劳动教育有密切联系。在徐光启的观念中，农业之所以为重中之重，是由粮食在人类生存和社会经济中不可替代的地位决定的。"谷不足，则食不足。食不足，则民之所天不遂。"③ 农业是封建时代国家最为依赖的产业，它不仅影响到广大民众的基本生存，而且是社会进行基本运转的基础条件。所以"君以民为重，民以食为天，食以农为本，农以力为功"，"圣人治天下，必本于农"。④ 这深刻地体现了农业劳动教育的重要性。"农者，生财者也"，在封建社会，农业

---

① 王祯. 农书译注（上）[M]. 缪启愉，缪桂龙，译注. 济南：齐鲁书社，2009：390.
② 贾思勰. 齐民要术校释 [M]. 缪启愉，校释. 北京：中国农业出版社，1998：19.
③ 石声汉. 农政全书校注 [M]. 上海：上海古籍出版社，1985：51.
④ 石声汉. 农政全书校注 [M]. 上海：上海古籍出版社，1985：44.

劳动是产生一切财富的根本活动，要增加国家收入，也是通过"务农贵粟"①，"贵农重谷"②。"理财之道，莫先于农事"③，就是要注重农业劳动，加强农业教育，推行重农政策。

宋朝兴起了耕读文化，这是封建社会先进的脑力劳动与体力劳动有机结合的体现，丰富了劳动教育思想。我国古代的生产一直以农耕为主，中华文明有着浓重的农业文明色彩。所以自古以来，我国的文化就与农业、农村、农民等元素紧密联系。

耕读文化教育并非起源于宋朝，在唐朝随着科举制度的发明已经有所萌芽。而随着唐朝中后期门阀衰落，以及宋朝社会发生巨大变革，耕读文化教育开始普及，体力劳动开始与脑力劳动相结合。宋朝在社会环境上有三个新局面：一是普通民众通过科举考试拥有上升渠道。二是教育普及度极大提高，底层民众虽然仍大部分忙于农作，但也有学习知识的机会与途径。三是因为开放了科举渠道，出现了一大批没有能够考取功名、没有走上统治阶层的贫寒门士，他们只能留在农村，一边务农一边继续为参加考试而读书。所以边耕边读、半耕半读成了大部分学子的常态。"耕读"一词，作为专用词语在宋朝出现。耕读的过程是体力劳动与脑力劳动结合，意即农耕与读书的相辅相成。

宋朝耕读文化教育给社会带来的好处有以下几个方面：第一，对文化发展和知识分子来说，耕作与实践有着极强的相关性，有利于知识分子在实践中不断思考、发现问题，从而拥有更加创新的观点，也使知识分子的创作题材更加广泛与贴合实际；第二，知识分子将大量脑力劳动获得的知识代入以体力劳动为主的农业生产中，既增加了农业的文化成分，也提高了农业发展质量；第三，将曾经高高在上的士族文化带入普通农民阶层，提高了整个农民阶层的文化素质。

耕读文化教育具有长久的影响力，它在真正意义上将劳动与教育紧密联系起来，也将曾经的劳作与学习结合的表面行为内化到文化精神、价值认同上。对于劳动民众，文化知识不再是遥不可及的，而是身边可能接触到的；对于知识分子，耕读不仅是参加科举考试的物质基础保障，也是排解学习困苦的渠道。因此宋朝农学能够取得大的进步，成为北魏以来传统农学发展的新高峰。

耕读文化教育是一种知识的普及，保持了文化的生命力。脑力劳动与体力劳动必须有机结合，才能形成耕读文化。将知识融入生产劳动中，会使知识分子对生产劳动与读书同样重视，也让农民对读书与生产劳动同样重视。正如宋朝学者李石所言："俾田与孝同力，稼与学并兴。"④ 这种体力劳动与脑力劳动的结合，使书本知识与生产知识的融合更加深入，既是生产形式，也是生活态度。中上层知识分子更加脚踏实地，广大劳动民众也拥有了获得文化知识的希望，劳动教育进一步深化，使知识与产业得到较好的结合，对于提升民众知识水平、整体素养更是起到了非常直接的积极作用。

整个封建社会时期，劳动人民的智慧结晶层出不穷，影响深远，受到后代敬仰。人们对他们的认同，也是重视劳动教育的体现。劳动人民的重要代表之一黄道婆，是宋末

---

① 徐光启. 徐光启集 [M]. 上海：上海古籍出版社，1984：78.
② 石声汉. 农政全书校注 [M]. 上海：上海古籍出版社，1985：69.
③ 石声汉. 农政全书校注 [M]. 上海：上海古籍出版社，1985：339.
④ 李石. 方舟集：卷18 [M] //文渊阁四库全书本. 北京：中华书局，2006：74.

元初著名的农业技术革新人物。她革新了棉纺织技术,提高了棉纺织技艺,给手工棉纺织技术史添上了浓墨重彩的一笔,为推动传统棉纺织业的进步贡献了极大的力量。而有关她的传说,也是整个社会歌颂劳动人民的智慧与创造力的体现,这是广大民众对劳动的认可,也是古代劳动教育的成果之一。①

这段时期一直保持着对农业生产劳动的重视,相比之下,手工业生产劳动仍然是受鄙视的,这一方面的劳动教育非常薄弱,主要体现为对专业生产知识的传授不成系统,职业意识较为淡薄。

首先,儒家文化自成为中华文明的主流之后,一直维护着封建社会的等级制度,即"君君、臣臣、父父、子子"(《论语·颜渊》)。士大夫阶层一直作为社会的中上层,掌握着极大的社会资源。农工商阶层在士人眼中往往属于不入流的外人。封建社会等级制度虽然在封建社会中后期有所动摇,但新的乡绅阶级也在努力和工商阶层划分界限。在封建社会,宽泛划分的"士农工商"四阶层中,农民位居第二,仍享有较高地位,而工、商阶层则容易被社会鄙视。

其次,隋朝首创科举制度后,君王对人才的招揽范围急速扩大,以阶层上升机会来劝导民众埋头读书。在科举的影响下,"万般皆下品,唯有读书高"成为社会的主流价值观。社会阶层的上升方式主要是对书本知识的学习。"学而优则仕"最能提升普通民众主动性的原因就是在阶层十分固定、等级差距明显的封建社会,百姓也可以通过科举考试实现阶层的提升,从农民阶层进入统治集团。在这样一个封建文化大环境下,民众对科举考试的兴趣大为增加。而被认为是"工"的阶层的民众,即从事陶器制作、砖瓦烧制、冶炼等工作的百姓往往被认为是不入流的下层。"工"的身份是"贱役"之一,手工业者的户籍也被认为是"贱籍",所以工人阶层的劳动教育与农民阶层相比非常缺乏,这也导致除农业以外的生产劳动教育在封建社会发展缓慢。

最后,从汉代开始,君王独尊儒术。儒家积极入世的理念使墨家曾经推广的发展手工业生产的思想无法得到普及与发展。整个封建社会以经院教育为主要方式,绝大部分是教导学生如何做人和如何治国,对农业劳动的重视也大部分停留在思想观念上,很少教给学生生产的技能。与手工业相关的科学技术知识推广更是举步维艰。②

总的来说,封建时代的劳动教育在手工业范围内十分薄弱欠缺,这是我国整个封建时代劳动教育的不足之处。

五、近代以来的劳动教育(1840—1949年)

1840年鸦片战争以来是近代劳动教育萌芽与发展的时期。帝国主义的入侵间接培育了工业劳动生产者出现的土壤,马克思主义思想的传入也正式让"近代劳动教育"概念进入人们的视野,劳动教育思想跟着时代曲折前进,不断进步完善。

随着西方的坚船利炮打开清朝国门,清朝封建统治者开始重视工业劳动生产。但依

---

① 沈关宝,杨丽. 社会记忆及其建构:关于黄道婆的集体记忆研究[J]. 东岳论丛,2012,33(12):83-94.

② 蔡玲玲,许颖. 试析中国传统文化思想观念对古代职业教育的影响:兼谈对师徒制的思考[J]. 福建教育学院学报,2018,19(7):35-38.

旧没有改变对劳动的歧视，教育方面并未涉及劳动教育，其引进的资本主义体制则是利用、压榨劳动者剩余价值，并没有尊重劳动者本身。19世纪60年代初，洋务运动兴起。在洋务运动思想的引导下，清政府开始创办以军工业为主的近代企业，各地官办军工企业先后创立起来。其中以曾国藩创立的安庆军械所、李鸿章创立的江南制造总局、左宗棠创立的福州船政局最为出名。从19世纪70年代开始，洋务运动在思想上发生转变，不再强调"自强"，而是转向"求富"，实业重心从军工转向民用，各地先后创办了20多家官办民用企业。但不管清末政府对工业如何重视，工业地位如何提高，工业发展还是处于一个自上而下、由统治阶级牵头的状态。广大中下层劳动者没有受到重视，也没有体现出对工人的教育。

直至清王朝覆灭之后，劳动教育才受到新成立的国民政府重视，中华民国临时政府自建立之初便开始对生产劳动教育加以重视。在1912年由临时政府教育部公布的《小学校令》中明确规定初等小学必须有手工课，女子则应该加上缝纫课，高等小学男子需学习农业课程。

但当时近现代意义上的劳动教育概念还未正式提出。直到新文化运动后期，马克思主义思想首次传入中国，受马克思主义思想影响，劳动教育的概念才随之出现。其中一个典型是孙中山提出的"三民主义"中的民生主义。民生主义与生产劳动息息相关，体现了对生产劳动的重视，也体现了对底层劳动人民的重视。它是近代中国重视生产劳动、体恤底层劳动阶级的指导思想。

中国共产党创始人之一李大钊1919年2月在《晨报》上第一次明确提出了劳动教育问题。在这之前，劳动教育也被当时的社会进步人士频繁讨论。如在毛泽东和蔡和森1918年4月发起成立的"新民学会"上，就有人提出新文化运动应从劳动教育入手的观点。再如陶行知从理论上的书本教育概念跳脱出来，建议通过实践对民众进行劳动教育。在"九一八"事变后，他创办的"工学团"有六大训练，第二大训练便是与劳动教育密切相关的普遍生产的训练。①

劳动教育观念随着中国共产党及其领导人思想认识的不断完善，也呈不断发展的态势。如毛泽东的劳动教育思想经历了由简单到成熟的过程。"新村"计划时期是毛泽东劳动教育观初具雏形的时期。"新村"计划原型为日本小说家武者小路实笃在《白桦》杂志上提出的"新村主义"。最初的"新村主义"假想用和平的方式来推进社会变革，实现"新村"理想社会的方式是进行"共产村"实验，目的是将新村模式推广到全世界。毛泽东深受工读主义思想影响，开始构想在国内推广"新村"模式，从而达到改造国家、让人民走向幸福的目的。新文化运动时期，马克思主义思想、杜威的实用主义思想，以及西方社会的无政府自由主义、工读主义教育思潮等陆续进入还处于现代思潮荒地的中国。毛泽东也在此时博采众长，积极学习理论知识，并付诸实施。毛泽东对工读主义教育研究颇深。他不仅依靠理论知识，也利用实践对知识进行反哺。工读主义将劳心与劳力相结合，与中国古代耕读文化有异曲同工之处，这一思想对毛泽东发展劳动教育有很大推进作用，它让毛泽东深刻认同教育与社会实践的关联性，以及学校的教育和

---

① 明正. 劳动教育不容忽视：劳动教育历史考察随笔[J]. 赣南师范学院学报，1987（2）：73-76.

社会的改造相结合的必要性。面对当时的教育形势，毛泽东认为通过工读主义所提倡的"半工半读，勤工俭学，将做工和学习结合起来"的思想来改革教育具有很高的可操作性，可以逐渐拉近体力劳动和脑力劳动的距离，让体力劳动者得到尊重，实现其消灭地主阶级、建立平等的新社会的理想。毛泽东劳动教育思想的正式产生，来源于苏维埃革命根据地实验。在我国的土地革命时期，毛泽东尝试将教育与劳动结合，受客观条件限制，并没有形成独特的劳动教育体系，但它奠定了现代化劳动教育思想成熟发展的基础。

1927年11月，中国第一个苏区正式建立，到1931年，革命根据地发展已经十分可观。这时候的革命根据地也成为毛泽东实施其劳动教育思想的试验场地。毛泽东在根据地进行了系统的社会实验，其中最为经典的是为学龄儿童提供教育的列宁小学。在1934年中国共产党颁布的小学教育大纲中，明确规定高级列宁小学每周学时中，劳作实习要占一定比例。同时在这一时期，教育同生产劳动相结合的思想作为教育方针首次被提出来，也是历史上第一次中国的工农民主政权通过立法来保护工农及其子女的受教育权利。

毛泽东劳动教育思想的最终完善是在延安时期。延安时期，以毛泽东为首的共产党领导人逐渐按照根据地环境，凝练出成熟的劳动教育思想，形成教育与生产劳动相结合的系统性格局。当时为实现教育与生产劳动相结合、达到互相促进的效果，毛泽东提出了一系列教育政策，各根据地也普遍把毛泽东提出的"使教育与劳动联系起来"作为必须贯彻的最基本方针。如1937年9月，陕甘宁边区根据地要求"文化教育与劳动打成一片""教育同生产劳动取得联系"。1943年，晋察冀边区根据地要求加强对儿童的生产劳动相关教育。1944年，山东抗日根据地也提出了"教育与生产劳动相结合"的政策。同年，晋冀鲁豫的太岳四专区提出"学校教育、设备都要与战斗、生产相结合"①。在党中央的领导下，各地都发挥主观能动性，将学习和生产运动积极结合。② 根据地按照实际情况，依照计划方针，分步骤、分层次地实行全面的教育与生产劳动相结合政策，即让根据地所有人民都能享有教育的权利，所有层次的学校虽然都以知识传授为主要内容，但每个15岁以上的民众都会被分配相应的生产任务，用以满足生活物资需要，最终让所有人认同以劳动为荣、不劳动为耻的社会价值观，让劳动者快乐劳动，积极学习，使整个社会生机勃勃。根据地教育与生产劳动相结合有着几项基本的原则：一是知识分子不应该高高在上，而要与广大工农群众打成一片，从而达到"工农干部的知识分子化和知识分子的工农群众化"③。二是体力劳动和脑力劳动相辅相成，不能出现鄙视体力劳动、轻视体力劳动者的情况，但也要对脑力劳动和脑力劳动者展现同样的尊重，脑力劳动也是劳动，也与知识分子和工农群众的结合息息相关。三是实践与理论要互相结合，做到具有理论知识的学者要多进行实践，有工作经验的工人农民也要积极学习理论。四是强调工读精神，宣扬半工半读，勤工俭学，在不依靠他人物资的情况下保持自我素质的提高，"自力更生，丰衣足食"。其中"知识分子要与工农群众打成一片"最能体现劳动教育的中国特色。

---

① 朱天利. 教育同生产劳动相结合的理论与实践［M］. 开封：河南大学出版社，1991：97.

② 费艳阳. 毛泽东劳动教育观的文化渊源、历史演进及实践效应［D］. 太原：山西师范大学，2018.

③ 毛泽东. 毛泽东选集：第2卷［M］. 北京：人民出版社，1991：619-620.

知识分子和工农群众结合是当时的主导思想,这与中国特殊的国情有紧密联系。受西方帝国主义荼毒的旧中国,经济、文化全面落后,民众缺乏民主意识,文化素质极低,根据地的状况更是如此。所以高素质的知识分子非常有必要到劳动人民中去指导提高民众积极性、提升民众素质、培养民众集体意识。而当时的农村知识分子往往受到旧封建文化的影响,对体力劳动和体力劳动者避而远之。来自城市的知识分子虽然思想更为先进,有着改造旧中国的热情,认同工农阶级的力量,但是也受客观环境影响,不熟悉农村基本状况,无法很好地融入群众当中。要让先进知识分子抛洒自己一腔热血,必须引导他们参与到劳动实践中,才能更好地通过劳动实践的过程对广大民众进行深刻的教育,并在这一过程实现自我素质的提升。知识分子劳动化、工农群众知识化,是中国人民民主革命中的一大创造①,也是革命时期劳动教育深化发展、推陈出新的体现。

第二节　新中国劳动教育的创新发展

一、劳动教育初建时期(1949—1955 年)

1949—1955 年是中华人民共和国成立后,社会主义劳动教育在全国范围初步建立体系的时期,也是我国对劳动教育进行艰苦摸索的时期。这一阶段主要通过学习、汲取苏联的模式,建立劳动教育相关制度体系并确定劳动教育的未来发展路线。劳动教育作为马克思教育与生产劳动相结合的一种方式,不仅仅是为了提高效率,也在为适龄儿童争取通过劳动获取利益的权利,这有利于推动社会进步。这一时期我国教育工作的内容主要是学习和深化之前的根据地教育经验,并且辅以苏联经验和模式来推动教育革新,完成教育制度的社会主义改革。国内环境基本稳定之后,其最主要的任务是由新民主主义转变为社会主义,同时加快恢复社会经济。国家建设主要任务的改变,给国家的整个教育建设带来新的挑战,主要有三个方面:一是传统文化观念如何取其精华,去其糟粕;二是革命根据地时期取得的教育经验如何推广到整个国家;三是苏联的教育经验如何学习。由于中华人民共和国成立之初的国际环境恶劣,我国根据苏联教育发展经验与自身特殊国情,以"教育要为工农服务,吸收工农干部青年进学校获得教育,培养工农知识分子干部"为目标,提出了一系列教育必须为社会主义经济发展提供力量的教育规划,但也存在照搬苏联制度模式的情况,对自身具体特点的思考不够深入。

1949 年 12 月,第一次全国教育工作会议提出了坚持教育为工农服务、为生产建设服务的方针。1951 年,中央人民政府政务院颁布《关于改革学制的决定》,要求各学校加强书本知识教育与生产劳动实践的相互结合。1952 年,国家颁发试行《中学暂行规程(草案)》,提出以理论联系实际为一切教学的原则,同时也指出了实施劳动教育教学的途径。1954 年,中共中央宣传部出台《关于高小和初中毕业生从事生产劳动的宣传提纲》,阐述了体力劳动与脑力劳动的关系,认为体力劳动是所有劳动的基础。可以说,新

---

① 陈桂生. 略论我国实施教育与生产劳动相结合的历史经验 [J]. 教师教育研究,1992(6): 3-8,38.

中国国家领导人对劳动教育的发展推进十分重视，劳动教育发展也比较迅速和广泛。

这一时期，中国从苏联全面引进人才，同时吸收了许多苏联的教育学理论。劳动教育的理论与实践主要还是按照苏联的体系进行，即重视农业生产劳动、工业生产劳动，并进行生产建设活动，强调共产主义精神，培养集体主义思想与观念，从而让人民深刻感悟劳动的内涵，培育集体主义道德观，充分带动广大人民的积极主动性，推进国家社会政治经济的高速发展。

劳动教育日益受到重视并逐渐体现在国家教育政策上。1949年12月，第一次全国教育工作会议提出："教育应着重为工农服务，……吸收大批工农干部及工农青年入学，培养工农知识分子干部。"① 教育政策提倡教育要结合大量的生产性劳动内容。此时劳动教育既是社会对国家干部、知识分子重要的培养方式，也是带动全体国民提升道德品质的重要渠道。人们尤其是知识分子通过农业、工业、手工业等体力性劳动，掌握一定程度的劳动技术，学习一定程度的劳动经验，同时通过亲身实践这一形式，对劳动的理解会更上一个层次。同时，劳动不仅能加深对知识的理解，还能创造更好的物质生活条件，并且创造出一定的社会财富，响应了国家建设的号召。劳动教育在当时不只是一种素质培育手段，更是直接产生经济效益的有效渠道。

学校也十分重视劳动教育，这与当时我国的社会经济主流发展方向分不开。学校劳动教育课程增加的主要是劳动知识和劳动技能，从而为国家建设所用，为当时的社会经济发展提供重要的人力资源和知识资源。学校加强劳动教育，一是在价值观培养、文化素养和政治素养的提高上产生推进作用，二是为了学生在学校毕业后能够快速适应农业劳动或工业劳动。

1950年，我国第一次全国高等教育会议指出，教育事业的发展务必遵循理论与实际相结合的原则，以培养具有科学技术理论文化知识的人为目标，同时受教育者需掌握社会主义建设下的先进机械设备等操作技能，从而为我国的经济建设输送人才，并开始改革高等学校准入制度，吸收工农干部、青年进入学校学习，以期培养工农出身的新型人才。

为了使这一政策得到贯彻，高教部对全国高等院校教学内容进行了一次大的调整，增加了生产实习的内容，加强了知识教育与工农业生产劳动的联系。1955年5月，全国文化教育工作会议对《举办业余高等教育》这一社论高度赞同，同时会议也明确指出，函授和夜大的举办对国家教育有重要推动作用，它不仅让我国干部获得极重要的理论学习机会，也给本身处于社会实践中的学生提供更多思考反馈。中学的课程以及教学也要与社会主义生产建设紧密结合，同时为了推进学生理论知识学习，教学中更加重视实验，学生在学习中动手参与，能够使理论与实践内容更加融会贯通。《中学暂行教学计划（草案）》也规定："课外自修、生产劳动、文娱活动以及社会服务，应有计划地配合正课进行"，学校主动安排学生参与劳动生产，达成"学以致用""学劳结合"的新局面。《中共中央宣传部关于高小和初中毕业生从事劳动生产宣传提纲》规定，知识教学与劳动实践是相互促进、辩证统一的。各级各类学校学生完成学业之后都需要参加适当的生产活动。

1955年中共中央转发了教育部党组《关于初中和高中毕业生从事生产劳动，进一步

---

① 在全国教育工作会议上钱俊瑞副部长总结报告要点 [N]. 人民日报, 1950-01-06 (2).

加强劳动教育》的指示。同年9月,教育部颁发了《小学教学计划及说明》和《关于执行〈小学教学计划〉的指示》,提出基本生产技术知识的传授要从小学抓起,同时也要继续推进劳动教育。同年10月,中共中央号召我国大中型城市的学校应主动增加有关生产活动的课程,让学生体验现代化流水线运作、了解生产模式等。1956年,全国各地师范学校普遍开设"教学工厂实习""农业实习"等具有劳动教育意义的课程。据统计,截至1956年9月,全国中小学毕业生去往农村参与劳动实践的人数达180多万,大批先进的劳动模范人物在这样的大环境下层出不穷。

这一时期劳动教育的宣传是重点工作。通过对劳动教育的宣传,在一定程度上改变了封建社会时期以来人们对劳动的鄙视,通过文字、报纸、宣传栏等媒介将爱国主义与热爱劳动紧密联系,让人们走出对劳动教育的认识盲区,也让更多人尊重劳动者。

劳动教育在社会层面有如下表现:在国家号召下,国家干部积极投入到农业劳动、工业生产当中,通过参与社会实践,对劳动的感悟不断加深,对劳动人民的情感在不断深化。这有助于知识分子阶层不断提高自身素质,为国家的经济发展作出贡献。因此知识分子和领导干部在党和国家的号召下,满怀热情投入到"土地改革"当中,到乡间、工厂流水线中去劳动学习。1949年,第一批土地改革工作在北京郊区有序进行,知识分子代表之一徐悲鸿提出派师生参加京郊土改并写生的要求,国立北平艺术专科学校,取得了知识分子参加土改的一个良好开端。

自此,土地改革运动进入了崭新的局面。北京大学、清华大学、燕京大学的教师和学生随之主动投入到土地改革运动当中,充当领头羊。他们不仅指导和参与具体改革,同时也主动向农民学习生产经验,在合作与交流中增进彼此之间的情感。大部分知识分子在劳动过程中都积极主动,在劳动中完成了自我提升。1950年10月至1952年5月期间,全国投入到土地改革运动中的师生数量达到800多万人,帮助全国12 356个行政村成功进行土地改革。可以说,以学校师生为代表的知识分子在土地改革运动中有着极重要的地位。土地改革运动是一次大的社会实践,知识分子在体会劳动艰辛的情况下,密切了与广大人民群众的情感联系,同时形成比之以往更为深刻的价值观、劳动观。

这一阶段的劳动教育并没有从理论角度深化劳动教育体系,劳动教育理论还具有照搬苏联的片面性,但这一时期更注重对劳动者态度、情绪、价值观上的改造,这有利于新中国成立初期经济建设发展和社会文化沉淀。① 这一时期的教育工作与社会主义的经济发展是分不开的,学校劳动教育课程的开设的确起到了普及劳动知识、劳动技能的作用,对当时的社会经济发展有一定的促进作用。学校劳动教育课程的开设,在培养学生思想品德和文化素养的同时,又为中小学生毕业后参加农业生产和工业生产方面的工作做了铺垫。这一时期国家对劳动教育的重视,无论是写文章、贴宣传栏的正面宣传,还是把劳动教育列为道德教育和爱国主义思想中的一部分,都在一定程度上纠正了人们对劳动教育认识的误区,降低了人们对劳动教育的轻视程度。②

虽然劳动教育在这一段时期成果颇丰,但也有很多问题存在。一是学校劳动教育的规划缺乏针对性,仅在意劳动活动数量、时间的简单累积,而忽视劳动实践的质量。有

---

① 丁文杰. 1949—1989年:劳动教育的演变历程及特征[D]. 太原:山西师范大学,2015.
② 陈彤彤. 建国以来劳动教育的历史演变与反思[D]. 海口:海南师范大学,2015.

一些学校因为过多地组织学生参与社会活动、劳动活动，致使教学质量下滑。二是实施劳动教育的方针过于粗略简单，没有仔细考量，对劳动量的要求超过学生的实际情况，使许多学生形成消极懈怠的心理，降低了劳动实践的主动性。三是学生对于劳动技能的学习效果并不好，劳动观念的养成有时候浮于表面，未能深化认识。四是劳动教育没有考虑学生年龄的差别性，年龄较小的学生认知能力尚不足以理解真正的劳动观念与生产技巧，所以也无法将对他们的提前教育转化为社会生产效率。

总的来说，虽然新中国成立初期劳动教育事业的推行与发展还有很多不足，劳动教育的效果也没有达到理想的预期，但毫无疑问这是我国教育事业发展的新尝试，为进一步发展奠定了一定的基础。①

二、劳动教育挫折时期（1956—1977 年）

1956—1977 年是我国劳动教育曲折发展的时期。在这一阶段的初期，国家大力宣传勤工俭学思想，争取让所有学生进行半工半读的实践活动。这一时期，我国经济、政治和教育等社会各个方面都获得了较为迅速全面的发展。而后因为国际形势的急剧变化，新中国成立初期以来学习苏联教学理论和课程体系的情况也随之发生了变化。中苏关系出现问题后，我国劳动教育的政策和方针开始与苏联脱钩，不再盲目照搬苏联模式，而是根据自身情况对如何开展劳动教育进行思考与尝试。此后，教育在培养目标、制度、办学、课程设置和教学方法各个方面都有了进一步的思考，并在教育实践中不断学习、反思，劳动教育也得以顺利进行。但"大跃进"运动开始之后，全国各地过于追求经济硬性指标，大多数知识分子将大量时间投入社会生产当中，并且将生产劳动、工厂、农场劳作盲目等同于劳动教育。这也造成了课堂知识传授时间被极大地挤压，课堂逐渐被工厂、农场劳作所替代。由于"大跃进"时期的"多快好省"思维与国家政治影响，教育政策与方针也逐渐偏离实际情况，造成教育质量降低，学生升学难、就业难，劳动教育发展进程受挫。这一阶段的中后期，劳动教育更加遭到误读，看似普及社会的方方面面，课程设置都离不开劳动实践，然而却过于强调表面上的劳动，忽视了知识教育的重要性，造成了教育质量的大幅度下滑。

1956 年后，国家确定了要使受教育者智育、德育、体育多方面培养提高的教育方针，要培养建设社会主义事业的有文化知识水平的高素质劳动者。之后政府继续强调知识教育必然要和生产劳动相辅相成，知识教育要以为无产阶级的利益出发，为无产阶级服务，为发展社会主义事业服务。随后，以教育与生产劳动相结合为中心的指导思想下的劳动教育开始全面推进，国家因此提出要把培养全面发展的劳动者作为社会主义教育的根本目标。在这一方针指引下，全国教育事业也进行了全方位调整。1958 年，中共中央、国务院《关于教育工作的指示》指出："党的教育方针是教育为无产阶级的政治服务，教育与生产劳动相结合。"不仅如此，还提出"在一切学校中，必须把生产劳动列为正式课程；每个学生必须依照规定参加一定时间的劳动"的要求。课程设置上，小学课程添加"手工劳动课"与"生产劳动课"，对适龄儿童加强动手能力的教育，中学课

---

① 陈彤彤. 刍议建国初期我国中小学的劳动教育：基于1949—1956 年中小学劳动教育状况［J］. 兰州教育学院学报，2015，31（2）：102 - 103，106.

程则让学生有时间参与工厂实习，切切实实进行社会实践，注重学生实践能力的提高。而到了1959年，"大跃进"运动的开展和人民公社化运动的过度发展造成的问题逐渐浮现，教育事业也随之受到严重影响。这段时期，国家以《关于教育问题的几个建议》《关于自然科学研究机构当前工作的十四条意见（草案）》《关于当前文学艺术工作若干问题的意见（草案）》《教育部直属高等学校暂行工作条例（草案）》、《全日制中学暂行工作条例（草案）》《全日制小学暂行工作条例（草案）》为主要依照思路，对劳动教育的实施方向进行调整。1963年3月，中共中央印发《全日制中学暂行工作条例（草案）》，着重提出了全日制中学必须始终贯彻教育为无产阶级服务、教育必须与生产劳动相结合的方针，并且强调了生产性劳动的重要性，指出让学生参与生产劳动是教育的重要内容。

1964年，国家不仅积极提倡劳动实践，还建议取消考试制度，让学生学习与劳动同步进行，以培养他们勤劳朴实的品质以及其动手实践能力。受当时"反对学校教育与社会和生产劳动脱离，要求学生深入工厂、农村，要以社会为学校"[1]等口号宣传的影响，这段时期让学生参与的工农业生产活动占很大比例。之后，国家教育方针政策明确提出，高中生毕业后不仅直接派入农村进行劳动，还要在工厂、商店以及各社会组织进行实践，而真正学习知识的时间仅有两年。虽然初衷是提倡学生要走出校门，走进农村、工厂等社会基层，接受贫下中农再教育，培养优秀朴实的品质，但这也让学校的教学工作计划被打乱、教学规章制度受到破坏。

"文化大革命"时期，劳动的作用和意义被过度夸大，片面追求劳动而忽视知识教育，导致我国的教育发展道路偏离，劳动教育看似地位得到提高，实质上受到重挫。[2]

尽管这一阶段初期劳动教育比较顺利，但效果并不理想，过量的农场劳动、生产劳动和手工业技术冲击了普通教育知识的学习，没有将普通教育知识当作劳动教育的基础。这和苏联20年代末至30年代初的劳动教育模式一样，"过分注重过量的学生自我服务劳动和手艺性劳动而忽视了基础知识的学习，以至于出现了为传授学生系统知识而斗争的现象"[3]。此后，苏联重新走上了专门传授系统知识的道路，学校的实习劳动工厂随之关闭，劳动课从教学计划中被取消，劳动教育就此告一段落。随着我国国内发展形势的转变和自身对各项事业进行的改革，教育事业重新走向了依据自身客观规律逐渐调整的路子，有利于学校教学方面进行调整，并日臻完善。尤其是半工半读、勤工俭学制度的实施，一定程度上缓解了学生升学与就业的矛盾，对加强人们的政治思想教育和道德教育以及共产主义教育起到了积极的作用。"大跃进"时期鼓励学生参加过多的劳动，没有正确把握马克思主义关于教育与生产劳动相结合的理论原则，即"决不是要人们放弃文化知识的学习，而去从事简单的体力劳动，更不是说要用劳动来取代教育，而恰恰是要在理论与实践的结合上把教育提到更高级的程度"。[4] 教育与生产劳动相结合，作为马克思主义学说中的一个组成部分，应当将其置入马克思主义思想体系中的一个子系统加以

---

[1] 中华人民共和国教育大事记 [M]. 北京：教育科学出版社，1984：389.
[2] 丁文杰. 1949—1989年：劳动教育的演变历程及特征 [D]. 太原：山西师范大学，2015.
[3] 康斯坦丁诺夫，等. 苏联教育史 [M]. 吴式颖，周蕖，朱宏，译. 北京：商务印书馆，1996：89.
[4] 孙喜亭. 教育与生产劳动相结合的原理被误解了 [J]. 教育研究，1981：34.

研究，应该注重考虑与其他社会因素之间的联系。但当时受认识水平和社会大环境的影响，未能正确把握马克思主义所指的两者相结合的真正含义，而是简单地理解成了二者的机械结合，劳动教育陷入让学生多参加劳动，尤其是体力劳动的误区。

一些基础文化课程的学习都是以农村干活工厂做工为主，对知识的考察也只是以写体会的方式进行。"读书无用论"的思想在全国开始泛滥，文化课等基本知识课不被重视，大学取消了文化课考试，工人和农民可以"凭着一双长满老茧的手"进入高等学府。劳动人民成为"文化""思想"水平的象征，"师生到工厂去，到农村去，实行和广大工农群众相结合"① 成为流行口号，报纸等各种主流媒体大力宣传知识青年到农村、工厂进行劳动再教育。全国掀起了知识青年接受农村贫下中农再教育的上山下乡运动热潮，小学、初中、高中的劳动教育内容一律被生产劳动所取代，文化知识课被政治课所取代，工厂和农村劳动成了教学与教育结合的主要方式。

总的来说，劳动教育在这段时期看似得到重视，实际却遭到挫折。究其原因，我国社会主义发展还处于起步阶段，社会主义道路发展曲折，在摸索过程中总是会遇到各种困难，也因为社会思潮的影响而曲解普通教育同劳动教育的联系。②

三、劳动教育改革时期（1978—1992 年）

随着改革开放的到来，面对全球经济和科技的快速进步，国家在政治、经济、教育等方面都制定了新的方针及政策。从教育方面来说，陆续颁布了关于学校教育课程改革方面的一系列文件，使人才供给不足的情况得到一定缓解。同时，恢复了高考制度，制定了中小学劳动课的教学大纲，对不同层次的教育制定了相关规定。整个教育包括劳动教育走入了正规，开始进一步发展。这一时期，我国劳动教育不再是认为劳动必须与劳作挂钩，而是以实现建设现代化国家为目标。劳动教育不是简单的动手劳作，也不是单纯的体力劳动，而是既涵盖了高科技的应用，也注重对整个劳动观念的培养。劳动教育更加适应现代经济社会，也同国家科技发展相结合，产生了新的劳动教育模式，劳动技术教育开始兴起。

当社会处于重要的转型期时，非常需要能够做出改变的开拓创新型技术人才来引导整个社会经济的变革。"文化大革命"时期造成了"人才断层"现象，人才的缺乏与时代对人才需求的矛盾逐渐凸显。随着"文化大革命"的结束，我国的劳动教育有了新的发展，这一阶段开始的标志是1978年《教育部关于试行〈全日制中学暂行工作条例（试行草案）〉、〈全日制小学暂行工作条例（试行草案）〉的通知》的颁布。该通知提出在全日制中学设置劳动课程，重新开始思考劳动实践的作用与地位，劳动不再占据学生的全部，而成为与语文、数学等学科并重的课程之一；在思想教育上，也不放松对劳动的重视，热爱劳动仍是学生乃至大众的优秀品德。总的来说，这一时期劳动教育强调了

---

① 中华人民共和国教育大事记［M］．北京：教育科学出版社，1984：407.
② 郑程月，王帅．建国70年我国劳动教育的演进脉络、时代内涵与实践路径［J］．当代教育科学，2019（5）：14-18.

两大内容：劳动思想教育和劳动技术教育。① 自此，劳动教育进入改革时期。教育事业与人才培养政策方针也有了新的转向。1978年，邓小平在全国教育工作会议上指出，为培养更适应社会主义建设的高素质人才，我们必须认真研究在新的条件下，如何更好地贯彻教育与生产劳动相结合的方针。这对劳动教育的实施提出了新的要求。国家将重心转移到经济建设、社会主义现代化建设上后，对高素质人才的需求越来越急迫。劳动教育也在经济建设发展、素质教育兴起的背景下走向新的发展阶段，更加贴合当前的社会生产劳动需求，也更加注重劳动技术、劳动技能的培养训练，并以此为基础，提高人民整体素质、深化素质教育。国家发布的一系列政策中体现了劳动教育的重要性。

  首先是理论上的改革。劳动教育的内涵不断更新、完善、丰富，并开展了新的探索。1978年党的十一届三中全会召开是我国正式进入改革开放时期的标志，对劳动教育也产生了深远的影响，具有划时代的意义。党的十一届三中全会纠正了"文化大革命"时期的错误方向，将国家重心重新转移到经济发展上，并描绘了改革开放的初步蓝图。随着生产力的发展，在国内外政治、经济、教育以及意识形态的快速变迁下，我国劳动教育及其内涵的建构逐步走向科学化、系统化。② 邓小平在全国教育工作会议上的讲话拨乱反正，重新强调马克思主义教育思想，要求"教育要与生产劳动结合"，同时根据国家实际发展情况，提出"劳动教育要发展新内容、新方法"，"发展科学技术不抓教育不行，要培养科技人才"。

  随着政策层面新指示的提出，劳动教育概念及理论在社会主义政治经济学视角下得到深化发展。从政治角度出发，国家对人才培养融入了劳动教育，其思想注重马克思主义理论中关于劳动与人的全面发展和自由解放，用科学的视角来理解人的发展规律、人的劳动规律和教育自身的规律，并将三者融会贯通，从而更好地尊重劳动教育的发展规律，让劳动与教育结合的思想更好地适应学校教育与社会运转。从经济角度出发，需让"教育适应与契合社会主义市场经济的发展"，达到"教育"与"生产劳动"协调发展、共同进步的目的，即通过生产劳动课程和各种专业性技术实习过程，使学生掌握所需的现代社会物资生产的一般原理和必要技能，从而逐渐形成正确的劳动观念。③

  在对外学习上，学术界不再照搬国外尤其是苏联的劳动教育模式，而是开始科学理性地深入研究马卡连柯、苏霍姆林斯基等教育思想家所提出的劳动教育理论知识系统。其中有一些比较重要的学术成果，如提出了劳动教育内涵与职业教育内涵相结合的建议，并融入职业定向的理念。此外，还建议劳动教育和道德教育同时进行并适当对内涵进行融合，形成个人的品德和智能以及身体发育的手段以培养自觉劳动态度和公民精神的目的。④

  这一时期，马卡连柯对劳动教育的内涵做了进一步总结：劳动教育过程是能够促进

---

① 陈静，黄忠敬. 从"体力教育"到"能力教育"：我国劳动教育政策的发展与变迁 [J]. 中国德育，2015 (16)：33 - 38.
② 庞仁芝，张少军. 改革开放与中国国情 [J]. 中共珠海市委党校珠海市行政学院学报，2008 (5).
③ 赵相国. 略论学校的培养目标及其实现的条件 [J]. 教学与研究，1979 (1).
④ 夏倩. 苏联普教改革中的两个问题与对策 [J]. 外国中小学教育，1992 (1).

学生体脑健康发展，锻炼意志和性格以养成学生的劳动人民情感、集体主义精神和组织纪律性的活动。并提出劳动教育的原则应是劳动与教育、教学相结合，服从学校一般教育目的，培养学生创造性劳动；同时，还要注意劳动的量力性、长期性、复杂性和多样性等特征。① 苏霍姆林斯基将劳动教育的内涵明确为：学生在教师指导和帮助下，采取在"典型化"的方式下进行的，将生命作为和谐整体，在学习劳动中使德、智、体、美几方面综合发展，能够培养其自觉、自由、创造力、个性以及能够产生实际劳动成果的活动。②

综上所述，改革开放以前的劳动教育主要侧重于体力劳动这一方面，是在体力劳动中获取经验与知识、培养劳动价值观的活动。显而易见，改革开放时期劳动教育的内涵更加丰富，也更加深化，它细化了劳动教育的概念，既将思想品德教育与劳动教育融合在一起，也融入了脑力劳动的内容，更加强调与注重"劳动技术教育"或"职业指导教育"。这种教育比起一般的生产劳动，对学生的知识理解水平有了新的要求，也让学生更多地去接触学习生产部门的实际操作以及科学技术方法的理解和应用。这种概念上的深化是学术界应对中国国情所产生的新进步，通过对苏联教育家的理论学习，马克思主义哲学观、经济学观和教育观视角下建构的劳动价值观也有了雏形。③ 当然，这种劳动教育内涵的概念，更多是为了通过技术的应用发展经济，也被职业教育所掩盖了其全面性。"重技术，轻思想道德"的特点让劳动教育在当时有些单一、片面，却也体现了改革开放时期发展的侧重点。劳动教育的具体实施从对劳动、劳动者的正视，对体力劳动实践的注重，转为对劳动技术的注重，也是国家随着时代变革对教育事业发展的积极探索，满足了改革开放的需要，其进步性要远大于缺陷性。④

从实际政策来说，1978年党的十一届三中全会召开后，我国的发展路线转向正轨，不断重视社会经济发展。我国的教育事业也随着国家整体政策的转变进入了一条全新的发展道路。劳动教育充满了新的活力，在劳动与教育相结合的同时，重新将教育摆上重要地位。改革开放时期，随着高等教育的发展，劳动教育也成为高等教育的重要内容之一，劳动教育的内涵在成人教育中得到充分体现。高等教育不仅要满足高精尖人才培养的需求，也承担了为广大在职员工提供业余学习的功能。学生能够在参加社会主义现代化建设的同时学习知识，并通过劳动实践深化知识，把学到的知识运用到劳动实践中，对国家社会主义经济建设起到了积极的推进作用。

1979年，我国教育事业有了新发展，国务院提出兴办广播电视大学，这给高等教育赋予了更多意义，更加有利于培养人才，加快我国社会主义建设。社会上的广大在职员工能在完成自己的工作之后进行知识学习，有利于把劳动实践与知识教育有效地结合起来。

1981年，《中共中央 国务院关于加强职工教育工作的决定》指出，机关单位、企业团体等务必结合自身发展的实际情况，对所属员工进行定期培训，建立起比较正规的

---

① 毕淑芝，王义高. 马卡连柯教育思想的现实意义 [J]. 比较教育研究，1992 (5).
② 陈建翔. 论苏霍姆林斯基劳动教育思想的一个贡献 [J]. 江西教育科研，1992 (5).
③ 栾敏. 邓小平对"教育与生产劳动相结合"思想的新发展 [J]. 黑龙江高教研究，1995 (2).
④ 周子卿，李炳煌. 我国劳动教育内涵的历史变迁 [J]. 西部学刊，2020 (5)：51-55.

职工教育制度。1981年4月,教育部发出通知,提出"文化大革命"以来参加工作的职工,文化程度不及初中毕业者,一般都应补习文化课,达到文化课要求,经考试合格,发给合格证书,作为考核晋升的重要依据之一。为响应国家号召,职工培训中心在大部分国企中纷纷出现。很多大型生产企业还创办了技术学校、职工学校。1981年,中共中央、国务院做出决定,要求对全国城镇待业人员进行就业技能培训,使他们了解将要从事工作的性质、任务,在掌握一定的知识过程中形成有关的技能技巧,以便在今后的工作中提升质量和效率。但面对新的社会发展道路,教育事业怎样定位、如何发展的问题也被提上议程。从基调上来说,可以确定的是教育事业必须为国家社会主义经济建设服务。

随着改革开放的不断深入,劳动教育的调整也势在必行。我国需要进行社会主义现代化建设,教育也必须进行现代化改革。劳动不仅仅是简单的生产劳动,劳动概念需要进步革新,劳动也需要与现代技术、科学知识和生产技能相结合。劳动教育的概念继续得到更新发展,在此基础之上分化产生了劳动技术教育的概念,使国家未来的接班人全面、高素质发展,同时适应社会和经济发展的核心需求。1981年,教育部正式要求在学校增设劳动技术教育课。1982年,教育部将劳动技术教育课列入学校正式的教学培养计划中。《教育部关于普通中学开设劳动技术教育课的试行意见》中提到,劳动技术教育是中学教育不可缺少的组成部分。劳动技术教育课要做到培养学生符合社会主义现代化价值体系的劳动观,并使学生养成热爱劳动的习惯,脑力劳动和体力劳动互相促进,得到健康发展。

1985年,《中共中央关于教育体制改革的决定》指出,社会主义现代化建设的宏伟任务,就是大规模地准备新的能够坚持社会主义方向的各级各类合格人才,并造就数以亿计的工业、农业、商业等各行各业有文化、懂技术、业务熟练的劳动者。1986年,时任国家教育委员会副主任彭珮云明确提出"把德育作为德、智、体、美、劳五育全面发展的一个有机组成部分,使五育互相配合、互相渗透",形成了"五育全面发展"的教育思想。[①] 1987年,国家教育委员会发布了《全日制普通中学劳动技术课教学大纲(试行稿)》和《全日制小学劳动课教学大纲(试行草案)》。大纲正式出台后,全国师生根据大纲中的标准和要求全力贯彻、认真执行。劳动技术教育的先行示范学校也如雨后春笋般出现。这类学校为我国劳动技术教育的发展提供了重要支撑,也让我国的劳动技术教育上升到一个新的发展阶段。

尽管"劳动技术教育"已被写入我国的相关文件,但从教育基础理论出发,"劳动教育"这一术语依旧没有被丢弃。这里将"劳动教育"化作劳动思想教育与劳动技术教育的合并概念予以叙述。劳动思想教育与劳动技术教育相辅相成、互有交叉。劳动教育在进行劳动技术训练的同时,也十分重视德育的发展,同时培养学生的智育,促进学生体育、美育各方面发展,从而达成人的全面提高,以此更加适应于社会主义现代化建设,更有利于国民素质的整体进步。

在改革开放时期,劳动技术教育尤为重要,原因有以下几点。

[①] 李珂,曲霞. 1949年以来劳动教育在党的教育方针中的历史演变与省思[J]. 教育学报,2018(5).

第一，劳动技术教育是提高思想品德的重要手段之一。改革发展虽然带来了整体社会经济水平的提高，也让人民生活更加富足，但社会骄奢情绪也随之开始出现，鄙视劳动者、将劳动人民视为地位低下者的不良思想重新抬头。而尊重劳动者的思想品德是不能靠简单的说教来培养的，品德的培养也必须包含实践行为，劳动技术教育便是通过具体的社会劳动实践来深化思想品德教育，在劳动实践中培养劳动热情，在劳动实践中感受劳动者的不易，同时也为自己身为劳动者而感到自豪。唯有体会过实践中的艰辛，才能从中感悟受益，这是培养社会主义劳动价值观的必要途径。

第二，劳动技术教育也是发展受教育者才智水平的重要方式之一。按照传统观念，学校教育应该是传授知识、发展智力、培养才能的教育。恩格斯有言："人的智力是按照人如何学会改变自然界而发展的"①。劳动实践本质上是人与自然互动的过程，是有实际对象的活动。劳动技术教育则是连接书本知识和技术实践的纽带，让浮于表层的知识落到实处。在劳动技术实践中，不断进行思考，不断进行操作，动手与动脑同时进行，面对实际问题，思维也会更加发散。相比只能抽象思考的单纯知识教育，技术教育涉及的能力培养更加实用与全面。

第三，劳动技术教育也是发展与提高人们体育和美育的重要途径。体力劳动是劳动技术实践中不可或缺的一部分，这与体育中强调的身体锻炼不谋而合。不仅如此，艺术也来源于劳动，美育的发展和劳动息息相关。劳动技术本身是从对自然、人、物、社会的思考中不断形成完善的，这其中也涵盖了对世界的审美。

第四，从具体现实来说，劳动技术教育通过对职工体力、脑力水平的开发，提高了职工整体素质，为保持国民经济的快速发展持续带来动力，同时也保证了现代产业与知识的高效率结合，所以劳动技术教育可以促进德、智、体、美方面发展。改革开放时期强调的劳动技术教育有其重要意义。

20世纪80年代到90年代，我国开展了关于素质教育的大讨论。素质教育的提出既满足了国家当时教育改革的要求，也展现了时代发展与社会变革的需求，它使人才培养的目标及方式都产生了非常大的转变。80年代的一段时期，因教育资源的匮乏，追求升学率成了教育的目标，应试教育成了当时的主流。劳动教育因其与劳动实践结合的特性，和应试教育格格不入，其发展实施也因为应试教育的影响受到阻碍。而随着"三个面向"以及"科学技术是第一生产力"观点的提出，教育与生产劳动有了新的结合，出现了更加符合时代发展的模式，这也在各级各类学校教学中有所展现。

一是职业教育得到大力发展，成为教育与社会经济建设发展联系的重要纽带。

二是劳动教育多元化、层次化。根据1982年《教育部关于普通中学开设劳动技术教育课的试行意见》等政策要求，中小学阶段劳动教育逐渐规范化，课程设置更加合理，教学内容更加丰富。根据学生成长的不同层次阶段，劳动教育教学内容、方式也有所区分：小学阶段进行基本劳动教育课程的讲授；初中、高中开设劳动课与劳动技术课，更加强调学生的社会实践与动手能力；而到了高校，将教学与科研、生产更加密切结合，

---

① 中共中央马克思恩格斯列宁斯大林著作编译局. 马克思恩格斯选集：第三卷 [M]. 北京：人民出版社，1972：551.

实行更加有利于培养高素质技术人才的教育教学模式。①

70年代末到改革开放后，国家发展道路、社会经济环境的重大变化，让劳动教育的概念、内容和实施方法有了应有的改变。劳动教育不再是单纯的体力活动实践，而是在教育过程中，形成培养学生知识水平、技能水平全面发展的教育与劳动互相促进的新模式。这段时期劳动教育的发展有以下三个表现特征：第一，对劳动教育的理解进入新的层次，摆脱"左"倾思潮的影响，明确了劳动课程的讲授目的和内容。第二，依据中小学学生身心发展规律，合理安排课程内容。小学阶段劳动教育课程内容的设置，由简单到复杂，从自理到独立，与之前相比，有了较大的突破。第三，80年代以来，劳动教育概念得到细化，并更加注重劳动技术教育。"文化大革命"结束后，随着科技的迅猛发展，科技水平越来越体现出国家综合实力水平，也越来越反映人们的生活水平。国家大力推动劳动技术教育的发展，并对劳动教育方针进行了相应的改革和调整。

我国的劳动教育虽然有了新进步、新理解，劳动教育内容有了更多的拓展，但也出现了一些值得我们重视的问题，这些问题主要体现在学校的教育体系中。随着社会对高素质人才的需求，升学成了教育的重要目标，各级各类学校为了更高的升学率，逐渐偏重对学生书本知识的传授，在开发智力上投入大量的精力，忽视了学生劳动实践的需求。受教育者的劳动观念开始淡化，对劳动的轻视也逐渐浮现。大部分学校只将课堂授课看作教育过程，而把劳动实践当作可有可无的项目。与学校教育相比，社会上的劳动教育处于一个更加被忽视的状态，脑力劳动和体力劳动之间的关系更加割裂。对脑力劳动的受重视程度逐渐提高，体力劳动被大多数人轻视，甚至出现鄙视体力劳动的现象。不仅如此，劳动教育问题还体现为对劳动教育价值观的培养较薄弱。中国传统教育思想根深蒂固，"万般皆下品，唯有读书高"，深刻反映了传统思想对教育的狭隘认识，这导致整个社会对劳动的轻视，这种轻视至今一直存在。随着科技水平愈加重要，劳动教育与劳动技术教育之间的概念也容易出现混淆。中华人民共和国成立以来，劳动教育一直是国家教育事业中的重要内容。一方面，它是改造人思想观念的政治工具；另一方面，它也是推进社会生产的重要手段。自1982年颁布的《教育部关于普通中学开设劳动技术教育课的试行意见》实施以来，劳动技术教育在国家教育事业中的地位逐渐提高。②

四、劳动教育转型时期（1993—2011年）

1993年《中国教育改革和发展纲要》的颁布，标志着劳动教育进入新的阶段。其要求劳动教育必须与经济建设和科技紧密结合，共同推动社会主义现代化建设。1999年，《中共中央 国务院关于深化教育改革 全面推进素质教育的决定》发布，重申教育与生产劳动相结合是培养全面发展人才的重要途径，同时强调各级各类学校要加强和改进对学生的生产劳动与社会实践教育，还必须积极提供力量，扭转教育只注重应试的现状，从德、智、体、美、劳五个方面来推动素质教育的实现。进入21世纪后，教育与生产劳动之间的协调发展更加具有时代的特征。政治、经济和科学技术的快速发展，使劳动技

---

① 郑程月，王帅. 建国70年我国劳动教育的演进脉络、时代内涵与实践路径［J］. 当代教育科学，2019（5）：14-18.

② 陈彤彤. 建国以来劳动教育的历史演变与反思［D］. 海口：海南师范大学，2015.

术教育的地位相比改革开放时期又有了新的提高，劳动技术教育成为素质教育的重要组成部分。为了适应新世纪的发展方向，我国相继出台实施了一系列重大政策、方针，其目的是为培养德智体美劳全面发展的社会主义建设者和接班人。

通过 21 世纪教育改革，劳动教育也有了新的内容。2001 年，国家出台了《国务院关于基础教育改革与发展的决定》，强调必须坚持教育与生产劳动和社会实践相结合，加强劳动教育，培养学生掌握一定的劳动技能。2002 年，江泽民在党的十六大报告中指出："必须尊重劳动、尊重知识、尊重人才、尊重创造，这要作为党和国家的一项重大方针在全社会认真贯彻。"随着"尊重劳动"被重新着重提出，国家领导人对劳动的价值、意义和重要性的肯定，劳动也因此在时代发展中越来越被认可。

党的十七大报告重申了贯彻尊重劳动、尊重知识、尊重人才、尊重创造的方针，建立健全劳动者就业体系，为劳动教育创造了良好的社会环境。2010 年，中共中央、国务院出台《国家中长期教育改革和发展规划纲要（2010—2020 年）》，再次着重提出要坚持教育教学与生产劳动、社会实践相结合，加强劳动教育，培养学生热爱劳动、热爱劳动人民的情感，同时也对教育与生产劳动相结合的方针进行更加全面深入的阐述，并融入了当时教育改革最新的思想。这段时期，便于劳动教育实施的社会环境随着政策的提出而被营造出来，新的劳动教育事业也从以理念为主转变为详细的行动纲领实施。① 由此开始进入劳动教育的社会实践教育期。这一时期劳动教育开始成为培养学生综合素质的重要组成部分。

从劳动教育的目的来说，获得良好技术素养和综合素质成为培养学生的主要目标。2001 年《国务院关于基础教育改革与发展的决定》，首次提出教育必须与生产劳动和社会实践相结合，培养德智体美等全面发展的社会主义事业建设者和接班人，在以往提出的"教育必须与生产劳动相结合"的方针上添加了"教育与社会实践相结合"。此外，2004 年教育部发布《中小学生守则》《小学生日常行为规范（修订）》和《中学生日常行为规范（修订）》。其中《中小学生守则》要求中小学生积极参加劳动实践，培养勤俭朴素的品质，坚持自己能做的事自己做。《中学生日常行为规范（修订）》要求中学生积极主动参与生产劳动和社会实践，积极投身到学校组织的其他各类活动中。2004 年发布的《中共中央　国务院关于进一步加强和改进大学生思想政治教育的意见》，也要求各高校坚持政治理论教育与社会实践相结合。两者协调发展，通过社会实践的开展来加强和深化大学生思想政治教育。

可见，这一时期劳动教育和思想政治教育开始与社会实践紧密相连，社会实践实际上已经成为劳动教育的重要内容之一。比起普通生产劳动，社会实践更加注重培养学生的综合素质及劳动技术素养。在课程设置上，学校增设了综合实践活动课程。2001 年教育部颁布的《基础教育课程改革纲要（试行）》，要求从小学到高中设置综合实践活动，并作为必修课程。综合实践活动课程内容丰富，包含以下几块内容：信息技术教育、研究性学习、社区服务与社会实践以及劳动与技术教育。虽然综合实践活动课程分类较多，但课程之间仍需要相互协调，共同推进学生的全面发展。这一时期的劳动与技术教育课

---

① 郑程月，王帅. 建国 70 年我国劳动教育的演进脉络、时代内涵与实践路径［J］. 当代教育科学，2019（5）：14 – 18.

以培养学生热爱劳动、尊重劳动的观念和技能为主要目的,同时让学生获得积极的劳动体验、获得良好技术素养以满足学生多方面发展需求;也让学生了解必要的通用技术和职业分工,在具有初步技术实践能力的同时,为之后的职业发展规划提供更多的参考。①

21世纪以来,为了调整改革开放以来片面追求升学率所造成的各种问题,培养更适应新时代要求的素质型人才,我国进行了十分重要的课程改革。这次改革,以教育部1999年《面向21世纪教育振兴行动计划》和第三次全国教育工作会议的召开为开端,重新调整了基础教育的课程设置和教学内容。此次改革经过学者们的详细调查论证,基于对全国教育现状的调查和比对来编纂授课教材,通过选用试点学校进行试验的方式,最终敲定推广新的课程。在新课程改革的背景下,各类学校对人才培养有了崭新的要求,学生的实践能力和创新能力成为培养的重中之重,同时,让学生养成优良的道德品质,树立正确的世界观、人生观、价值观,进而让学生得到全方位的发展。

21世纪也被称为知识经济时代,国家对劳动教育的重视程度不断加深,其改革力度也越来越大。这是由劳动教育的地位所决定的,劳动教育课程的设置随着社会的全面发展不断趋于合理。但更为重要的是,推行劳动教育是提高本国综合实力的重要途径。从1993年以来的教育改革发展历程来说,虽然提出了以素质教育为主导的教育方针,使劳动教育尤其是劳动技术教育继续得到重视,但在实际效果上并没有完全改变应试教育的现状。而"以人为本"教育理念深入人心,教育行业乃至全社会对教育质量和人的全面发展更加重视。劳动教育就是当下社会实践与学生个人发展的结合,也是社会发展与人的全面发展的结合,充分体现了社会对人的全面发展的作用。因此,学校在课程设置过程中更加突出了劳动教育的特征。从当前情况来看,由于科技越来越受重视,劳动教育课程内容的侧重点也还是劳动技术课程,劳动技术知识在其他科目中也得到非常多的体现。这让劳动教育脱离了单纯的劳动教育课程,更广泛地融入整个教育体系当中。劳动教育作为一种有别于传授书本知识的教育方式,它更加注重的是学生思想品质、道德和意志力的培养,是造就全面发展的人的有效途径,同时还承载着推动国家科技发展、生产技术水平提高的希望。虽然家长和学校在面对升学率压力的情况下,仍侧重于学生的智育,但随着劳动教育理论的深化,智育与劳动技术教育更好地结合在一起,劳动教育也因劳动技术教育的快速发展而展现出新的活力。

五、劳动教育创新时期(2012年至今)

2012年,劳动教育进入新时代,劳动教育的内涵得到了丰富,涵盖了高尚的精神价值和务实的理念,在社会的急速发展变化下,增添了更多适应时代的内容元素,同时又不能盲目随意解读而影响整个劳动教育的核心价值体系。因此,要充分理解劳动的根本要求、普遍意义、创造价值,要明确人类本质活动以及学生实际学习能力,才能以这一系列基本规律为基石,对劳动教育及其内涵进行深化,同时也要根据具体国情、社会发展、时代特征有机地对概念内涵进行拓展。唯有如此,新时代劳动教育才能随着时代的挑战沿着正轨稳步前进,才能构建出一种具有强大生命力、不会被时代所淘汰的劳动教

---

① 陈静,黄忠敬. 从"体力教育"到"能力教育":我国劳动教育政策的发展与变迁[J]. 中国德育,2015(16):33-38.

育内涵体系，让我国劳动教育及其内涵的建构永远长青。因此，劳动教育必须保持正确的劳动科学技术知识的教育，还必须时刻更新内容，加强学生综合劳动素养内涵的培养，为中国步入崭新的时代、全面实现国家特色社会主义现代化、实现中华民族伟大复兴奠定坚实基础。①

党的十八大以来，在习近平新时代中国特色社会主义思想的指导下，我国教育改革彰显了新时代的全面育人理念。此理念核心在于思考培养什么人、怎样培养人、为谁培养人这一系列根本问题，从而更有效、更科学地掌握教育事业发展和人才培养的规律。在教育新理念中，促进人的全面发展和推进劳动教育实施方面受到了特别的重视。在党的十八大报告中，着重强调了要营造劳动光荣、劳动创造伟大的积极社会氛围，加快确立人才优先发展战略布局，推动我国由人才大国迈向人才强国。根据习近平总书记劳动教育相关系列讲话精神，2015年，教育部、共青团中央、全国少工委联合印发了《关于加强中小学劳动教育的意见》，对劳动教育的主要目标、基本原则、关键环节和保障机制进行了详细阐释，在促进学生德智体美劳全面发展的基础上进一步提出了要"通过重视劳动教育"来促进其他四育的发展，达到"树德、增智、强体、育美、创新"的要求。该意见在表述劳动教育的主要目标时，就明确地提出，"通过劳动教育，提高广大中小学生的劳动素养，促进他们形成良好的劳动习惯和积极的劳动态度，使他们明白'生活靠劳动创造，人生也靠劳动创造'的道理，培养他们勤奋学习、自觉劳动、勇于创造的精神，为他们终身发展和人生幸福奠定基础"。此外，该意见从政策层面对劳动教育内涵做出了更全面的阐释。通过学校课程、实践活动和生活劳动等使学生充分体验劳动过程，培养学生未来生活和工作中必备的劳动意识、技能、精神和习惯，培养学生成为尊重与热爱劳动、自立自强的社会公民的活动。劳动教育主要以综合实践活动课程的形式开展，在劳动与技术教育课中学习生产技术和培养动手操作能力；在学农、学工实践中观摩与初步了解工业、农业劳动技能和职业技能；在社区活动中，以兴趣小组、社团等方式进行公益活动和志愿服务；在家庭生活中，进行家务劳动等内容。文件明确提出了要培养中小学生的劳动意识、形成良好的劳动习惯、劳动态度和劳动精神。特别值得肯定的是，该意见格外强调要让中小学生理解"生活靠劳动创造，人生也靠劳动创造"这一道理，对于新时代劳动教育的推进起了重要作用。②

到了2017年，党的十九大报告指出，中国特色社会主义进入了新时代，为了适应经济高质量发展需求，必须建设知识型、技能型、创新型劳动者大军，弘扬劳模精神和工匠精神，营造劳动光荣的社会风尚和精益求精的敬业风气。同时还提出，高中阶段教育、高等教育要更多地覆盖到绝大多数的城乡新增劳动力。这让劳动与育人的关系内涵得到了更多的拓展和升华，不仅要全面育人，还要保持教育的公平，从这两个点出发进一步推行新时代劳动教育。2018年9月，习近平总书记在全国教育大会上指出，"要努力构建德智体美劳全面培养的教育体系，形成更高水平的人才培养体系"。"要在学生中弘扬劳动精神，教育引导学生崇尚劳动、尊重劳动，懂得劳动最光荣、劳动最崇高、劳动最

---

① 周子卿，李炳煌. 我国劳动教育内涵的历史变迁 [J]. 西部学刊，2020 (5)：51-55.
② 胡君进，檀传宝. 马克思主义的劳动价值观与劳动教育观：经典文献的研析 [J]. 教育研究，2018，39 (5)：9-15，26.

伟大、劳动最美丽的道理,长大后能够辛勤劳动、诚实劳动、创造性劳动"。这段对马克思主义劳动观全面而深刻的阐释,标志着我国劳动教育的理念得到了进一步升华,达到了新的高度。习近平总书记在全国教育大会上所阐述的劳动教育观,其理论基石是马克思劳动价值论,强调"规定人的本质性""劳动是实现人的解放的重要手段"和"劳动是创造财富和价值的唯一源泉",同时也体现了马克思主义教育观下"理论与实际结合,教育与劳动结合"的思想,确定了社会主义教育方向与具体内容涵盖:主要元素是劳动意识、态度和习惯;基本原则是坚持劳动的体脑结合;本质要求是劳动教育与德智体美互为一体,培养全面发展的人;价值目标是塑造劳动精神,形成尊重劳动、热爱劳动、崇尚劳动的劳动价值观,坚持劳动教育是社会共识,坚信劳动教育是社会主义学校教育。① 2020年3月,《中共中央 国务院关于全面加强新时代大中小学劳动教育的意见》(以下简称《意见》)发布,强调要将劳动教育的实施贯通大中小学各个年龄段。这一系列关于劳动教育的要求和部署让建设新时代教育事业的人们肩上又有了更多责任,同时也给新时代劳动教育的发展提供了更多机会。新时代劳动教育已经不能从学生动手、实践的角度来进行理解,其具有了更多承载国家未来的战略性意义。②

随着信息技术的爆炸式发展,数字网络、人工智能快速深入到人们的日常生活中,劳动环境也开始复杂化,劳动方式发生了急剧变化,劳动知识与技能更为丰富多彩,劳动认知从曾经简单的身体实践朝体力脑力有机融合、虚拟与实际实时切换、思想与物质、模仿与创造并存融通发展。新时代劳动教育及其目的更加注重于在新时代社会资源及运作信息化背景下培养学生在复杂的环境中结合劳动素养的全面协调能力。劳动教育内容要与学生的知识技能储备、人机协同、信息处理加工、研究创造能力紧密联系。劳动教育体系也得到全新的构建,彰显了新时代的"五育并举"、全面育人理念。劳动教育不是简单地让学生在劳动中学习知识与技术,而是要着重于价值观的培养。劳动教育要在整个育人过程中占有重要地位,要让学生在日常行为习惯的养成中树立劳动意识、责任担当意识、独立自主意识,从而培养出为国家、民族和社会做出积极贡献的高素质人才。新时代劳动教育的实施与全面育人的教育方针、立德树人的根本任务天然契合,既是加快推进教育现代化不能缺少的重要途径,也是决胜全面建成小康社会、进而全面建设社会主义现代化强国的坚定支撑。③

进入新时代后,重视脑力劳动、重视知识传授的主旋律并没有改变。考试升学仍旧是大众心中教育的重点,这也动摇着新时代劳动教育的地位,尤其是劳动教育中"劳动""实践"的环节。关于开展劳动教育的意识、组织劳动教育的内容、实施劳动教育的条件和改革劳动教育的探索,还有很长的路要走,劳动教育在家庭中被虚化、在学校中被软化、在社会中被淡化、在研究中被弱化的现象仍然存在,这也是新时代以来急需解决的问题。

---

① 程德慧. 习近平新时代劳动教育观论析[J]. 职业技术教育, 2019 (6).
② 赵建芬. 论新时代加强劳动教育的战略意义与推进策略[J]. 思想理论教育, 2020 (6): 16 – 21.
③ 郑程月, 王帅. 建国70年我国劳动教育的演进脉络、时代内涵与实践路径[J]. 当代教育科学, 2019 (5): 14 – 18.

第三节 劳动教育的国际经验与借鉴

一、国外劳动教育思想理念

从传统的劳动教育来说,其重点在于培养劳动价值观。通过对马克思、恩格斯著作中劳动价值观的粗略梳理可知,马克思、恩格斯对于劳动价值观主要有三类紧密结合又各成体系的解释模式:第一类是从历史唯物主义的角度出发,强调劳动创造世界,劳动创造历史,同时也创造人本身;第二类是从政治经济学的角度出发,认为劳动是商品价值的唯一源泉,劳动剥削是资本主义的社会本性,按劳分配是实现社会正义的重要原则;第三类是从教育学原理出发,强调劳动形成人的本质,劳动是实现人的全面发展的重要途径,教育与生产劳动相结合是社会主义教育的根本原则。这三类有关劳动价值观的阐释,既是整个马克思主义思想理论体系的重要组成部分,也是掌握与应用马克思主义学说的重要途径。从教学实践的角度来说,马克思、恩格斯对劳动及其劳动价值观的论述最能体现社会主义的劳动教育观,给予我们教学实践最重要的理论指导。从某种意义上来说,劳动观、劳动价值观决定了劳动教育观,社会主义劳动教育的根本目标一定是促进学习者形成正确的劳动价值观。以马克思主义的劳动观为基础,劳动价值观的培养需要包括三方面内容:一是引导学生认识到劳动具有本源性价值,即劳动是创造物质世界和人类历史的根本动力,劳动、劳动者最光荣;二是引导学生认识到劳动具有经济性价值,即劳动创造了一切社会财富,按劳分配是社会主义重要的分配原则,妄想通过不劳动而获取利益是可耻的;三是引导学生认识到劳动具有教育性价值,教育与生产劳动相结合体现了社会主义教育的本质,热爱劳动、参加劳动才能全面培养个人素质,让自身健康成长,不愿劳动、不爱劳动则会使个人的全面发展受到影响。[①]

(一) 马卡连柯的劳动教育思想

马卡连柯是苏联著名的教育思想家,劳动教育是他整个教育理论中极重要的内容。他提出实行劳动教育是促进学生全面发展的重要途径,劳动教育应当与集体教育、家庭教育相结合,同时还强调纪律在劳动教育中的重要性。马卡连柯提倡劳动教育应该在集体教育、家庭教育之中进行。在集体教育和家庭教育的劳动实践中,马卡连柯形成了自己的劳动教育理论,并不断在实践中丰富劳动教育理论的内容。其劳动教育思想的主要内容包括以下四个部分:

1. 劳动教育是促进学生素质全面发展的重要途径

马卡连柯认为学生的单纯劳动其实不能获得足够的收获,在劳动教育的过程中必须同步进行知识和道德教育。只有将这三者结合在一起,劳动教育作为整个教育体系的组成部分,它的效果才能得到最大限度发挥。劳动实践的好处不仅仅是使学生获得体能上

[①] 胡君进,檀传宝. 马克思主义的劳动价值观与劳动教育观:经典文献的研析 [J]. 教育研究,2018,39 (5):9–15,26.

的增强,更重要的是使学生的道德品质和精神素养得到多方面的培养。所以施行劳动教育时,需要加强道德教育,既要通过劳动促进学生体能的增强和劳动技能知识的学习,同时也要注重学生道德品质和精神素养的发展。

2. 劳动教育与集体教育相结合

劳动教育和集体教育在马卡连柯的劳动教育理论中是不能割裂的两部分内容。首先,马卡连柯认为劳动教育应当在社会集体中进行,与集体教育互相结合。如果不进行集体教育,劳动教育的组织与开展就无从做起。在集体中进行劳动教育时,教授者同时也是组织者、引导者,需要合理组织集体劳动,传授劳动知识技巧,团结学生集体,鼓励学生踊跃参与劳动,营造健康良好的集体舆论和积极主动的劳动氛围。同时他还建议学校应该让学生集体参加多种多样的劳动实践活动,例如通过联络校外机构共同开展劳动技术学习、参观工厂流水线生产等。"只有用一种方式组织起来的,并且具有一定目的的劳动,就是作为全部教育过程的一个组成部分的劳动,才能成为教育的手段。"其次,合理的劳动教育也有利于集体的组织完善。在劳动过程中,合理的组织更容易促使集体成员之间相互关心以及产生集体责任感和荣誉感,良好的工作作风以及共同的奋斗目标有利于增进集体成员之间的团结,促进集体的完善发展。

3. 劳动教育和家庭教育相结合

要在家庭中开展劳动教育。马卡连柯认为对学生进行劳动教育不仅是社会和学校的责任,在家庭生活中也需要加强对学生的劳动教育,"在教育自己儿童的工作中,父母永远不应该忘记劳动的原则"。父母应当认识到自己是孩子的第一任教师,家庭则是孩子的第一所学校,家庭教育对于孩子劳动观念和劳动能力的形成发展十分重要。① 儿童在家庭里的劳动实践对他以后深入学习劳动技术也具有深刻的意义。马卡连柯对家庭的劳动教育有以下三点建议:首先,家庭中的劳动同样不应该只是锻炼身体的体力劳动,父母需要培养孩子创造性解决问题的思维和能力。其次,家庭劳动教育早期的实施可以用游戏的方式来进行,通过游戏正反馈的机制激励孩子在得到快乐的同时得到锻炼,而随着孩子的成长,劳动内容也不应该一成不变,需要随能力的增强逐步提升其难度和复杂度,根据孩子的年龄特征与学习能力进行劳动教育,劳动教育活动的内容必须符合孩子的年龄阶段,同时多给奖励、少些斥责。② 最后,马卡连柯建议趁早开展劳动教育。儿童的可塑性远超大部分人的认识,较早地进行劳动教育更易于培养良好的劳动观念,也为以后的学校教育打好坚实基础。他认为,父母是孩子最常模仿的对象,以身作则非常重要,在日常生活中给孩子树立良好的劳动榜样,形成良好的劳动氛围,可以潜移默化地影响孩子的成长。③

4. 劳动教育同纪律教育相结合

马卡连柯提出集体中的劳动非常需要纪律来进行补充配合,这尤其体现在生产实践

---

① 吴式颖. 马卡连柯教育文集(上卷)[M]. 北京:人民教育出版社,1985.
② 杨显东. 马卡连柯劳动教育思想对中小学品德培养的价值[J]. 产业与科技论坛,2018,17(14):161-162.
③ 田洁. 马卡连柯劳动教育理论对我国小学劳动教育的启示[J]. 基础教育研究,2020(6):3-4.

过程中对生产效益、生产目标的追求上。为了得到更好的生产效益，更好地达到生产目标，生产纪律就必须在集体成员劳动的过程中发挥作用，如此才能完成工作效率的提升。纪律教育还包含培养集体成员对所属分工内容的责任意识。在分工情况下，要使生产程序能够正常运转，集体成员就必须对自己的分工环节富有责任感，才能认真对待工作，同时也是对整个集体的劳动过程负责的体现。承担责任就是遵守集体纪律最核心的表现。所以马卡连柯的劳动教育和纪律教育是互相促进、相辅相成的，在劳动过程中对集体成员进行纪律教育，培养纪律意识，集体成员就会更好地维持整个劳动过程的秩序，使劳动实践过程更加高效率、高质量。

（二）苏霍姆林斯基的劳动教育思想

苏联著名教育理论学者苏霍姆林斯基，其整个教育理论体系和现实教育实验实践都没有脱离劳动教育思想。他对劳动教育有着相当多的研究，并且认为劳动教育在整个教育体系中有着重要地位。苏霍姆林斯基曾提到："离开劳动，不可能有真正的教育。"[①]即如果教育中缺乏劳动实践，那么教育也不会是完整的。他认为学校教育中不能仅仅把劳动教育当作一个补充和辅助项目，而应该将劳动教育看作对学生必要的训练，将其贯穿到学校教育的整个过程。苏霍姆林斯基通过对劳动教育的思考，结合自身长期的教育教学实践，形成了独具风格特色的教育理论体系。仔细研究苏霍姆林斯基的劳动教育理论及劳动教育思想，能帮助我们更好地理解劳动教育，同时更好地推进劳动教育的发展，对整个劳动教育概念的深化有着极其重要的意义。

1. 强调劳动教育是一个长期的过程，同时具有普遍性

苏霍姆林斯基认为，劳动教育不是人们成长到某一个阶段需要存在的教育形式，而应该是一项具有长期性的教育活动。劳动教育并不是针对某一个阶层、某一种职业人群的专门教育，而应该是广泛地、普遍地存在于每个人的教育活动过程中。

2. 注重体力劳动和脑力劳动的有机结合

在整个劳动教育过程中，苏霍姆林斯基不仅强调劳动教育的普遍性以及长期性，同时也认为体力劳动和脑力劳动要有机地结合才能发挥最大作用。体力劳动和脑力劳动是两种非常不同的劳动形式，体力劳动通过利用工具直接用双手实践创造社会财富，脑力劳动则是通过积极思考指导对世界的改造，同时也让人们的精神生活更加丰富，两者虽然看似独立但并不孤立。两者有机结合对劳动教育具有重要的意义。

3. 注重良好劳动教育环境的营造

苏霍姆林斯基认为要有机结合体力劳动和脑力劳动，就必须创造一个良好的劳动教育环境以便教育实践更好地实施。劳动教育环境既包含利于进行劳动教育的基础设施建设和布置，也包括更适合对受教育者言传身教的社会精神环境。

4. 强调劳动实践，认为劳动实践是实施劳动教育的重要形式

苏霍姆林斯基认为："在劳动活动的组织形式本身之中，以及他们之间形成的关系之

---

① 苏霍姆林斯基. 少年的教育和自我教育 [M]. 姜励群，吴福生，张渭城，等译. 北京：北京出版社，1984：26.

中,就蕴含着很大的教育可能性。"① 要发挥劳动教育的预期效果,必须让教育对象从事劳动活动实践。他所指的劳动实践的主要内容不仅有学校教学大纲所规定的每一个学生都必须参加的基本劳动,也有学生根据自身的兴趣特长自由选择劳动小组所进行的劳动活动。②

（三）凯兴斯泰纳的劳动教育思想理念

著名德国教育家凯兴斯泰纳也在学校中贯彻"劳动原则",从另一个角度丰富了劳动教育的理论体系。从凯兴斯泰纳的教育理论角度,基于劳动原则所开办的劳动学校和开设的劳动课程有着三个方面的意义和作用。第一,有助于让学生在劳动中互帮互助,凝聚一种"劳动共同体"的意识,并最终帮助整个国家和社会向着文明与法制的方向发展。第二,贯彻"劳动教育"能够让学生塑造出更加优良的道德品格,更有效地实现学校的育人理想。第三,学校中的劳动能够培养学生的专业技能水平,为学生将来的职业选择提供一定参考和准备作用。

1. 通过劳动实践逐渐培育学生的"劳动共同体"意识

构建国家、学校和个人三者之间的联系是凯兴斯泰纳建立劳动学校理念的根本出发点。18世纪末至19世纪初,德国面临着公立学校无法推动全社会教育事业发展的困境,凯兴斯泰纳渴望构造出一种可以同时促进国家发展和个人发展的学校组织模式。在他的理念中,国家可以看作一种"最高的、外在的道德的善",个人可以看作一种"最高的、内在的道德的善",国家要以发展为文明与法制的现代国家为目标,而个人则应发展为拥有"道德上的自由人格"的人。这两者拥有一个结合点,即个人的发展目标已经包含于国家的整个宏观发展目标之内,国家发展目标需要通过无数个个人的发展才能最终得到实现。具体来说,只有广大劳动者得到自我完善,生活使命得到实现,亦即劳动者能够为了自身理想和尊严而从事一份工作,并在工作中发现完善自身人格的机会,最终文明与法制的国家理想才能得到建立。所以从凯兴斯泰纳的角度来说,公共教育正是联系国家（作为外在的道德上的善）和个人（作为内在的道德上的善）的纽带,也正是存在这样一种相互联系的状态,公共学校应该培养的是"有用的国家公民",而劳动学校则是其认为的最具备联系国家个人两者关系能力的公共学校类型。③

2. 通过劳动培养学生优良的道德品格

学校教育中的劳动实践过程能够对学生个体进行"性格塑造"（character building）。凯兴斯泰纳认为,性格塑造问题是教育的根本问题,因而也是劳动学校所要解决的根本问题。劳动学校的作用与特征和性格塑造的本质密切联系。具体来说,劳动教育要注重学生的精神或心理能力的发展,其中包括意志力、判断力、灵敏性和易激发性等四种能力的发展。为了让这四种能力能够在学校教育中获得较好的培养,劳动原则必须成为学校教育中最基本的原则之一加以贯彻执行,因为"作为原则的劳动教学是进行性格培养

---

① 蔡汀,王义高,祖晶.苏霍姆林斯基选集5卷本:第4卷[M].北京:教育科学出版社,2001:528.

② 常蓉.试论苏霍姆林斯基的劳动教育思想[J].湖南人文科技学院学报,2013(2):83-86.

③ 凯兴斯泰纳.劳作学校要义[M]//凯兴斯泰纳教育论著选.郑惠卿,译.北京:人民教育出版社,2003.

的最佳手段"①，学生的精神发展要通过劳动活动才能完全实现。在劳动活动中，学生的创造力和意志力能得到更多的发展，思想与道德品质也能通过劳动活动获得提升。

3. 劳动教育能培养学生的"职业决定能力"

当代德国贯彻着"经济—劳动—技术"的课程方案。其要求学校教育可以培养学生的"职业决定能力"，让学生能够综合个人的职业条件、职业期许与职业要求，给学生自身的未来职业提供更多参考与准备。这种理念早在凯兴斯泰纳的《劳作学校要义》中已经提出。在凯兴斯泰纳的理念中，学校教育不仅要能够为学生未来的职业选择提供帮助，提高学生的劳动技能水平，培养学生的劳动兴趣和劳动习惯，让他们在工作之前就认识和体验不同职业的工作内容和工作要求，同时还应让学生认识到社会上每一种职业劳动都是整个集体利益的一个组成部分，学生未来所从事的每一种职业、每一次劳动都会直接或间接地让国家得到发展。他甚至觉得，最好的公共学校就是那些指导如何根据未来职业计划来组织学生的学习和劳动实践，并能够在不把学校变成专门职业学校的条件下，将职业教育和职业规划作为首要任务加以贯彻的学校。

综合以上观点，凯兴斯泰纳认为劳动学校有着三大职责：第一，给每个学生在社会中从事某项劳动或选择某种职业提供参考与帮助。第二，培养学生的道德品质以及自己所从事的劳动或职业的责任感。第三，开发学生的兴趣爱好与潜在能力，促使主观能动性更好地转换成实实在在的社会价值。这三点密切联系、不可割裂，构成当时劳动学校的主要特征。凯兴斯泰纳的劳动教育理论在他所构想的劳动学校中得到充分体现，即国家和个人的发展目标要结合统一，达到每位学生的职业技能水平与劳动道德品格的培养工作和国家的文明与法制的发展进步在互相促进的过程中都得到落实的目标。②

二、国外劳动教育教学体系

（一）英国的劳动教育教学体系

英国是最先出现劳动教育萌芽的国家，其发展更注重对工人阶级进行劳动技术的教育。早在16世纪，空想社会主义者莫尔就提出了教育和劳动相结合的思想。但英国本质上还是一个贵族社会，整个社会都弥漫着崇尚人文知识、鄙视科技知识的传统风气。英国即使进入了专制主义时期，对科学技术的发展进步也仍然采取放任的态度。科学技术的进步仍来源于新兴的贵族、地主、大商人等创造发明的兴趣，而非广大劳动阶级在劳动实践中的创造。到了工业革命时期，随着市民、工匠对科学、技术的关注度进一步提高，他们迫切希望通过相互交流提高自己的技术水平。到了18世纪中叶，各种向群众普及科技知识的协会如雨后春笋般相继出现，并迅速发展壮大。

1799年，本杰明·汤普森以科学创造应用于工业和产业为目的，建立了皇家讲习所，并以此为开端，在各地举办了许多相同类型的讲习所。私人协会和讲习所是对不断壮大的新兴阶级——中产市民阶层所进行的科学技术的启蒙教育。这些组织面向更广泛

---

① 凯兴斯泰纳. 劳作学校要义 [M]//凯兴斯泰纳教育论著选. 郑惠卿，译. 北京：人民教育出版社，2003.

② 林凌. 学校情境中的劳动：为何与何为？——凯兴斯泰纳及其《劳作学校要义》的贡献 [J]. 苏州大学学报（教育科学版），2020，8（1）：98-106.

的民众，即工人阶级，产生了针对性更强的教育机构，这便是机械工人讲习所。而到 19 世纪下半叶，当时的企业还没有对技术人才产生大量的需求，一些拿到技术证书的人虽然找到了技术工作岗位，但多数是作为文员被雇用，大多数人也并不愿意让子女接受技术教育。机械工人讲习所并没有流行太久，便逐渐销声匿迹。机械工人讲习所的消失让英国认识到，缺乏义务教育的基础和国家的介入，就不能建立起针对工人的有效的劳动教育体系。1867 年，英国在巴黎世界博览会上的失败更进一步刺激了这种信念。在这种情况下，英国 1870 年通过了《教育法》，提出了普及初等教育。1889 年的《技术教育法》确立了技术教育的地位。1902 年的《教育法》确立了国家的中等教育体系。这些法律的确定，使技工讲习所原来集科学启蒙与技术训练于一身的功能得到了分化。1890 年，自然科学和手工课的义务教育被纳入初等学校章程。1904 年的中学法案和 1907 年的新条例在一定程度上脱离了侧重学术的现状，尤其是在学生最后一年左右的学校生活中加入了劳动实践。同时，小学的最高年级出现了一个职业和劳动技术教育的流行时期。另外，除中学以外，建立在小学之上的新式教育机构也开始出现。1905 年伦敦郡议会创建了若干中心学校，其目标是"给学生朝某种行业工作的倾向"。到了 20 世纪 40 年代，作为普通或专业性商业学校的初级技术学校也出现了，其目的是针对从小学毕业的未来的工匠和体力劳动者进行正式做学徒前的预备教育，为他们进入工商业领域某个专门的职业做预备学习。后来，初级技术学校经过演变，正式成为技术中学。通过这些正规的学校体系功能上的分流，技工讲习所也逐渐变成了纯粹的劳动技术教育机关，其中许多发展成了技术学院或工科大学。劳动技术教育成为一个相互衔接的系统，技术学院成为初级技术学校毕业生继续学习的机构。就这样，1944 年教育法颁布以后，英国建立起了在中等教育之上，以技术学院为主体、以劳动技术培养为目的的被称为"继续教育"的职业劳动教育体系。

（二）法国的劳动教育教学体系

法国的劳动教育与其在大众教育方面采取的放任政策相反，法国统治者自专制王朝起就对劳动技术教育采取了一系列积极主动的政策，劳动技术教育一开始就没有与高等教育割裂。而到了近现代，自 1977 年以来，法国青年失业问题不断变得严峻，政府为此采取了一系列加强青少年劳动教育的措施，其中最显著的是加强在校青少年的职业教育，与企业合作开办实习培训班。这是教育制度政策面向解决实际社会问题所进行改进和发展的一部分，同时也是解决当时法国的教育与就业联系不紧密等问题的途径之一。到 20 世纪 80 年代初，法国结合普通教育，让中学生在近 6 万多个企业实习班中进行技能技术和素养的培训，取得了非常好的成效，也积累了不少劳动教育经验。随着劳动技术教育的推广，学生在中学阶段接受专业技术教育也不断得到鼓励，在高中课程设置上也出现了更多样化、专业化的选修科目。当时法国劳动教育的类型和方法有如下几种：①普通中小学校在教学计划中要求实施劳动教育。小学课程中不仅有基础知识、科学教育、艺术教育和体育等相关课程，还增设了劳动技术教育课程，培养儿童具有一定的手工制作能力和进行一定程度的身体劳动。同时，初中课程中也专门添加了劳动与技术教育课。②建立同级职业预备、学徒预备班，通过学校和企业的合作来推进劳动教育，以提高学生的自给自足能力、职业生活适应能力为目标。③开办两种类型的高中，细化劳动教育的推进内容。法国将高中分为长期普通高中和职业高中,学生在毕业时都能获得一种职业证书或某种职业技能认证书以证明完成某种专业技术方向的学习,只是职业高中更加侧重于对技术工人和办事员的培养。1980年,法国教育部为推进劳动技术教育,在大学入学考试即高中毕业会考中增设手工劳动能力考试,同时在一般考试中增设应用技术的考试项目。法国劳动教育深刻贯彻了教育与生产劳动相结合的原则,一方面体现了教育为社会生产提供劳动力的根本目的,另一方面也加强了教育部门和企业部门的联系,对社会发展与人才培养收起到了重要的作用。[1]

（三）苏联的劳动教育教学体系

苏联因其国家的社会主义性质,劳动教育理论的发展一直处于领先地位,这为其劳动教育的发展奠定了坚实基础。苏联劳动教育的正式大规模开展,可追溯到1977年1月。当时苏联通过了《苏联各加盟共和国国民教育立法纲要》,规定普通中学需要"对儿童和青年进行符合现代化社会进步和科学技术进步要求的普通中等教育,使学生具有丰富并扎实的科学基础知识,让他们拥有对知识的渴望,培养他们实际运用知识的能力",所以要求"在学习基础科学知识、进行劳动教育、组织各种课外活动和公益劳动的过程中……依照科学技术进步的要求,对学生实行综合技术教育、劳动教育和职业规划指导"。同时,学校还要注重教育与生产劳动相结合后的协调发展,并积极探究在科学合理安排劳动知识技能教学和生产劳动实践的条件下,提升学生对科学知识的掌握水平,从而达成中等教育既为高等学校输送高质量学生,又为国民经济各部门提供合格的后备人才的双重目的,这是苏联重视教育同生产劳动相结合的最核心内容。根据以上文件精神,苏联采取了以下几个方面的措施:

第一,加强劳动教育。首先,开设劳动相关课程,依照学生当前的年龄特征和认知能力水平,对不同年级的学生提出复杂度、理解度不同的要求,小学一年级的学生多参加每周两小时学校实验园地的手工制作活动和作物栽培劳动,从而提升儿童的劳动兴趣,培养其劳动习惯和劳动素质。到了中学时期,学生多在与学校合作的教学工厂、服务性劳动工作室进行每周两小时的生产实践活动,或完成相关企业的订货任务;进入中学高年级（九至十年级）,学生多在校际教学联合工厂、同学校挂钩的工厂参加深入一线的生产劳动。其次,施行全新的劳动教学大纲,其中有"技术劳动大纲""技术创作大纲""农业实验大纲""服务性劳动大纲""农业劳动大纲"等文件,使劳动教育更加被社会所承认,更加广泛化、正规化。再次,国家在加强劳动教育的同时也非常注重普通教育同劳动教育之间的互相联系,使两者更加有效地互相补充、互相促进。学生把一般知识课程中学到的理论应用到劳动实践中,又通过劳动实践去深化、扩展所学的理论知识,这样既能运用科学知识更好地完成劳动实践活动,又可以使劳动实践成为巩固自身理论知识水平的重要途径。最后,在劳动教育中始终坚持加强综合技术教育的方针。劳动教育须培养受教育者对综合技术的眼界,同时熟练掌握关于劳动对象、手段、过程的基本认识,形成应对各种劳动技术活动的基本技能。

第二,加强对学生职业能力水平的指导,以解决普通中等教育毕业生在人力市场就

---

[1] 孟景舟. 职业教育基础概念的历史溯源［D］. 天津:天津大学,2012.

业难的问题。苏联非常重视学校与工业企业、集体农庄和国营农场的相互联系。校际联合工厂的实习经历对学生来说也非常重要，它能切实让学生学到实用的生产技能。据调查，有三分之二的学生根据在校际联合工厂获得的专业基础选择职业或继续深造。

第三，组织动员学生参加各种形式的公益性劳作活动。如学生农业生产队、学生工业生产队、林业队、维修队、绿化队、劳动休息营等。这些多种多样的劳动组织，多在暑假进行活动，为期2~4周，每天劳动4小时，学生以自愿的形式参加，并可从中得到一定的劳动报酬。

第四，积极拓展课外、校外兴趣活动，培养学生多方面的才能、特长，让他们在未来能够更加有目的性地进行职业规划。

第五，强化劳动综合技术教育。《苏联和各加盟共和国国民教育立法纲要》中明确规定："苏联普通中等学校是对儿童和青年进行教学和教育的统一的劳动综合技术学校。"所以中等学校非常强调普通教育课程也能够综合技术技能的教育内容，让劳动教育更加具有综合技术方向性。同时，学校强调综合技术教育也要严格遵循教学论的原则，要让学生学会学习，即让学生能够独立扩充自身的知识范围、提升自身的知识水平，这是综合技术教育的核心内容。

苏联在实施劳动教育的过程中取得了丰富充实的成果，其劳动教育同整个教育体系有着密切联系，校企合作运转良好，学生提高了劳动素质，为整个国家的发展提供了源源不断的动力。

（四）德国的劳动教育教学体系

德国教育对传统教育制度承袭较多。其将学校分为三类：第一类是主要学校，即普通学校；第二类是完全中学，是专门为升学到大学的学生所开设的学校；第三类介于前两类学校之间，称为实科学校，又称为中间学校，它既进行普通学校课程的讲授，也十分注重实践活动。20世纪50年代，德国在普通学校里开始进行基本的劳动技术教育，采用"学生参加生产和经济工作""经济与教育合作"等多种多样的形式对学生进行劳动技能水平的锻炼和劳动素养的培育，同时提出在普通学校中要通过基础教育提高学生从事未来职业活动的基本技术水平。德国主要在普通学校设置劳动教育课程，劳动教育课程与其他课程地位相当，也被学校所重视。为了让学生更加适应社会、更加熟悉社会生活，完全中学也有针对学生生活技能和基本知识的讲授和实操训练，增设了劳动课、劳动技术课、劳动学和社会课等课程来作为对学生生活技能培养的补充。这类课程并非针对劳动教育，也不是为将来从事的职业选择做准备，纯粹是为了使学生更加熟悉、了解社会和生活。德国对劳动教育非常重视，通过制定政策发动工会、行会组织和企业等机构给劳动教育课程提供教授实践场地。通过这样的校企合作，学生能够直接进入企业参与最实际的生产劳动，从而使劳动教育落到实处，使个人能为将来职业做准备，社会也因为劳动人才的有效培养产出而得到快速发展。

（五）菲律宾的劳动教育教学体系

菲律宾在劳动教育上也独成体系。作为发展中国家，菲律宾的发展目标主要是努力保持国家的经济高速增长与社会的持续进步，让全体人民以饱满的热情投入经济建设中并从中获得相应利益，从而增加民族自豪感、深化自身的价值观念。为了达成这一目标，菲律宾的国家教育坚持提供最广泛的基础教育，让每一个人发现自身的潜能，同时也不断向国家输送最迫切需要的中高级技术型劳动力，切实为提高人民的生活水平而努力。为此，菲律宾在1973年和1977年在中小学校的课程设置上进行了巨大的调整，更加注重对学生的劳动教育和职业技术、技艺教育。经过调整后，课程有以下几个特征：①幼儿园到小学二年级的课程仍然是发展儿童的读、写、算的基本认知技能。②学生从三年级到九年级主要学习公共课程，从五年级到九年级增设实用工艺课程。从发展儿童的认知学习和动手能力出发，在授课过程中教会学生基本生活技能技术和对待劳动的正确态度，从而让他们不论在哪一个年级中途退学都能很好地服务于社会。③学生的劳动教育内容从三年级到九年级都很丰富，多半是与家务、学校活动和社会上的一些劳动互相结合，一共有着80多类选修科目，从而给学生在未来职业选择上提供有利的参考。总的来说，菲律宾课程改革的指导思想是给学生打造正确的劳动价值观，让学生养成良好的劳动习惯，使学生具备基础的专业技能，使学生更好地与世界相处。

菲律宾作为发展中国家发展劳动教育的典型，有着如下特点：①注意在进行劳动教育的同时结合自身国情。对于这一发展中国家来说，发展国民经济才是首要任务，只有经济得到独立发展，才能让政治独立得到巩固，逐渐消解殖民主义在社会制度、国民生活，尤其是文化教育方面的影响，从而为真正实现国家的独立自主打下坚实基础。菲律宾同其他发展中国家一样，经济基础薄弱，科学技术滞后，因此其劳动教育一定要和自身国情结合，不能盲目借鉴发达国家经验。②注重农业发展，强调城乡结合。菲律宾农业人口比重较大，在现代社会，农业生产劳动仍然是非常重要的劳动形式。因此其实施劳动教育政策时，对农业生产劳动相当重视，同时也非常侧重研究将传统农业融入现代化工业大生产中。劳动教育同科学技术教育和社会经济之间的关系十分紧密，所以发展中国家更有动力探索发展劳动教育，从而更好地服务于生产，为国家经济建设添砖加瓦。①

三、国外劳动教育师资培养经验

在现代社会潮流下，劳动教育逐渐侧重于技术、职业人才的培养，向劳动技术教育方面发展是不可避免的趋势。在劳动技术教育师资培养方面，德国、英国、美国、日本和新加坡等国家走在了世界的前列。

（一）德国劳动教育师资的培养

"双元制"教育是德国劳动技术教育的显著特点，主要在教育培训场所上得到体现，通过制度来落实企业和职业学校的培养相结合，真正实现了劳动教育发展的双元要求。具体来说，德国劳动教育师资有如下特点：

1. 国家政府的主导地位

德国的劳动教育师资培养历来就有国家干预的传统。德国国家政府对劳动教育师资培养中的主导地位和作用到后来愈加明显，主要通过对劳动教育教师资格的认证来进行

---

① 郭永华. 国外几个国家实施教育同生产劳动相结合的实践概况和特点［J］. 石油教育，1996（8）：18-20.

主导。这种全国性教师资格认证制度的建立,既保障了劳动教育教师的职业地位,又使劳动教育教师资格认证制度得到进一步规范,得到社会的普遍承认,还间接提高了整体的劳动教育师资质量。

2. 专业化的职前培养途径

德国通过设置职教师教育专业来完善劳动教育师资的系统化培养。具体来说,建立劳动教育师资专业化的培养途径有:专业化的培养目标定位,科学合理的课程开设;建立教育学院或教育研究所等对口培养机构;给准职教教师颁发学士、硕士学位等方式。

3. 较高的综合职业能力标准

德国对劳动教育教师的专业标准要求比较严格。就劳动职业学校的教师来说,从一般教育学角度出发,德国要求未来教师应当具备在教学、教化、评价和创新四个领域方面的能力。具体来说,进行劳动教育的教师应成为教和学方面的专家,履行其教化职责,合理而负责地完成评价工作,持续不懈地提高自身的能力。

4. 严格的教师资格认证制度

劳动教育教师资格认证制度的形成是德国职业院校教师专业化进程的重要进步,获得劳动教育教师资格认证是成为德国职业院校专业化教师的基本条件。德国劳动教育师资队伍之所以知识丰富、训练有素、技术过硬,与严格的师资资格认证制度分不开。

(二) 英国劳动教育师资的培养

英国劳动教育师资培养的历史发展与德国有很大的不同。其政府参与力度不高,主要以雇主为导向。从英国劳动教育师资培养的变革历程来看,政府对劳动教育教师资格的介入有过尝试,但最终还是将劳动教育教师资格培养的主动权交还给了雇主本身。这也是英国"雇主掌控标准"政策的表现,即政府不需要对师资培养直接负责,由雇主完全根据市场需要制定标准,从而提升整个行业培训的技术水平。英国的劳动教育教师培养市场中,雇主最后还是占据主导地位,教师任职资格和教师的专业发展路径根据雇主的需求而制定。从英国劳动教育师资培养体系来说,因其脱离了政府主导,成熟的授权体系建设变得尤其重要,这主要体现在资格认证的授权和课程开展实施的授权上。具体来说有如下特点:

(1) 在教师资格认证上,受教育者可任意选择合适的培养机构,完成相关课程要求即可获得颁证机构和高等教育机构颁发的教师资格证书,成为一名得到社会承认的劳动技术教育教师。英国的劳动教育教师资格证书名目繁多,政府将资格认证授权给了两大专业组织,即颁证机构和高等教育机构。英国政府通过颁发证书这一权力的转移,既使劳动教育教师资格更符合市场化要求,又使资格证书有了更专业化的管理。

(2) 开放式的劳动教育职业培养途径。从课程内容和资格认证制度来说,英国劳动教育师资培养相比其他国家培养体系有着更多的开放性。在职(职后)的师资培训是英国劳动教育教师培养的主要方法,这使师资培养课程更加灵活,从而满足不同专业教师群体的劳动教育培养需求。另外,不同师资专业的入学条件没有做全国性的统一要求,而是由各个专业培养机构自行规定,这使劳动教育师资培养的体系的针对面更加广泛,让更多人才能够有机会得到发挥。

(3) 英国劳动教育教师专业标准的能力要求比较宽泛。因为整体政策将劳动教育师资培养主导权交给了雇主,政府对劳动教育教师专业标准能力的要求大大简化,对劳动教育教师资格没有做太多严格的强制规定,只对劳动教育师资培养的大概框架进行设定。这种宽泛的劳动教育师资培养标准反映了英国"新自由主义"的特点,也反映了其劳动教育师资培养体系已经深度市场化。

(三) 美国劳动教育师资的培养

美国的劳动教育师资培养体系总体架构介于德国和英国之间。在地方政府对劳动教育师资培养拥有较大权力的同时,专业机构也能参与其中进行补充完善。培养体系还具有专业与普遍兼顾的特色,具体来说有如下特征:

1. 专业组织与州政府的"双轨制"管理

从美国劳动教育师资培养的历史进程来看,美国的地方分权制特色十分明显,劳动教育师资培养体系与整个教育制度的权力分配相同,劳动教育师资培养的管理权力多交给各州自主进行决策和框架设计。从美国劳动教育师资培养的现状来看,专业组织与州政府共同发挥作用,两者因其特殊的管理模式互相协调、互相促进,进而发展出更加完善的劳动教育师资培养体系。

2. 双元制的培养模式

在美国劳动教育发展历史中,劳动教育教师一直通过两种途径得到培养:一是通过接受学院或大学教育获得证书的传统方式,即职前教育;二是通过积累工作经验获得证书的替代方式,即在职教育。这两种途径可称为双元制培养模式,都可以获得社会的承认,也能够拓展劳动教育师资培养的广度。

3. 专业标准上既注重普遍性,也注重特殊性

美国劳动教育师资标准的制定者既包括州政府相关部门,也包括专业组织。州政府和专业组织制定的专业标准因为与对应的教师资格证书挂钩,所以其专业标准也可以认为是教师资格标准。从不同主体制定的专业标准用途上来说,分为普遍及特殊两种类型,面向对象和程序要求都有不同,这也使整个劳动教育师资培养体系更加丰富立体。

4. 定期更新与升级的教师资格证书

美国劳动教育教师资格证书的获得并非一次通过、终身受用。美国构建了一套严密的劳动教育教师资格证书体系,州政府根据资格证书的类型进行了详细的层级划分,总体包括初级/临时教师资格证书、专业教师资格证书、高级教师资格证书,证书有效期最多为四年。持较低级教师资格证的教师必须通过一定的学习和培训并进行相应考察程序才可对更高一级教师资格证书进行申请,通过这样的方式,劳动教育教师资格体系得到更进一步的完善与规范。[①] 不仅如此,美国的劳动教育学校还包括承担基本职业培训的有着学制短、综合性强、功能性多等特色的社区学院。社区学院也在一定程度上承担着对社会受教育者的劳动教育,从业教师不仅有从事职业教育或技能性课程教育的、需要一定工作经验和相关技术技能资格证书的教师,也有从事学术性课程教育且对学历有较高要求的教师。这也拓宽了美国劳动教育师资就业渠道,让更多的劳动教育教师能够面向社会、服务社会。

---

① 汤霓. 英、美、德三国职业教育师资培养的比较研究 [D]. 上海:华东师范大学,2016.

(四) 日本劳动教育师资的培养

日本的劳动教育教师有着从事理论课讲授与实际操作的两方面工作要求，同时理论与实践结合的要求较高，因此在大学学习中所学课程比一般普通专业更多。在日本的劳动职业学校、劳动技术学校从业的教师至少需要是国立工业大学或综合大学工业学院的本科毕业生水平，依照专业特点，部分专业教师还需要是硕士毕业生。同时，为了达到劳动职业训练指导员的素质标准，日本专门设立了技术师范院校或技术教育学院从事相关教师的能力培养工作。具体来说，日本劳动教育师资队伍培养特点有如下几点。

1. 师资培养体制开放灵活

20世纪40年代末，日本政府从法律上正式确定了"开放型"的劳动教育师资培养制度。首先，师资培训机构种类不断丰富。职业高中、专修学校、技术科学大学、高等专门学校、短期大学、职业师范大学、职业能力开发大学等都是劳动教育师资培养机构。其次，师资培养模式不断多样化。日本将劳动教育师资培养模式按照办学主体分为学校模式、企业模式和产学官模式，能够培养更多元化的人才。最后，师资培训课程结构灵活化。既有长达四年的长期培训课程，也有短至六个月的短期集中培训课程。高中生毕业后可进行长期课程学习，获得学士学位或相关教师资格证书。在职人员也可以通过六个月的短期培训课程进修专业技能知识，服务于生产实践。

2. 劳动教育师资录用环节严格

在日本，劳动技术学校教师入职前都会进行严格的筛选。日本制定了多项相关的法律法规，全面保证其教师培育质量。

3. 高度重视劳动教育师资的在职进修

日本政府认为劳动教育教师的素质不仅要靠教育机构培养，还要靠教师自身在实践中逐渐培养。不管是新任教师还是其他教师都有相应的进修制度，根据在职的时间决定其进修时间的长短。同时，日本文部省每年还会开办多种教学讲座，使劳动教育教师的知识结构得到扩展，能力获得提升。

4. 师资待遇优厚

日本公立学校的教师属于公务员系统，社会地位较高。公立的劳动技术学校教师和职业学校教师也不例外，同时人事院一直在加强对教职员福利和收入的保障。

5. 师资来源渠道广泛

日本充分招揽社会各界优秀人士进入劳动教育体系。1988年，文部省对《教育职员许可法》进行修正，创设了特别兼职教员制度和教员特别许可证。该调整为社会上拥有专业理论知识和丰富实践经验的高精尖人才提供了更多的任教机会，也使劳动教育的师资来源更加广泛。劳动教育教师既有从职业教育师范专业毕业的人员，又有企业专门培养的职业教师，还有外聘的专门教师。此措施提升了劳动教育师资队伍的整体实践经验，也提升了劳动教育师资队伍的整体素质，更有利于国家的产业技术的发展。①

(五) 新加坡劳动教育师资的培养

新加坡的劳动教育师资培养以"双师型"职业教师为导向。新加坡主要由理工学院

---

① 胡希. 日本职业教育师资队伍建设引发的思考 [J]. 大视野, 2019 (6): 52-58.

毕业生从事劳动技术教育，对劳动教育教师的筛选要进行多方面的考察：一是学历要求。从业者至少要有本科以上的学历；二是工作经历要求。这一点更为重要，从业者必须在相关企业核心岗位工作或进行教学培训3~5年以上。三是品德素质要求。需要从业者品行端正。四是语言能力要求。五是健康状况要求。同时，已从事教学工作的人员并不是一直投身在授课中。新加坡的劳动教育系统要求教师完成一段时间的教育工作后，仍然需要回到企业再次进行教学相关的实践操作训练，从而让教师实时保持知识的更新，能够接触当前企业生产中最新的技术应用与开发。[①] 南洋理工学院是新加坡劳动教育师资培养的代表机构。在学院"无货架寿命"理念主导下，劳动教育教师培养成为学院师资团队建设发展的重要部分。学院采用各种方式进行教师专业技能水平的提升，新任教师入职前必须接受学院专门培训机构组织的培训。学院各系部也会在与教师本人商讨后给每位教师制订专门的培训计划，由较高资历的专门指导教师引导其完成计划。同时，学院每学期至少有15%的教师停课开展企业项目研发工作。另外，包括南洋理工学院在内的各大国立理工学院都很重视劳动技术教育师资团队的国际化建设，在外聘适量国外专业教师参与教学工作的基础上，积极推进本校教师赴世界500强企业进行兼职和进修，从而扩展了教师团队的视野，整体提升了教师团队的国际化教学水平。[②]

四、国外劳动教育教学途径

国外的劳动教育教学途径可以从理论与实际两个方面进行深入分析。

（一）凯兴斯泰纳基于劳动教育理论的教学途径理论分析

对于劳动教育教学途径的理论体系，凯兴斯泰纳有着全面的论述。从劳动教育的角度进行分析，学校不仅是受教育者学习知识的场所，还是其进行劳动实践和体验的地方；班级也不仅是用于教学的单位，同时也是一个个劳动共同体，是一起游戏、一起进行纪念活动、互相进行社会交往的集体。总体来说，在学校中进行的劳动教育包括相互作用的两个方面：第一，在理念层面，学校应当将学生劳动作为教学原则之一贯彻执行；第二，在课程设置层面，学校应当开设科学、合理的劳动课程。这两个方面互相促进、互为补充。根据劳动教育原则，学校需要将劳动列为教学内容之一，而且需要把劳动以课程的方式明确设置为学校的一门学科。劳动教育原则改造下的学校从单纯的进行教学的场所概念中得到新的拓展，它可以作为一个劳动集体来承担教育职能。教师通过游戏、创作和手工制作、生产实践等课程内容，让学生逐渐适应主动掌握知识、发现问题、寻求答案的过程，也让学生深化自身的生活价值，体验劳动的趣味。通过这一系列过程，最终引导学生树立正确的集体主义价值观，更好地服务于社会。所以，"教育必须在其一切阶段上保持与劳动的有机联系"[③]。

[①] 龙鸥. 国外职教师资教育要求对我国教师培养的启示［J］. 湖北函授大学学报，2017，30(17)：1-3.

[②] 张朝晖，腾勇. 新加坡职教师资培养对我国双师型教师培养的借鉴与启示［J］. 陕西教育(高教)，2017 (12)：44-46.

[③] 李其龙，孙祖复. 联邦德国教育改革［M］. 北京：人民教育出版社，1991：120-123.

1. 将劳动作为学校教育的基本原则

凯兴斯泰纳认为,劳动原则或作为原则的劳作教学必须作为一条原则在学校中加以贯彻实施。劳动教育不能仅仅体现在学校开设的课程上,它首先要作为教师的教学原则和学生的学习原则始终贯穿于整个教学过程之中。为坚持贯彻劳动原则,凯兴斯泰纳还坚持劳动原则的"彻底性"和"可靠性"。① 这需要使学校中的所有课程自始至终都着重于培养受教育者的动手能力和动脑能力,使受教育者能够得到自由发展,同时这条原则不能流于表面,必须成为学校的一项基本制度落地。这说明劳动教育原则影响下的学校,其劳动课程针对的是真正的劳动者,而不是为那些仅仅将劳动看作业余爱好或游戏行为的上层阶级增添乐趣。

2. 在学校中增设科学合理、系统开发的劳动教育课程

凯兴斯泰纳认为,在学校的教育内容中,从一年级到八年级都应该设置科学合理、符合受教育者成长规律的劳动课程,同时严格要求受教育者在力所能及的劳动中保持认真的、一丝不苟的态度,从而让其在劳动课程中培养道德品质和手工劳作上的良好习惯,并且能够将此习惯自然地融入其他课程中,这也有利于避免学生将劳动看作单纯玩乐的情况。如园艺课所培养的知识和手工技能,不仅可用于化学课和生物课,还能在日常生活中发挥作用。而要开设系统且完整的劳动课,学校也必须进行各种实践活动场所的筹备,如工厂流水线、苗圃、缝纫间以及实验室等。在真实情境中的劳动活动,更能使受教育者掌握劳动技能,也更容易让受教育者逐渐发展出细心、认真和周密的劳动态度与劳动习惯。②

(二)劳动教学途径实例分析

以现代德国的劳动教育实施路径为例。劳动教育是德国学校尤其是中小学课程的重要内容之一,面向全体学生,以学生的综合素质全面发展为目标。其劳动教育课程的教学目的与数学、化学、美术、体育等传统课程不同,劳动教育主要发挥着对学生进行"社会—经济教化"的重要功能,即让学生更深入全面地了解和参与社会,以此来促进学生综合素质的全面发展。根据这一教学目的,其劳动教育教学实施途径主要为:主动拓展劳动教育课程内容,构建面向"信息数字时代"的劳动教学框架,挖掘符合时代潮流的课程资源,通过校企合作创设校外劳动教育实践的条件,拓展劳动教育课程内容。为了让学生获得更多了解社会生活、解决社会问题的知识和能力,同时对社会生产的流程和方法形成基本概念,从而建立符合德国社会公认的"自由民主的基本秩序",德国的劳动教育教学针对社会生活和劳动市场的变化,根据全球化、工业化、信息化和数字化的巨大时代变革,以社会和经济的可持续发展为指导总方针,不仅将多个领域内的知识与技能进行结合,还将计算机知识、数字技术、职业实践、家政劳动、技术等新的内容纳入学校劳动教育课程之中。劳动课程通过吸取个人、家庭、社会生活和工作等多方面的实践内容,不断扩展与丰富。

---

① 凯兴斯泰纳. 劳作学校要义 [M]//凯兴斯泰纳教育论著选. 郑惠卿,译. 北京:人民教育出版社,2003.

② 林凌. 学校情境中的劳动:为何与何为?——凯兴斯泰纳及其《劳作学校要义》的贡献 [J]. 苏州大学学报(教育科学版),2020,8(1):98–106.

针对信息技术革新、智能终端前沿技术的发展趋势，劳动课程中增加了网络办公软件的使用、通讯技术原理（3G/4G）和信息处理系统的运作方式等紧跟时代的内容。如中学七年级劳动教育课程，教师会在教学中为学生介绍多种型号的计算机硬件设备，同时适当引导学生观察了解甚至拆卸、组装，还会让学生学习使用计算机，通过操作系统进行读与写的练习，连接网络、登录与浏览网页，借助电子邮箱等方式进行跨地区、跨时间交流，还训练学生使用和操作打印机、复印机、传真机等社会常见的电子办公设备。通过对这些软件、硬件的实际操作，学生能够详细、全面地了解多种终端电子设备的内部结构和操作方法，以满足现代社会办公对社会从业人员操作电子设备能力的要求。除了正确操作数字办公设备，计算机辅助设计软件（computer aided design, CAD）、计算机数字控制机床软件（computerized numerical control machine, CNC）、通用信息模型软件（common information model, CIM）、计算机辅助制造软件（computer aided manufacturing, CAM）等软件也是学生侧重学习的对象，这为学生进一步了解网络信息时代数字设备的生产和运作方式及原理打下坚实基础。随着世界信息化进程的不断加深，数字信息技术的学习变得尤为必要。学生要融入社会，就必须具备相应的知识和技术能力，因此劳动教育课程中增加了数字媒体、数字制造、数字生活、数字科研等方面的内容。如云存储技术、大数据统计与分析、数字生产工具（3D 打印、激光切割机等）、智慧工场、智能机器人流水线、智能手机、智能手表、智能眼镜、人工智能的基本知识和基本原理。这些课程内容涵盖了当今社会最前沿的科学技术成果，通过对这些高新技术的学习和高科技设备的动手实操，不仅能使学生的知识范围得到极大的扩展，而且能激发学生探索新知识的积极性。

德国劳动教育教学路径不仅在数字技术教育上有所建树，而且十分注重基本的劳动实践教学。因为劳动经验的积累可以帮助学生进行未来的职业规划选择，也能帮助学生树立正确的劳动价值观念。德国的劳动实践主要包含三种形式：社会实践、企业实习和工厂实习。尤其是部分实科中学，基本会在整个教学期安排2~4次企业考察活动和与专业挂钩的企业实践课程，这些企业涵盖种植业、机械工业、采掘业等多个领域。这三种劳动实践形式涉及社区、企业、工厂三个方面，能让学校受教育者更加全面地体验和了解社会各行各业的基本特征，做出更科学合理的职业选择。针对个人领域的劳动教育实践也是德国学校劳动教育的重要内容，其课程内容十分广泛，包括家庭事务管理、日常财务管理、烹饪、园艺、卫生健康等，开设这些课程主要是为了让学生在实践中培养一定的独立生活能力，并树立正确的劳动价值观念。例如，学习财务管理有助于学生合理规划消费内容，形成科学的财务管理计划，养成正确的消费习惯；使学生作为家庭的一分子，能够独立履行一定的家庭事务，并通过家庭活动的参与，拥有对家庭的服务精神。德国的劳动教育教学不仅涉及家庭生活，还涉及社会现状和社会问题。能源环境、食品健康、区域经济和政治等内容也逐渐进入劳动教育教学的视野之中，这些内容的添加不仅使学生的视角更为广阔，也让学生更加有责任感、担当感，同时通过分析具体的能源环境问题、食品安全问题、区域政治经济问题，使学生的分析能力在对具体事件的思考中得到进一步提高。

整体而言，德国劳动教育实施途径十分多样，课程内容十分丰富，涉及科学、技术、管理、经济等多个领域，涵盖理工学科与人文学科多方面的实用内容。其教学通过对劳动能力、劳动意识、劳动价值观的全面塑造，既能帮助学生为个人和家庭生活做准备，又能帮助其规划未来职业，并深化对整个社会的理解。①

五、国外劳动教育保障体系

在劳动教育保障方面，西方国家及日本都有比较完善的劳动教育保障体系，德国、英国、日本尤为突出，能够为我国健全劳动教育相关保障法规、完善劳动教育机构监督、强化劳动教育人才培养提供经验。下面根据各国特点，从法律法规体系保障、教育机构保障、国家政策保障、教育质量保障等方面进行分述。

（一）德国的劳动教育保障体系

从劳动教育保障法规体系来说，德国可谓非常成熟。德国劳动职业教育立法早，整个系统也相对完整，具有很强的监管力，执行目标明确而具体，并且随着社会发展，其法律法规也在不断订正完善。在劳动教育机构的设立方面，德国劳动教育机构包括了联邦职业教育与培训研究所，这些联邦政府机构主要起到了决策咨询与政策制定的作用，为劳动教育的发展保驾护航，提供必要的依据和建议。同时，德国的行业协会、企业也是劳动教育保障体系的一部分。德国对参与劳动教育的社会企业、行业协会提供一系列的优惠奖励措施政策，如对实习岗位或培训岗位进行补助、提供更加优惠的商业贷款或者直接用奖金补助企业，直接的优惠政策极大地促进了整个社会加入劳动教育的步伐，在使劳动教育培养出的人才能够走出去的同时，也使其社会发展前景得到有力有效的保障。在劳动教育质量保障体系方面，德国劳动教育的实行主体为联邦政府，由政府制定全国统一的教育质量标准。各地区也依照统一的质量标准，根据本地具体情况构建适合地方的标准来保障劳动教育教学质量。德国的劳动教育质量保障体系比较完善，既有一般性也有特殊性。在教师入职准入制度上，德国对劳动教育学校教师的学历要求较高，对教师实践能力的考察也非常严格。在劳动教育经费保障上，劳动教育的经费大多数来源于政府与企业，政府会根据实际情况预先进行科学分析，分计划完成对劳动教育的投入，十分注重对资金、资源的利用。在德国，劳动教育质量保障还对其内外部质量评估体系起作用。内部评估主要包括个体反馈与自我评价两个方面。个体反馈主要指学生本身与教师教学的反馈，主要针对教学质量和教学效果两大内容。自我评价指学校层面对当前办学现状的评价，主要针对检查学校目标的实现和办学质量。这能帮助学校更好地发现问题，有助于其保持较高的教学质量。外部评估在学校之外进行，主要内容为对学校相关文件记录进行审核；专家组对学校进行短期的寻访，并形成报告进行反馈。德国劳动教育内外部保障评估体系随时都在进行数据的收集和机制的更新，从而更高效地监督与保障劳动教育质量。

（二）英国的劳动教育保障体系

在劳动教育保障法规体系方面，英国劳动教育从立法上对法律的延续性和时效性非常重视，而且每个法案的制定都基于严格的调查研究，确保了立法的科学合理性。在机

---

① 任平，贺阳. 连通学校与现代社会生活的桥梁：德国中小学劳动教育实施路径及启示［J］. 外国中小学教育，2019（8）：28－36.

构建立方面，英国还有专门的独立咨询机构，如就业和技能委员会，可为政府、企业与劳动教育学校等单位提供专业咨询，其研究机构通过调研劳动教育市场需求、分析收集信息，使劳动教育的质量得到保证，为劳动教育的发展奠定了扎实的理论实践基础。在政策保障方面，英国非常注重资助企业开展劳动教育相关培训计划，并且在保障社会企业参与劳动教育方面实行了相应的优惠措施，通过培训计划与相应优惠措施保障劳动教育切实得到发展。在劳动教育质量保障体系上，与德国不同，英国没有设立全国统一的劳动教育质量标准，但采取了自我评价与外部评价相结合的评价方式。英国会组织由政府、学校和社会行业机构等单位共同参加的劳动教育质量保障活动，从而形成政府与社会组织对劳动教育质量进行外部评估、劳动职业学校对教育质量进行内部保障相结合的劳动教育质量保障体系。①

（三）日本的劳动教育保障体系

在劳动教育保障法规体系方面，自第二次世界大战之后，日本先后颁布了《高等专门学校设置基准》《专修学校设置标准》《短期大学设置基准》等一系列法律文件，让大量失业者有机会接受培训，成为可为社会做出一定贡献的人才，加速了日本经济的恢复。在劳动教育政策保障方面，公办劳动学校的经费由政府负责划拨，并实行免收学费及住宿费的优惠政策。国家还特别关照家庭条件较差的学生，给予其必要的生活资助。同时，劳动学校还具有一部分社会福利机构的作用，收纳社会失业者、残障人士、弱势群体进入学校并进行适合的劳动职业培训。日本也十分注重校企合作，其劳动教育学校与产业界联合形成的产学合作模式相当普遍，保障了劳动教育培养出的人才能够切实融入社会。相当数量实力底蕴兼具的企业受政策引导，给劳动教育学生提供了实习、实训场所，侧重于培养学生的劳动意识和综合素质，使学生技能水平的提高得到保证。在劳动教育质量保障方面，日本文部省十分注重劳动教育质量保障，如德国一样，文部省给全国提供了统一的教育质量标准框架，使劳动教育在高质量起点上运作。日本对劳动教育质量也实行内部评价和外部评价相结合的体系。内部评价是劳动学校必须履行的义务，通过自我评估来实时监控自身教育教学质量；外部评价由独立于政府和学校的第三方专门机构进行，第三方评价机构资质由文部省进行认证，保证了整个劳动教育教学有序有效。②

---

① 李亭亭. 21 世纪我国职业教育质量保障体系构建研究 [D]. 桂林：广西师范大学，2016.
② 邵会婷，闫志利. 发达国家职业教育质量保障体系及其借鉴 [J]. 教育与职业，2014（35）：11-14.

第二章
新时代加强大学生劳动教育的重大意义

2018年9月10日,习近平总书记在全国教育大会上指出,要"培养德智体美劳全面发展的社会主义建设者和接班人……要努力构建德智体美劳全面培养的教育体系,形成更高水平的人才培养体系"。2020年3月,《中共中央 国务院关于全面加强新时代大中小学劳动教育的意见》(以下简称《意见》)发布,指出:"劳动教育是中国特色社会主义教育制度的重要内容,直接决定社会主义建设者和接班人的劳动精神面貌、劳动价值取向和劳动技能水平。"2020年7月,教育部印发《大中小学劳动教育指导纲要(试行)》(以下简称《指导纲要(试行)》),主要面向学校,重点针对劳动教育是什么、教什么、怎么教等问题,细化有关要求,加强专业指导。这些重要论述高扬了劳动教育的旗帜,丰富和发展了党的教育方针,为新时代加强劳动教育指明了方向,提出了新任务、新课题。

第一节 新时代劳动教育的基本内涵和基本理念

劳动是人类的本质特征,劳动是社会发展的基础。习近平总书记在全国教育大会上强调:"要在学生中弘扬劳动精神,教育引导学生崇尚劳动、尊重劳动,懂得劳动最光荣、劳动最崇高、劳动最伟大、劳动最美丽的道理,长大后能够辛勤劳动、诚实劳动、创造性劳动。""要努力构建德智体美劳全面培养的教育体系。"这也是国家首次对新时代劳动教育做出指示,体现了劳动教育在立德树人中的重要作用。劳动教育将劳动与教育相结合,以劳动为载体,以教育为基础,以立德树人为导向,以育人为目的,深刻体现了教育的内涵。2020年3月发布的《意见》要求"把劳动教育纳入人才培养全过程,贯通大中小学各学段,贯穿家庭、学校、社会各方面"。

一、新时代劳动教育的基本内涵

界定劳动及劳动教育的基本内涵是研究工作的基本环节,也是阐释问题的基本点。梳理学界的观点,有助于我们把握问题的实质。弄清劳动教育的概念,是揭示其内涵的基础。

(一)劳动的基本内涵及新时代劳动的基本特征

1. 马克思关于劳动本质的分析

习近平总书记在全国教育大会上指出,"要在学生中弘扬劳动精神,教育引导学生崇尚劳动、尊重劳动"。这是新时代对素质教育的重申、对青少年劳动品质的强调。习近平总书记强调劳动教育是有所指的。在部分学校存在智育至上观念、社会崇尚财富、一些年轻人追星拜金的背景下，劳动作为一个人的基本品质，必须成为教育的重要内容与目标。认同劳动，乐于劳动，学会劳动，是大学生走向社会的前提。劳动教育首先是引导大学生树立正确的劳动观念，必须从正确地理解"劳动"概念开始。

何为"劳动"？劳动，古意多为操作、活动之意。《庄子·让王》曰："春耕种，形足以劳动。"《三国志·魏志·华佗传》记载："人体欲得劳动，但不当使极尔。"宋彧《萍洲可谈》卷三中讲："但人生恶安逸，喜劳动，惜乎非中庸也。"劳动，今多指创造物质财富和精神财富的活动。周瘦鹃的《劳者自歌》中指出："平生习于劳动，劳心劳力，都不以为苦。"劳动是理解社会历史的锁钥。马克思从人类活动本质的劳动性角度推断，"整个所谓世界历史不外是人通过人的劳动而诞生的过程"①。

（1）马克思关于劳动的本质的论述。马克思曾撇开劳动过程特定的社会形式进行考察，认为"劳动首先是人和自然之间的过程，是人以自身的活动来中介、调整和控制人和自然之间的物质变换的过程"②。应该说，马克思最初对"劳动"范畴的这一界定，已经揭示了"劳动"范畴最广泛的含义。一方面，劳动包括人与自然界之间的物质变换过程，是创造有形的使用价值的过程，即创造物质财富的过程；另一方面，劳动也包括由人和自然界之间的物质变换引起的人和自身所处的社会之间、人与人之间的物质变换过程，是创造无形的使用价值的过程，即创造精神财富的过程。

在《资本论》中，马克思对劳动的本质作了深刻的揭示。他认为："劳动力的使用就是劳动本身。"③他把劳动力理解为"一个人的身体即活的人体中存在的、每当他生产某种使用价值时就运用的体力和智力的总和"④。因此，劳动不仅包括耗费人的体力即神经、肌肉、感官等的劳动，还包括耗费人的脑力的活动。

可见，马克思从不同的角度揭示了劳动的本质：从劳动主体消耗的物质内容来看，劳动是人的体力和智力的支出；从劳动过程的客体来看，劳动是劳动对象在人的意识支配下发生变化生产使用价值的过程；从劳动的整体来看，劳动是人运用自己的体力和脑力借助劳动资料作用于劳动对象，从而生产出使用价值的活动过程。因此，劳动具有主体性、有用性和过程性。

马克思认为劳动是体现人的本质的核心要素。他指出，劳动是人特有的活动，也是人类最基本的实践活动。劳动不仅创造了人本身，还促进了人类社会的形成。人类是在劳动中起源的，而动物只有本能活动，它们不能劳动，也没有意识。因而，劳动是人与动物的本质区别。

---

① 中共中央马克思恩格斯列宁斯大林著作编译局. 马克思恩格斯文集：第1卷［M］. 北京：人民出版社，2009：196.

② 中共中央马克思恩格斯列宁斯大林著作编译局. 资本论：第1卷［M］. 北京：人民出版社，2004：207-208.

③ 中共中央马克思恩格斯列宁斯大林著作编译局. 资本论：第1卷［M］. 北京：人民出版社，2004：207.

④ 中共中央马克思恩格斯列宁斯大林著作编译局. 资本论：第1卷［M］. 北京：人民出版社，2004：195.

马克思认为，人的本质是由劳动、需要、交往、意识四个要素构成的。其中，劳动是核心要素。劳动是人为了满足需要而改造自然物的有意识的活动。"动物和它的生命活动是直接同一的。动物不把自己同自己的生命活动区别开来。它就是这种生命活动。人则使自己的生命活动本身变成自己的意志和意识的对象。他的生命活动是有意识的。……有意识的生命活动把人同动物的生命活动直接区分开来。"[①] 正是劳动使人类区别于动物，并体现其社会存在，人的本质得以规定，并在满足需要的过程中形成交往和意识。在劳动过程中，需要、交往和意识有机地联系着。劳动生产出可以满足人需要的产品，但这个产品不一定由该劳动者本人消费，而是有一大部分供其他社会成员消费，他也消费其他成员的产品，交往不仅是劳动产品的交换，也是人与人社会关系的基本形式，从而制约劳动、需要和意识。意识则是对劳动、需要、交往的能动反映。可见，劳动是体现人的本质的核心要素。

（2）马克思劳动内涵的扩大。在《资本论》中，马克思把创造价值和剩余价值的劳动限定为物质生产领域的劳动（包括物质生产活动的延续，如产品的包装、分类和运输等），其他活动则被视为非生产劳动，是不创造价值的，这在当时的历史背景下是合理的。而在今天，这样界定生产劳动的范围就会把现实经济生活中由分工而产生的一些新的劳动形态都排除在创造价值的劳动之外了，并会引出一个有悖于现实的结论，即随着社会分工的发展，越来越多的劳动不是生产劳动，越来越多的劳动者不创造价值了。这显然不是科学的结论。科学的劳动价值论是劳动者的经济观，要体现尊重劳动和集中反映劳动者经济利益的精神。因此，我们应当突破只有物质生产劳动才是创造价值的生产劳动观念，充分重视非物质生产领域劳动的作用，重视精神劳动和服务劳动。况且，马克思始终认为物质生产与精神生产是相互作用的，他指出："如果物质生产本身不从它的特殊的历史的形式来看，那就不可能理解与它相适应的精神生产的特征以及这两种生产的相互作用。"[②] 可见，马克思并没有忽视精神生产和精神劳动的作用。在今天，生产劳动的内涵正在不断深化，不仅生产物质产品的活动是生产劳动，而且生产精神产品和服务产品的活动也是生产劳动。

2．新时代劳动的基本特征

生产力的发展，特别是5G技术的不断成熟与运用，对劳动产生了重要影响，不仅改变了人类的劳动方式，而且改变了价值的创造主体，扩大了劳动的范围，丰富了劳动的方式。

（1）脑力劳动在价值创造中的作用越来越重要。脑力劳动泛指一切以消耗脑力为主的劳动。一般情况下，脑力劳动与体力劳动无法分离。

在任何一种物质生产中，当工人付出体力劳动时，都伴随着一定量的脑力付出。脑力付

---

① 中共中央马克思恩格斯列宁斯大林著作编译局. 马克思恩格斯全集：第四十二卷 [M]. 北京：人民出版社，1979：96.

② 中共中央马克思恩格斯列宁斯大林著作编译局. 马克思恩格斯全集：第二十六卷第一册 [M]. 北京：人民出版社，1972：296.

出越多的劳动，其复杂程度越高，所以马克思认为复杂劳动是自乘的或多倍的简单劳动。[①]

但是也有接近于纯粹的脑力劳动。例如作家的写作、科学家的科学研究、建筑设计师的图纸设计。这些劳动中虽然所付出的体力不多，但都需要付出大量脑力。在我国以前的经济理论中，这些劳动大都属于非生产性劳动，不能够凝结成价值，并且将这些劳动者的所得视为二次分配。但是，随着生产力的不断发展，"5G"时代的到来，世界经济的发展越来越依赖于思想、信息与技术等软要素，这也使得劳动者的劳动支出日益显现出脑力耗费与支出比重的提升。正如美国未来学家克莱·舍基在《未来是湿的》一书中所说，决胜于未来的劳动者，最重要的是看你是否拥有"湿件"——思想创造力。

（2）管理劳动成为新时代劳动的重要形式。马克思曾经指出："随着劳动过程的协作性质本身的发展，生产劳动和它的承担者即生产工人的概念也就必然扩大。"[②] 在马克思生活的时代，直接的物质资料生产在社会生产中占有重要的地位，管理不像今天这样重要，但马克思已经开始关注和研究管理。他指出："凡是直接生产过程具有社会结合过程的形态，而不是表现为独立生产者的孤立劳动的地方，都必然会产生监督劳动和指挥劳动。"[③] 可见，马克思已经把管理看作一种生产劳动形式。

随着我国社会主义市场经济体制的逐步建立与完善，作为微观主体的企业成为市场有效配置资源的重要载体，而决定并主导企业运行效率的企业管理者（特别是董事长、首席执行官）管理劳动的重要性日益凸显，其在企业当前市场竞争、未来发展规划方面都发挥着不可替代的作用。这就需要我们用发展的眼光看待管理者劳动的性质，以价值创造的数量成为坚持和发展劳动价值论不可回避的重要问题。

服务劳动在创造价值中的劳动比重也逐渐提升。

[案例 2-1]

2020 年我国经济运行的十大亮点

面对新冠肺炎疫情的严重冲击，以及严峻复杂的国内外环境，2020 年我国经济仍然保持了稳定运行，成为全球唯一实现经济正增长的主要经济体。回顾 2020 年经济运行的方方面面，我们认为取得了十大可喜亮点，为"十四五"开局奠定了坚实基础。当然，我们也应该关注经济运行中存在的一些结构性问题。

……

第三产业比重上升到 54.5%，连续 6 年成为经济增长最大动能。2020 年第三产业增加值 55.4 万亿元，占 GDP 的比重为 54.5%，比上年度上升 0.2 个百分点，连续 9 年第三产业增加值超过了第二产业。第三产业增加值增长 2.1%，对经济增长的贡献率为 48.4%，连续 6 年成为经济增长最大动能。疫情对服务业的影响较大，第三产业能够保

[①] 中共中央马克思恩格斯列宁斯大林著作编译局. 马克思资本论：第一卷 [M]. 2 版. 北京：人民出版社，2004：58.

[②] 中共中央马克思恩格斯列宁斯大林著作编译局. 马克思资本论：第一卷 [M]. 北京：人民出版社，2004：582.

[③] 中共中央马克思恩格斯列宁斯大林著作编译局. 马克思恩格斯全集：第二十五卷 [M]. 北京：人民出版社，1974：431.

持较好的增长势头实属不易。我国经济结构转型不断推进，服务业增长较快、质量提升。特别是高技术服务业发展快速，1—11月份规模以上高技术服务业、科技服务业、战略性新兴服务业营业收入增速分别达到12%、11%、8.6%。

……

资料来源：《21世纪经济报道》。

服务劳动的出现，与生产力的发展是分不开的。早期人类由于生产力落后，没有剩余产品，服务劳动也就无从谈起。随着生产力的发展，剩余产品逐渐增多，一部分人才分化为服务人员，从事服务劳动。马克思认为，服务劳动和物化劳动是两种不同的基本劳动形式。服务产品与物质产品一样，都可以成为商品，成为买卖的对象。他说："一个人为我缝衣服，为此我向他提供材料，他给我使用价值。但他不是立即以物的形式提供使用价值，而是以活动的形式提供使用价值。我给他一种现成的使用价值，他为我制造另一种使用价值。过去的物化劳动同现在的活劳动之间的差别，在这里仅仅表现为劳动的不同时态的形式上的差别，一个是处于完成时态，另一个是处于现在时态。"① 显然，与处于完成时态的物化劳动不同，服务劳动是处于现在时态的一种劳动形式。由于经济发展不充分，长期以来，服务劳动不被重视，甚至被认为是不创造价值的劳动。

但是，社会经济的产业结构是不断发展变化的。在当今社会，人们的需求日益多样化，服务劳动开始走向社会化，服务开始像商品一样要求收费和购买，并在劳动中所占的比例逐年上升。以美国为例，美国的以金融服务业为主的第三产业占GDP的比重已达到80%以上，而以农业为主的第一产业只占GDP总值的1%，以新能源、新材料、生物科技、高新技术产业为主的第二产业占GDP总值的20%左右。美国服务业就业人口占全部就业人口的比例达到70%以上，居民社会消费总额占GDP总值的80%。2015年，我国第一、第二、第三产业的结构比例依次为8.8%、40.9%、50.2%。随着三大产业结构在国民经济中的占比发生重大变化，一些知识密集型、科技密集型的新兴产业迅速崛起，新型服务性劳动形态日益增多，必然带来人们就业结构的变化，大量劳动力会从第一、第二产业转向第三产业。可以说，马克思所处的工业化时代之"制造性劳动"在今天逐渐被非生产性劳动、非物质性劳动、服务性劳动等代替。

教育是社会经济发展到一定阶段的产物，劳动教育的内容和载体必须适应新时代的产业结构变化，服务经济社会发展的新形态。当代市场经济越来越显示出服务经济的特色，服务是发达市场经济中生产劳动的重要形式。在当代发达的市场经济条件下，服务与物质生产相结合表现得更为鲜明。服务劳动和物质生产劳动的结合与交融，是现代劳动的新特征。

（二）劳动教育的基本内涵

我国劳动教育思想源远流长，在不同时期，劳动教育的侧重点有所不同。

1. 我国古代的劳动教育思想

我国古时就有"耕读"的惯例。"耕"者，文字分类为"田族"，由"耒"（农具

---

① 中共中央马克思恩格斯列宁斯大林著作编译局. 马克思恩格斯全集：第四十六卷上册 [M]. 北京：人民出版社，1979：464.

与"井（田）"组合而成。①《说文解字》释："耕，犁也。从耒，井声。一曰古者井田。""读"的歧义少，与现在的意思变化不大。《说文解字》释："读，诵书也。从言卖声。"② 耕读即边耕边读，或指读书人一边耕作，一边读书自学；或指教育者在培养学生的过程中增加了耕作劳动。后一种意思与今天的劳动教育很接近。中国古代的耕读现象可以上溯到远古，"尧聘弃，使教民山居，随地造区，妍营种之术……乃拜弃为农师，封之台，号为后稷，姓姬氏"。教育在中国原始社会是与生产劳动紧密联系在一起的，但当时还没有专设的教育机构，教育尚未从社会生产中分离出来，原始教育与生产劳动的结合是容易理解的。然而，进入阶级社会以后，各朝各代仍有耕读结合的记载。

西周时国学与乡学的学习内容有"礼、乐、射、御、书、数"，其中"御"是指驾车。驾车是为了征战，也是为了生产。西周为了培养不脱离农业生产的士，还有"三时务农，而一时讲武"的说法。《尚书大传·略说》载："耕锄已藏，祈乐（新谷）已入，岁时已毕，余子皆入学。十五始入小学，见小节，距小义；十八入大学，见大节，践大义焉。距冬至四十五日，始出学傅农事。"这段话的意思是乡里众子从收成已毕开始入学，冬至后四十五天则离开学校从事生产。这种耕读，实际上是一种以季节安排的教育与生产劳动结合的方式。春秋时期的墨家私学，师生"多以裘褐为衣，以跂蹻为服"，既从事学习，也从事劳动生产，尤其是手工业生产。他们崇拜的是大禹"自操橐耜""沐疾风，置万国""形劳天下"的刻苦精神。《孟子》中有"后稷教民稼穑，树艺五谷；五谷熟，而民人育"的记载。

总之，耕读思想是我国教育的重要内容，"劳"与"学"在历史上从未分离过。长期以来，劳动教育融入改造自然、创造历史、发展自我的过程中，发挥了兴国利民的重要作用。

2. 中华人民共和国成立后的劳动教育思想

劳动是一件光荣的事情。劳动是人类社会创造物质生产资料的基本方式。人类社会的发展已经向我们证明了，只有劳动才是人类社会区别于其他动物的根本。也就是说，人之所以为人，人类社会之所以得以产生、存在和发展，是因为人类在不断劳动。

中华人民共和国成立后，我国借鉴苏联经验和模式，建立了适应社会主义建设的新教育。"教育与生产劳动相结合"思想成为劳动教育最为核心的内涵。但是，在不同时期，劳动教育的内涵随着社会发展和社会需求变化而呈现不同的特点。

中华人民共和国成立之初，劳动教育的内涵主要是培养为生产建设服务的劳动者，以促进国民经济恢复。其开展方式以劳动知识传授和劳动技能培养为主。

20世纪50年代中期的教育方针为劳动教育明确了发展路线，实施教育与生产劳动相结合，创办校办工厂、农场等。劳动教育内涵主要包括劳动习惯、思想感情、知识技能、道德品质等方面。1958年由于受到"大跃进""浮夸风"的影响，劳动教育更加注重思想改造意义，劳动过多，冲击教学，降低了教学质量。1961年，基于"调整、巩固、充实、提高"的方针，全国制定了大中小学工作暂行条例，暂时恢复了学校以教学为主的正常秩序。

---

① 谷衍奎. 汉字源流字典［M］. 北京：语文出版社，2010：977.
② 许慎. 说文解字［M］. 北京：中华书局，1963：93.

"文化大革命"时期，受"左"倾思想的影响，劳动教育的思想性内涵被无限放大，提出"劳动就是学习""学校以生产劳动为中心"等口号，文化知识学习被"工业基础"和"农业基础"等课程替代，劳动与教学的关系倒置，破坏了教劳结合的原则。

改革开放后，围绕"四个现代化"的目标，国家转向以经济建设为中心，推动社会主义现代化建设，迫切要求提高劳动者素质。20世纪80年代，中小学分别开设了劳动技术课和劳动课。20世纪90年代，劳动素质、素质教育与创新能力被纳入劳动教育的内涵，使其更为丰富。21世纪初期，劳动教育被弱化。2001年6月8日，教育部印发的《基础教育课程改革纲要（试行）》将劳动与技术教育规定为中小学综合实践活动课程的四大板块之一。

3. 新时代劳动教育思想

随着时代的发展，劳动教育对于全面育人的价值越来越突显，其内涵也在不断地丰富与发展。正如习近平总书记在2018年全国教育大会上指出的："培养什么人，是教育的首要问题。我国是中国共产党领导的社会主义国家，这就决定了我们的教育必须把培养社会主义建设者和接班人作为根本任务，培养一代又一代拥护中国共产党领导和我国社会主义制度、立志为中国特色社会主义奋斗终生的有用人才。""要在学生中弘扬劳动精神，教育引导学生崇尚劳动、尊重劳动，懂得劳动最光荣、劳动最崇高、劳动最伟大、劳动最美丽的道理，长大后能够辛勤劳动、诚实劳动、创造性劳动"。无论培养什么样的人才，其劳动的素质都是必要的，这充分肯定了劳动教育的重要意义。将劳动教育重新纳入党的教育方针，倡导德智体美劳全面培养，是对关于人的全面发展这个马克思主义基本观点的回归，是对教育与生产劳动相结合这一根本途径的坚守和发展。

那么，什么是劳动教育？马克思指出："未来教育对所有已满一定年龄的儿童来说，就是生产劳动与智育和体育相结合。它是提高社会生产的一种方法，也是造就全面发展的人的唯一方法。"因此，劳动教育是指通过学校课程、实践活动、生活劳动等使学生充分体验劳动过程，培养学生未来生活和工作中必备的劳动意识、技能、精神和习惯，培养学生成为尊重并热爱劳动、自立自强的社会公民的一种教育形态。劳动教育作为我国教育体系中的重要组成部分，在培养学生的劳动习惯、动手能力和吃苦耐劳的意志品质等方面的重要意义不言而喻。

二、新时代劳动教育的基本理念

（一）强化培养劳动观念，弘扬劳动精神

［案例2-2］

"巨婴"越来越常见，部分青少年劳动价值观异化五大怪象

记者调研发现，当前，一些青少年产生了好逸恶劳、嫌贫爱富、不劳而获等不良心态，折射出当前劳动价值观的缺失和异化。如何教育引导学生崇尚劳动、尊重劳动，长大后能够辛勤劳动、诚实劳动、创造性劳动，成为亟待解决的问题。

现象一：好逸恶劳、嫌贫爱富，不尊重劳动和普通劳动者

受社会不良风气以及家庭教育不当影响，一些孩子从小形成了"劳动分贵贱"的错

误价值观。"爸爸妈妈教育我,如果不好好学习,以后就要去扫大街、当清洁工、进工厂、回家种田……"在他们幼小的心灵里,劳动已然分了贵贱。

北京的一名小学生,妈妈是学校的清洁工,他觉得丢脸,在学校里从来没有跟妈妈主动打过一声招呼,装作不认识。广州一名小学四年级学生,家庭富裕,有专门的保姆和司机。这个孩子动不动就对保姆大声呵斥、颐指气使,指责她饭做得不合胃口,随意动了他的东西,没按他的要求做事,认为"她就是来伺候我的"。

以前的孩子谈到理想,大多数是说当科学家、老师、医生等。现在的孩子不少是说想当老板、明星、像巴菲特一样的"股神"等,因为"又光鲜又亮丽又多金"。"谁都渴望有一份不脏不累还挣钱多的职业"。一名中学生告诉记者。

现象二:"小皇帝""小公主"层出不穷,"老儿童""巨婴"越来越常见

当前青少年的教育环境和成长氛围呈现"三独"特点,即家长是独生子女、教师是独生子女、孩子也是独生子女。70后、80后父母是独生子女一代,大多不重视劳动,所以在教育下一代时,很容易缺失劳动教育这一块,本来应该由家庭承担的劳动教育被大量的课外补习替代。

南方某地一名小学三年级学生参加为期一周的军训,竟然7天没有洗澡、更衣,原因是怕洗衣服。一位小学教师曾对100名小学生做了一项关于是否在家做家务的调查,结果显示:超过60%的学生只是偶尔做,大约5%的孩子从来不做。

如今,甚至出现了"老儿童"现象。天津一所高校的一名女大学生,一上大学就带妈妈过来陪读、妈妈白天在外面打工,早中晚过来送饭,给孩子洗衣服,还承包了宿舍的卫生。华东某大学的一名女生,家就在上海,只是与学校不在同一个区,她妈妈竟然在大学附近宾馆住着陪读,"因为女儿在家里没有做过一天家务",担心其无法独立生活。除了这种陪读的,还有大学生定期寄脏衣服回家洗,或者花钱雇钟点工去宿舍打扫卫生,大学生生活自理能力堪忧。

现象三:不劳而获、坐享其成在青少年中存在苗头倾向

当前,大中小学生超前消费的苗头已经显现,中小学生使用奢侈品、高档化妆品的新闻频现报端,大学校园贷、裸贷案例层出不穷。南方某大学学生小于的微信朋友圈"晒图",各种大牌化妆品琳琅满目。她向记者出示了其中一个月的账单:滴滴打车1 174.87元,外卖订餐2 218.69元,网购4 513.85元。如此高的消费,学生并没有通过勤工俭学的方式去挣钱。

据了解,陷入裸贷的女大学生中有部分人是因追求奢侈品而无法自拔,还有的从事网络刷单、刷好评,有的靠搞网络直播"打赏",还有的不顾学习痴迷于炒期货、黄金和互联网金融P2P,追求"一夜暴富""嫁个富二代,少奋斗10年"。

现象四:不思进取,青年"啃老"现象日益凸显

相关问卷调查显示,多数青年更看重的是经济收入水平。在工作中,一些90后青年职工工作主动性较差。对于不少青年来说,"干一行爱一行""职业没有高低贵贱""任何职业都值得尊敬"的劳动价值观念已经不那么重要了,"赚钱越多的工作越高贵、赚钱越少的工作越低贱"的观念反而相当有市场。一些年轻人除了手头的任务,不会再去积极承担其他工作。

随着城乡经济条件的改善,一些大中专毕业生不就业或慢就业的情况比较常见。如

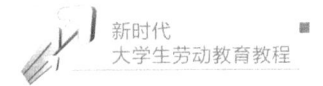

果找不到"不苦不累,冬暖夏凉,坐办公室"的工作,有些青年宁可回家"啃老",每天在家上网打游戏,或者拿着父母的钱周游世界,吃喝挥霍。

现象五:"年轻人宁送外卖不进工厂",职业教育没有吸引力

高职院校招生困难,职校毕业生不愿进工厂,青年择业就业观扭曲,工匠流失严重。当前,选择职业教育的基本是考不上普通高中的孩子,被认为是差生。以广东为例,接近50%的初中毕业生进入中职学校学习,其中大约30%的中职毕业生能升入高职院校,只有10%的高职毕业生能升入应用型本科院校深造。

同时,由于社会分配结构问题,产业工人收入不高,社会地位也不高,导致职业教育没有吸引力。记者在采访中发现,"珠三角"、"长三角"企业频现"用工荒",制造业一线工人出现年龄断层,年轻人寥寥无几,中年人往往来去匆匆。

今年,据一些企业透露,一线工人大幅减少。职业学校的毕业生不愿意去工厂,这其中还包括职业技能大赛上的佼佼者。大量产业工人从制造业流向快递行业,工匠流失现象严重,而这些工匠恰恰又是中国制造业转型升级最缺的人才。

资料来源:"巨婴"越来越常见,部分青少年劳动价值观异化五大怪象[EB/OL].(2019-06-12)[2022-07-01]. https://baijiahao.baidu.com/s?id=1636114731444410546&wfr=spider&for=pc.

劳动是人的基本存在方式,辛勤劳动是作为一个劳动者应该具有的基本态度。在历史的发展中,中国共产党一直强调辛勤劳动对于实现国家富强和民族复兴的重要意义。党的十八大以来,习近平总书记多次阐释劳动的时代意义,倡导人民以辛勤劳动托举中国梦。习近平总书记在全国教育大会上发表重要讲话时强调:"要在学生中弘扬劳动精神,教育引导学生崇尚劳动、尊重劳动……长大后能够辛勤劳动、诚实劳动、创造性劳动。"《意见》对构建德智体美劳全面培养的教育体系进行了系统设计和全面部署。这些关于劳动教育的思想,一方面传承了中华民族"功崇惟志,业广惟勤"的传统美德,另一方面进一步彰显了新时代的马克思主义劳动观。中国特色社会主义进入新时代,社会的主要矛盾已经由"人民日益增长的物质文化需要同落后的社会生产之间的矛盾"转化为"人民日益增长的美好生活需要和不平衡不充分的发展之间的矛盾"。无论是"物质文化需要"还是"美好生活需要",都需要每一个劳动者以辛勤劳动来获取。正所谓,"民生在勤,勤则不匮"。

但是,随着社会的发展、科技的进步以及生活水平的提高,资本、知识、技术、信息在生产生活中的力量不断凸显,人们的劳动观念发生了很大的变化。当前,不管是学校还是家庭、社会,对劳动教育都越来越淡化,唯分数至上,片面地理解劳动,甚至轻视劳动,致使很多学生劳动意识弱化,不具备基本的劳动能力。特别是部分青年大学生对劳动的理解出现偏差,好逸恶劳、渴望不劳而获、盲目消费、商品拜物教等现象相继出现。当下回归劳动光荣传统、重塑劳动教育理念显得尤为重要。当然,劳动不是洗几件衣服或打扫一下卫生,而是必须用心用情。要将劳动教育融入生活教育中,让学生在劳动中获得一些生活体验和生活乐趣,充分激发学生对劳动的认同感。要让大学生理解,劳动创造价值,劳动是一切财富、价值的源泉,个人的人生理想的实现靠自我的劳动,伟大中国梦的实现靠无数个"我"的劳动。

首先,要加强大学生马克思主义劳动价值理论教育。只有首先从理论上理解了劳动是一切财富、价值的源泉、"按劳分配"原则等问题,大学生才有可能摒弃好逸恶劳、不劳而获的不良思想,才能积极参与劳动,改变对劳动的错误看法,从而树立积极的劳动观。

其次,要从实践的角度帮助大学生发现历史的发展规律,帮助大学生从人类的实践经验中认识到劳动在人及其人类社会的发展中所起到的重要作用,从而尊重劳动、参与劳动。

这就要求我们要将劳动观念和劳动精神教育贯穿人才培养全过程,贯穿家庭、学校、社会各方面,注重让学生在学习和掌握基本劳动知识技能的过程中,领悟严谨、专注、守正的劳动文化,形成勤俭、奋斗、创新、奉献的劳动精神。

(二) 强调全身心参与,重视环境影响

现在的劳动教育存在很多误区,总结起来主要表现在以下几个方面。

1. 认识误区

"德、智、体、美、劳"五育是一个统一的整体,相互配合,相互补充,共同决定着大学生的成长与成才,单独强调其中某一个方面或几个方面都是没有意义的。当下,部分教师割裂"德、智、体、美、劳"的辩证统一关系,单独强调劳动教育的组织形式、现实意义,忽视了"五育"的内在协同性,将劳动教育窄化为培养学生技能的训练,忽视其"纳入人才培养全过程"与"培养社会主义建设者和接班人"的核心要求。

2. 实践误区

进行劳动教育的前提是在理论上界定好什么是"劳动",什么是"劳动教育"。相应的,当下对"劳动"及"劳动教育"内涵把握不准确,在操作层面主要存在两个问题:一是只强调劳动而忽视教育。要知道劳动教育的本质是通过劳动达到教育的目的,只强调劳动而忽视教育的做法无疑是舍本逐末,同时,将劳动教育"劳役化"的做法最终必然会使学生失去兴趣。二是过分强调趣味性,将劳动"游戏化"。很多活动虽然看起来是有趣的,但从本质上来说并没有劳动的内涵,无法使学生产生劳动的兴趣。

3. 场景误区

人与环境之间具有互动性。人能够通过实践活动创造环境,环境也能够制约和影响人。恩格斯指出,"人本身是自然界的产物,是在他们的环境中并且和这个环境一起发展起来的"①。自然环境如此,人类社会历史环境同样如此。

因此,劳动教育一定要尊重人与环境之间的双向互动性规律,如果单纯地强调环境对人的影响而不考虑人对环境的影响,或片面夸大环境对人的影响,必然会走向形而上学。特别是片面强调学校组织的集体劳动教育活动,忽视劳动教育中家庭、社会的重要作用,这种环境的影响必然会大打折扣。

(三) 注重与时俱进,与技术进步融合

劳动教育在充分发挥传统项目、传统工艺、传统劳动育人功能的同时,还要积极地

---

① 中共中央马克思恩格斯列宁斯大林著作编译局. 马克思恩格斯全集:第二十卷 [M]. 北京:人民出版社,1971:38 – 39.

探索"互联网+劳动""新技术+劳动"等,准确把握新时代劳动工具、劳动技术、劳动形态的新变化,创新劳动教育的内容、途径和方式,增强劳动教育的时代性。

劳动的概念和劳动形态是随着时代变迁而变化的。新时代的劳动教育必须与新时代的经济社会发展相适应。《意见》强调,新时代的劳动教育要"体现时代特征",要求"适应科技发展和产业变革,针对劳动新形态,注重新兴技术支撑和社会服务新变化。深化产教融合,改进劳动教育方式。强化诚实合法劳动意识,培养科学精神,提高创造性劳动能力"。"体现时代特征"这一新要求,充分彰显了新时代劳动教育与时俱进的品格,为新时代劳动教育开辟了广阔的空间。

当今时代,人类社会的劳动形态已发生深刻变化。随着人类社会劳动生产率的不断提高,特别是工业革命和科技革命的不断推进,人类社会的产业结构已发生了巨大变化。根据2019年中国人力资源发展报告显示,截至2018年底,我国就业总量达到77 586万人。近6年,就业总量从76 977万人增加到77 568万人,增加了609万人。其中,第一产业就业人数为20 257.7万人,第二产业就业人数为21 390.5万人,第三产业就业人数为35 937.8万人。第一和第二产业就业人数总量和占比逐年下降,第三产业就业人数占比显著增加,已成为吸纳就业的主力。体力劳动与脑力劳动的融合成为新时代生产性劳动的重要特征。伴随着科学技术的深刻变革,生产性劳动者的体力劳动成分大幅度降低,生产性劳动者越来越具有脑力劳动者的特征。正如联合国教育、科学及文化组织2015年发布的研究报告《反思教育:向"全球共同利益"的理念转变?》所言,数字劳动技术正在改变人类的活动,从日常生活到国际关系,从工作到休闲,并且正在重新定义私人生活和公共生活的多个方面。

基于新时代人类社会劳动形态的深刻变化,《意见》丰富和完善了新时代劳动教育的内容,强调加强日常生活劳动、生产劳动和服务性劳动教育,而不再像过去那样单纯强调"学农学工"的生产劳动教育。这就极大地丰富了新时代劳动教育的内容和载体,为新时代劳动教育的全面实施提供了广阔的空间。

(四) 积极发挥学生的主动性,激发创造性

《意见》最大的亮点是提出了"创造性劳动"的概念。新时代的劳动与传统劳动的最大区别就是"创造性"。正如习近平总书记2015年在庆祝"五一"国际劳动节暨表彰全国劳动模范和先进工作者大会上的讲话中强调的,"我们一定要在全社会主义大力弘扬劳模精神、劳动精神,大力宣传劳动模范和其他典型的先进事迹,引导广大人民群众树立辛勤劳动、诚实劳动、创造性劳动的理念,让劳动光荣、创造伟大成为铿锵的时代强音"。"创造性劳动"是大学劳动教育区别于中小学劳动教育的核心特征。

创新是一个民族进步的灵魂,是一个国家兴旺发达的不竭源泉。习近平总书记曾指出,抓创新就是抓发展,谋创新就是谋未来。当今世界正经历百年未有之大变局,国际形势复杂多变,我们面临的任务之繁重前所未有,风险挑战之严峻前所未有。如何应对?创新是我们能否过坎的关键。如果说,"辛勤劳动"是苦干,"诚实劳动"是实干,那么,"创造性劳动"就是一种巧干。这种巧干,在具体的生产实践中能起到事半功倍的作用,甚至能产生以一当十的经济效益。换言之,"创造性劳动"是提高生产力的有效路径。作为人才结构最重要组成部分的大学生,是我国人才结构中的精华,提升大学生

的创新能力对于提升整个国家的创新力有重要意义。

劳动教育是激发学生创造性的有效途径。人类正是通过劳动满足了自身的第一个需要，即对物质生活资料的需要。人类为了生存与生活，有对空气、阳光、水源等自然资源的需要，有对吃、穿、住等基本生活资料的需要，有对高质量生活的需要，有追求自由自觉的需要。人类正是通过劳动来满足自身的这些需要，也正是在劳动中，通过不断地总结劳动经验，达到对劳动工具、劳动方式及劳动思想等的创新。

《意见》中强调劳动教育要"适应科技发展和产业变革，针对劳动新形态，注重新兴技术支撑和社会服务新变化"。在"5G"时代，信息技术、大数据、人工智能等不断影响着劳动人民的生产生活。在社会的劳动时间、劳动工具、劳动形式等都发生了革命性变化的背景下，利用时代机遇锻炼青年一代的创新能力，是劳动教育的重要使命。但是"创造性劳动"不是只靠激情、运气、蛮干，而是要以扎实的学识和技能为逻辑支点。这就需要我们充分发挥劳动过程和结果的正向激励作用，引导学生感受劳动的艰辛和收获的快乐，增强获得感、成就感、荣誉感，同时还要打牢"地基"，在辩证地学习和继承前辈丰富经验、技艺的基础上，尝试新方法、新技术，打破僵化思维方式，推陈出新。

（五）塑造诚实劳动的社会风气

[案例2-3]

全国劳动模范、"金牌工人"许振超

冬日的青岛港，寒风阵阵，但港区内却是一番热闹繁忙的景象。岸上，一台台高大的吊桥正在紧张地"忙碌"；港湾里，满载巨型集装箱的万吨巨轮静静地停泊，等待启程远航……

这样的景象，许振超再熟悉不过。这里是他奋斗了40多年的港口，是他创造"一钩准""一钩净""无声响操作法"的"舞台"，偌大的集装箱放入铁做的船上或车中，居然做到了铁碰铁不出响声；这里也是他创造"振超效率"的地方，频频打破世界纪录，让青岛港的高效名扬海外。

这位"金牌工人"、技能大师、千千万万技术工人的偶像，去年底刚刚荣膺改革开放百名杰出贡献表彰对象。在他看来，青年工人如何才能成长为"大国工匠"？一起来听听许振超的讲述。

踏踏实实练习操作技术，当一名好工人要有绝活

记者：您曾经说过"当工人要有绝活"，您在青岛港也创造了很多绝活，比如一钩准、一钩净、无声响操作等，这些绝活是怎么练成的？

许振超：当一名好工人要有绝活，这是工人的身份决定的。工人就要干好工作，干好工作就要有技能，操作上要有自己的绝活。记得我刚到码头上开吊车，基本操作很快就学会了，但是从技术的角度看还很不够。我一直有个理想，就是当一名好工人。好工人的标准是什么？我认为应该是精益求精。所以，我就踏踏实实地练习操作技术，到后来就养成一种习惯，不管换到哪个工种岗位，都想着怎么提高效率，提高质量。

记者：一个人有绝活已经很难了，让整个团队都掌握绝活，怎么做到的？

许振超：我在1993年就已经掌握了"无声响操作"技术，后来我当了队长。我觉得有责任带领全队职工都成为合格司机。同时，只有生产效率高、吞吐量大，港口的效益才好，仅有一个高手或两个技术尖子远远不能满足要求。所以我决定把"无声响操作"推广到全队。坦率地说，过程几经波折。一开始大家都反对，说我们整天跟这些铁吊车、铁集装箱打交道，操作起来怎么会没有声响呢？再说，换一种新的操作方式，必然会因为磨合而暂时降低生产效率，生产调度部门就会有意见。但我顶着压力、咬着牙把这个技术坚持下来。最终效果很好，生产效率一下子提高了10%~15%，一小时一台吊车多装好几个集装箱，十几台吊车就是几十个集装箱，一天下来就是几百上千个，效率就出来了。

勤于学习应该成为新时代产业工人的追求

记者：您的很多绝活其实也是一种创新，您认为产业工人该怎么去创新？

许振超：我们为什么能在这个行业里实现装卸速度世界第一？靠的就是创新。操作上、工艺上的局部创新累积到一块，就成为我们团队在装卸船纪录上的整体创新。所以，创新还需要有积累。

积累要靠学习、靠练。练技能非常苦、非常枯燥。我们司机一天工作8个小时，可能有上万个动作。怎样在一个看似很简单的工作里搞出创新来，一方面需要耐得住寂寞，另一方面要用脑子去干活，用心去干活。

在我看来，工人的创新不在于"高大精尖"，关键是解决工作中的细节和难点问题。不能为了创新而创新，最重要的是精益求精、打磨细节。

记者：您曾经说过，"咱当不了科学家，但可以做个能工巧匠"，如何做一名能工巧匠？

许振超：我从一名普通工人到技师、高级技师，又当上了劳动模范，学习起到了非常重要的作用。我是初中毕业生，到企业后又念了一年的职业高中，生产需要掌握多方面的专业知识，学习至关重要。除了学书本知识，还要在实践中学，带着问题去学。要靠坚持学习，使自己很快跟上新的技术。可是，等到新技术来了再去学习也有点晚。因此还要关注行业未来的发展趋势，提前做好知识储备。勤于学习，应该成为新时代产业工人的追求。

工匠精神来自真材实料的历练和积累

记者：现在全社会都在提倡工匠精神，在您看来，工匠精神应如何弘扬？

许振超：我认为工匠精神就是一种职业精神，在工作中要爱岗敬业、苦心钻研、精益求精，不管干什么工作，都要执着坚韧、追求完美。

打造更多的"大国工匠"是一件很艰巨的任务，需要全社会共同努力。工匠不会凭空产生，工匠精神也不会凭空产生。它需要一定的社会环境和土壤，需要政策支持。

首先要改变歧视和轻视普通劳动者的观念。要提升产业工人、工匠队伍的工资待遇，改革收入分配办法，提高劳动和技能在分配中的权重。作为劳动者，打铁还需自身硬，要成为工匠，就要自信、自强、自尊。干一行，就把这行应该掌握的知识、技术、技能练好。工匠精神不靠别人抬起来，而是来自真材实料的历练和积累。

记者：劳动最光荣、劳动最美丽，应如何培养年轻人的劳动精神？

许振超：要培养劳动精神，首先要让人们热爱劳动。有的人对劳动缺少热情，甚至厌恶，不愿意从事一线工作，这个观念必须要扭转。劳动者要自己获得尊重，但没有环境和风气也不行。

劳动光荣，也需要在更深层次上理解，产出优质产品、提高工作效率叫光荣；兢兢业业做好本职工作，这也叫光荣。但一些看起来很高级的工作，如果做不好，没有劳动精神，也不能叫光荣。

把热爱劳动当美德，把钻研技术当乐趣

记者：现在的年轻工人跟您那一代工人有什么不一样？您最希望青年技工具备什么素质？

许振超：新一代产业工人思想比较活跃，文化知识水平更高，对职业的选择也更加灵活。他们更要求体面劳动。

我的成长之路和企业环境、社会环境有直接关系。我年轻时所处的时代，社会上崇拜的是王进喜"宁可少活二十年，拼命也要拿下大油田"的精神。年轻人就是想着把工作干好，所以我一个岗位一干就是几十年。

我希望现在的年轻人，能把热爱劳动当作美德，把钻研技术当成乐趣。虽然时代不一样，但我认为一些精神、风气应该流传下去。古人云："学，行之，上也；言之，次也。"任何时代都离不开个"干"字。

记者：作为时代见证者，您想对年轻人说什么？

许振超：年轻人能赶上改革开放的好时代是幸运的。每个人都是一条河，流入大海才能获得更广阔的生命。改革开放就是大海，它成就了我们这样一批人，我们也助推了国家的强大。年轻人应常思过往，坚定热爱祖国、热爱劳动的信念，在工作岗位上好好学习新技术、新业务、新实践，学习、学习再学习！

资料来源：《人民日报》2019年1月27日05版。

"诚信"是做人的根本。诚者，真诚、讲信誉；一言九鼎，一诺千金。信者，诚实守信，不失言于人，不损人利己，言出必行。诚信是一种无价的美好品德，对于每个人都至关重要。一个有良好信誉的人，就可以受人尊重地通行于社会。正如孔子所言："人而无信，不知其可也。大车无輗，小车无軏，其何以行之哉？"诚实劳动也是劳动者的内在道德要求。在中国传统文化中，"君子爱财，取之有道"，强调以"道"获"利"，强调取财的正当性。但是，随着社会的发展，特别是改革开放以来，人们的物质生活越来越丰富，随之物质主义、利己主义等也涌现出来。新时代倡导诚实劳动，以自己的合法收入致富是必然也是必需的选择。正如习近平总书记强调的，"人世间的美好梦想，只有通过诚实劳动才能实现；发展中的各种难题，只有通过诚实劳动才能破解"。

诚实劳动是中华民族的传统美德，是劳动的基本道德要求。但是经济基础决定上层建筑，道德不是一成不变的。诚实劳动在新时代被赋予更加丰富的内涵。何为新时代的诚实劳动？所谓"诚实劳动"是指在各种法规、各项政策允许的范围内所从事的各种有益于社会发展的体力和脑力劳动，具体表现为社会关系中的公平正义、经济关系中的遵纪守法、网络生活中的反对欺诈、人与自然关系中的绿色发展。

三、新时代高校劳动教育的内涵及外延

（一）新时代高校劳动教育的内涵

1. 新时代劳动教育的内涵

"劳动教育"是一个动态、发展的概念，其内涵随着时代的变化而不断丰富、发展

和完善。《意见》指出："劳动教育是国民教育体系的重要内容,是学生成长的必要途径,具有树德、增智、强体、育美的综合育人价值。实施劳动教育重点是在系统的文化知识学习之外,有目的、有计划地组织学生参加日常生活劳动、生产劳动和服务性劳动,让学生动手实践、出力流汗、接受锻炼、磨炼意志,培养学生正确劳动价值观和良好劳动品质。"可以从以下几个方面理解:

(1) 新时代劳动教育体现了社会主义办学方向。劳动创造人和人类生活。马克思、恩格斯在达尔文《物种起源》提出的人是由类人猿演化而来的这一思想基础上,阐明劳动在从猿到人的演变历程和人类社会的形成过程中的重要作用。恩格斯指出,"劳动和自然界一起才是财富的源泉","整个人类生活的第一个基本条件就是劳动"。①

新时代劳动教育是社会主义教育的内容之一,是高校教育体系不可缺少的部分。劳动教育顺利、有效地开展,直接关系到新时代大学生正确劳动观的形成,直接影响新时代大学生的身体素质。当代大学生中存在一些不正确的劳动观念,例如一些大学生受社会上不良风气和消费主义的影响,特别是受好逸恶劳、拜金主义、享乐主义和极端个人主义思想的影响,妄想不通过辛勤劳动而一夜暴富,崇拜富豪式的生活而鄙视普通劳动者,表现出个人价值观念的扭曲。对此,《意见》明确了劳动教育的定位,指出"劳动教育是中国特色社会主义教育制度的重要内容",要以习近平新时代中国特色社会主义思想为指导,使学生能够理解和形成马克思主义劳动观。

(2) 新时代劳动教育坚持全面育人理念。育人是一个系统工程,必须多方面配合,经过系统化的教育过程,才可能达到育人之目的。新时代劳动教育立足于人的整体性,是全面发展的重要载体,德、智、体、美四育都要实践于劳动过程之中,对健全学生人格发展起着重要作用。但是,一段时期以来,劳动教育在中国特色社会主义教育体系中一定程度上是缺位的,这就成了教育发展的一块短板,制约着教育体系的健全,影响着教育的长期健康发展。而如果长期在这种片面的育人观念指导下育人,我们培养的人一定是畸形发展的人、不符合社会主义发展要求的人。这不仅会加剧"只要成绩好,劳动课去掉"和"唯分数至上"的错误风气,而且会制约教育体系的整体提质增效,进而影响科教兴国战略、人才强国战略和驱动创新发展战略的顺利推进。② 所以,我们要看到劳动教育"具有树德、增智、强体、育美的综合育人价值",要坚持"立德树人""把劳动教育贯穿于人才培养的全过程"。

(3) 新时代劳动教育强调理论与实践相结合。只有实践,没有科学的理论指导,实践往往会偏离方向。只有理论没有实际操作,只是纸上谈兵。教育与劳动相结合是马克思主义教育与生产劳动相结合的基本思想,也是我国《教育法》规定的明确要求。然而,由于传统应试教育的惯性作用,教育与劳动分离,甚至不开展劳动教育,长此以往,很容易导致学生不健康、不科学的发展。当下大学生价值观的物质化、功利化倾向很大程度上是由于错误的劳动观念造成的。因此,要引导大学生走出校门、接触社会、了解

---

① 恩格斯. 劳动在从猿到人转变过程中的作用 [M]. 曹葆华, 于光远, 译. 北京: 人民出版社, 1953: 37.

② 李方, 檀竹茂, 李欢. 新时代劳动教育体系的马克思主义人学审视 [J]. 长治学院学报, 2020, 37 (3): 78-82.

国情，理论与实践相结合。而劳动是知识分子与工农群众相结合的良好形式，是大学生投身改革开放、向群众学习、培养锻炼才干的重要渠道，是提高思想觉悟、增强大学生服务社会意识，促进大学生健康成长的有效途径，最终可以实现大学生的全面发展。

（4）新时代劳动教育关注劳动素养的培养。"劳动素养"一词最早由苏联教育家苏霍姆林斯基提出，他认为劳动教育的最终目标是提高人的劳动素养，成就真正完整的人。劳动素养是对劳动者在劳动过程中与之相匹配的劳动心态和劳动技能的综合概括，它具体包括劳动价值观、劳动意识、劳动情感、劳动意志、劳动能力五个方面。劳动素养对涵养劳动精神、培养新时代新人、实现中华民族伟大复兴具有重要价值。[①] 传统劳动教育主要侧重教授学生与劳动有关的知识、技能、方法等，而忽视劳动价值观、劳动精神、劳动思维等更深层次素养的培养，容易导致"有劳动无教育"的现象，难以使学生养成终身热爱劳动、尊重劳动的良好品质。这就是为什么会出现大学生鄙视环卫工人、农民工等现象的原因。其本质是大学生劳动观出了问题。

2. 新时代劳动教育的特征

新时代劳动教育作为中国特色社会主义教育制度的重要内容，在目标定位、内容体系、实施途径、落实方式、保障机制等方面进行系统的设计和规划，形成一个全员、全方位、全过程育人的劳动教育新格局，但同时也表现出与以往不同的新特征。

（1）增强劳动教育一体化。大中小学劳动教育在中央的统一部署下，经过各级学校的共同努力，已经初见成效。但同时也还存在一定的问题，例如劳动教育缺乏系统性、连续性和稳定性，教育目标不明确、内容陈旧、形式单一等问题比较突出。特别是小学、中学和大学劳动教育连贯性不强，这在一定程度上影响了高校的劳动教育的效果，阻碍了相关政策的实施与效果的显现。所以，新时代劳动教育在坚持目标导向和问题导向的前提下，更加注意小学、中学和大学劳动教育的循序渐进性，对大中小学各学段贯通设计，体现出系统性、科学性、时代性的特点。

在培养目标上，深度挖掘劳动教育独特的育人价值，构建进阶式一体化目标体系。《意见》规定，小学低年级要注重劳动意识的启蒙；小学中高年级要注重卫生、劳动习惯养成；初中要注重增加劳动知识、技能；普通高中要注重丰富职业体验；中等职业学校要培育工匠精神和爱岗敬业的劳动态度；高等学校要注重创新创业。《意见》在课程体系、内容设置、教育方式等方面提出了具体要求，强化了劳动教育的评价和保障机制，切实为劳动教育提供政策支撑。

（2）打破课程壁垒，有机融合劳动教育与学科教学。

[案例2-4]

劳动教育融入学科教育，北京化工大学打造八个校内劳动实践平台

用专业仪器检测柳湖水质，修理废旧自行车，将其变为校园版共享单车；种植中草药，了解它们的生长过程及功效……北京化工大学依托昌平校区的劳动实践基地，把劳动教育与学生的日常课程、科研项目结合起来。目前，该校已有6个学院搭建的8个校

---

① 徐洁，楼幸琳. 劳动素养：劳动教育的核心指向［J］. 教育科学论坛，2020（19）.

内劳动实践平台，依托平台申请的大学生创新项目共计19项。4月29日，新京报记者走进北京化工大学昌平校区，一探究竟。

6个学院搭建8个劳动教育实践基地

堤岸上绿草青青，湖水泛着微波，黑天鹅和野鸭在湖中游来游去。在北京化工大学昌平校区的柳湖边，学生们有的拿着各种设备检测水质，有的在搭建浮床、种植水生植物，还有的在清捞杂草、维护堤岸……大家都忙得不亦乐乎。

"现在的柳湖，水是景观二类水质，景色也好看了，是我们校区的一个著名景点。"该校化学工程学院辅导员、柳湖环保公益实践基地负责人顾峻宇回忆说，2019年时柳湖的水体富营养化问题很严重，有一股恶臭味，属于劣五类水。

两年半的时间，柳湖的水质从劣五类水变成了景观二类水，这一切离不开柳湖环保公益项目的实施。针对校园柳湖水体富营养化问题，2019年4月，化学工程学院环保志愿者协会发挥社团青年志愿服务优势及环境专业优势，成立了柳湖环保公益实践基地，组建柳湖护卫队，着力开展柳湖水质改善工作。

除了参与湖区日常清理维护工作，学生们还在专业教师的指导下，积极探究水质成因，用专业知识解决水质实际问题。

目前，该校6个学院共搭建了化育百草园、柳湖环保公益、荷塘环保公益、宏德单车、草坪节水技术示范、数字化生态保护、天工润泽园、务实维修工作站8个劳动教育实践基地，作为开展劳动教育的校内劳动实践平台。学生在每一个劳动教育实践基地都能真正运用所学解决问题。

柳湖、荷塘环保公益实践基地让校园水系变得更美，宏德单车劳动教育实践基地填补了校园共享单车空白……各基地的实践成果让校园生活变得更加美好。

劳动教育和专业教育相结合

如何让学生们真正在劳动教育中有所收获？北京化工大学给出的答案是把劳动教育与专业教育结合起来。

4月29日，在宏德单车劳动教育实践基地，学生们正在修理废旧自行车，旁边还摆放着几辆用废旧自行车改造而成的小拉车。"我们学校比较大，每次开学的时候运送行李都不方便。我们就想用废旧自行车改成小拉车。"该校机电工程学院机械制造专业的大三学生王昭表示，在改造过程中才发现这件事并不容易，要确定小拉车的结构，到底是后面放车斗还是侧边放车斗。如果在侧边放车斗，还要确定两侧用几个车轴辘。

"小拉车比自行车长多了，车子主体长了，整个结构也变了，力矩也会发生变化。"王昭告诉记者，最后他们利用了学校工训中心的工具，加上专业课"机械制造技术"中的知识，才改造出了理想的小拉车，"车子升级了好几次"。

记者了解到，机电工程学院依托机械制造、工业设计等专业，充分利用校园废弃的旧自行车，建立宏德单车劳动教育实践基地。通过废旧零件DIY"变废为宝、废物利用"，重组了北化人自己的免费共享单车"宏德单车"70余辆。

学有所得是不少学生的亲身体验。"薄荷的功能是清新口气，还有很多的药用价值，比如对胃痛、胆囊痛都有一定的舒缓作用……"在化育百草园劳动教育实践基地，生命科学与技术学院生物工程专业的大二女生王瑾一口气说出了薄荷的诸多好处。这些知识都是她在专业学习中会涉及的内容，"栽种这些中草药，让我更加了解这些植物，也更加了解自己所学的专业、了解药学"。

打造"1+1+N"实践基地运行保障机制

"劳动教育是新时代党对教育的新要求，是中国特色社会主义教育制度的重要内容。北京化工大学作为一所特色鲜明的院校，非常注重将劳动教育与专业知识相结合，把劳动精神养成、劳动能力培养、劳动习惯训练贯穿立德树人全过程，努力实现以劳树德、以劳增智、以劳强体、以劳育美的育人效果，全力培养德智体美劳全面发展的社会主义建设者和接班人。"谈到学校的劳动教育，北京化工大学校长谭天伟如是说。

为了更好地进行劳动教育，该校在实践中摸索出了一套独特的实践基地运行保障机制，即"1+1+N"实践基地运行保障机制，1个学院负责基地运行，1个科研教学项目进行支撑，N个职能部门承担日常保障和支持工作。

北京化工大学北校区工作办公室主任苏建茹表示，这种方式可以拓展劳动实践内容，让劳动教育更贴近师生实际需要，也让劳动教育实践成果更多更好地惠及师生。（记者：杨菲菲）

资料来源：《新京报》。

教学目标最终还要通过具体的课程来完成。所以，构建科学的课程体系对于推进劳动教育意义重大。

在当前我国高校课程体系中，呈现出发展不均衡的现象，表现为重德智体美教育，轻劳动教育。例如在平时的教学中就存在着不开设劳动课、变相侵占劳动课时间等不重视劳动教育的现象，还存在着对劳动教育的理解不准确，把劳动教育等同于体力劳动、把劳动教育简单化等现象，使劳动教育的育人功能大打折扣。所以，新时代加强劳动教育，首先就是要需要明确劳动教育的课程地位，充分尊重劳动教育规律，确保底线要求，开齐开足劳动教育课。按照《意见》的要求，要整体优化学校课程设置，在大中小学设立劳动教育必修课程，系统加强劳动教育。规定中小学每周不少于1课时，职业院校劳动专题教育不少于16学时，普通高校本科阶段不少于32学时，并开展劳动周、劳动月等以集体劳动为主的劳动教育。

（3）拓宽实施渠道，强化家庭、学校、社会综合实施。学生的成长无法与其所在学校环境、家庭环境和社会环境相剥离，学校教育、家庭教育和社会教育协同描绘出学生的成长蓝图。在现代学校教育体制下，家庭、学校、社会合作成为世界范围内教育改革和发展的重要趋势，也是培养新时代人才的必然要求。但是，由于长期以来我们对劳动教育的意义认识不足，当前我国高校劳动教育仍然还停留在高校单打独斗的状况，家庭和社会在大学生劳动教育中的作用不明显。

现在的家长多是出生于改革开放以后的独生子女，自身参与的劳动实践比较少，加上应试教育的精英化倾向，一些家长过分关注孩子的学业成绩，存在着诸如鄙视普通劳动者、把劳动当负担、怕影响孩子学习、现在生活富裕了没有必要让孩子劳动等错误的劳动观念。长此以往，青年一代滋生不劳而获、贪图享乐、崇尚暴富等思想就不足为奇了。在这些错误劳动理念的指导下，必然导致劳动教育在学校中被弱化、在家庭中被软化、在社会中被淡化。

新时代劳动教育积极推进家庭、学校和社会并举。一方面以学校为主导，"课程化"

提升劳动教育品质。劳动教育要持续、高效开展，离不开学校的有序引导。课程化设置、社团化实施等是高校全面推进劳动教育的基本方法。另外，家庭是劳动教育的主体，实践活动让劳动教育落地生根。劳动教育要持续、深入开展，离不开家庭的积极参与。只有高校的"一头热"而没有家庭的配合，劳动教育必然是低效和艰难的。这就需要通过加大宣传、普及"劳动教育是家庭教育的重要内容"，使劳动教育这一育人理念真正走入家长的心。最后，新时代劳动教育还需要社会协同合作。把学生培养成为一名合格的社会人，这是大学教育的功能之一。所以，新时代劳动教育不能只是简单地限于家庭和校园的简单环境中，还需要社会各界共同协作努力，为学生提供平台与机会。只有通过社会各界的通力合作，把劳动教育基地如星星之火般遍布城乡，从而促进学生的劳动观念和劳动技能的形成。学校、家庭、社会要相互补充，积极引导学生参与家务劳动、生产劳动、公益劳动、实习实训等劳动实践，努力画好劳动教育同心圆，形成齐抓共管、多方协同的劳动教育育人合力。

（4）深化产教融合，创新劳动教育模式。毛泽东强调："一个正确的认识，往往需要经过由物质到精神，由精神到物质，即由实践到认识，由认识到实践这样多次的反复，才能够完成。"① 同样，对劳动教育的认识与理解不能仅仅停留在课堂的理论教学中，只有在理解劳动教育意义的前提下，通过不断地参与劳动实践，一方面让学生体会劳动创造价值的过程，另一方面通过在劳动实践中不断检验劳动理论，确证课堂中所学的知识，进而深化学生对劳动价值的理解与信仰。

但是，当前的劳动教育现状是各地、各学校劳动教育形式较为单调，课堂内以教师系统讲授劳动理论知识为主，课外校外劳动实践来源有限、类型相对单一，大多是来自社区、传统手工业或机械制造业中的传统劳动项目，与学生生活实际关联不够紧密，吸引力不够强大，尚不能充分调动学生主动参与劳动的热情。

新时代劳动教育深入推进大中小学与企业之间在劳动教育方面的融合。所谓产教融合指的是学校根据所设置的专业积极开办专业产业，将产业和教学进行有效结合。这两者之间进行相互支持、相互促进，将学校办成科学研发、人才培育、科学服务等一体化的产业性实体经营，让学校形成与企业结合的一体化教学模式。② 通过产教融合解决存在问题，满足学生多样化劳动实践需求。《意见》明确提出要"深化产教融合，改进劳动教育方式"。倡导通过共享、联建、创建等方式多措并举拓展劳动教育实践场所，深度挖掘现代企业劳动教育新元素，创新体制机制深化劳动教育实践课程，使劳动教育与新产业、新业态、新技术紧密结合，为学生在现代企业中参与劳动体验、实习实训搭建平台，使学生在具体劳动实践中领悟劳动在社会发展中的作用，树立正确劳动观念，激发创新意识，为未来的职业生涯做一定储备，提升劳动教育的时代性和针对性。

（5）依据各地实际，因地制宜常态实施。事物总是在各种矛盾的不断展开与解决过程得到发展，而抓住矛盾的特殊性对于解决问题有重要意义。矛盾的特殊性是指各个具体事物的矛盾、每一个矛盾的各个方面在发展的不同阶段上各有其特点。矛盾的特殊性

---

① 毛泽东. 毛泽东文集：第8卷 [M]. 北京：人民出版社, 1999：321.
② 范征宇. 新时代高校劳动教育与产教融合协同育人的路径分析 [J]. 中国多媒体与网络教学学报（中旬刊），2021（4）：74－76

决定了事物的不同性质。只有具体分析矛盾的特殊性，才能认清事物的本质和发展规律，并采取正确的方法和措施去解决矛盾，推动事物的发展。我国是一个地大物博的多民族国家，受这些因素的影响，我国各地经济状况、教育水平发展不一，要想从宏观上规定劳动教育的具体细节是不现实的。这就需要各地、各学校积极转变观念，结合自身实际丰富劳动教育实施路径。《意见》明确要求各地区、各学校结合当地在自然、经济、文化等方面条件，充分挖掘可利用的资源，宜工则工、宜农则农，因地制宜，大胆探索多元化的劳动教育方式。

（二）新时代高校劳动教育的外延

何为高校劳动教育的外延？我们要先弄清楚什么是内涵、什么是外延，这对于我们的研究工作至关重要。传统逻辑认为，词项的内涵是指该词项所反映对象本质属性的总和，即对事物的特有属性的反映，如"商品"的内涵就是"为交换而生产的劳动产品"。词项的外延是指具有该词项所反映的本质属性的一切对象，即词项指代的事物所组成的那个类，如"商品"的外延就是各种商品对象所组成的那个类。所以，从外延的定义可以看出，外延其实就是指与抽象化概念所对应的所有具体事物。另外，理解新时代高校劳动教育的外延，还要在正确理解习近平新时代中国特色社会主义思想的基础上，总结《指导纲要（试行）》中的要求，系统设计劳动观念教育、劳动情感教育、劳动技能教育、劳动创新教育和劳动品德教育等方面有机组成的劳动教育内容，全面提升新时代大学生的劳动素养。

1. 劳动观念教育

观念是人们在过程中不断形成的对实践过程的认识。劳动观念是人们在劳动的过程中形成的对劳动的看法和认识。劳动观念是对劳动及其劳动过程的主观认知，在一定程度上反映了劳动者的人生观、世界观，并且决定着劳动者的劳动行为。所以，正确的劳动观是正确的人生观、世界观的反映，只有树立正确的劳动观，才能正确认识劳动的意义，才能正确看待劳动的无差别性，才能自觉强化"辛勤劳动最光荣"的意识。

劳动观念教育主要是帮助学生树立正确的劳动观点，使他们懂得劳动的伟大意义。劳动历来是中华民族的传统美德。从传说中的盘古开天辟地、混沌初开以来，是劳动让人们从结绳记事、钻木取火的时代走向了现代文明，走向富足。勤劳智慧的华夏儿女用辛勤的劳动，创造了五千年的璀璨历史。所以，劳动是人类发展的基础。正如马克思所说："任何一个民族，如果停止了劳动，不用说一年，就是几个星期也要灭亡。"爱迪生也说过："世界上没有一种具有真正价值的东西，可以不经过艰苦辛勤的劳动而能够得到。"由此我们可以看出，是劳动创造了历史、改变了世界。另外，劳动不仅仅带给我们物质财富，更重要的是通过劳动对我们的大脑和心灵进行洗涤和提高，通过劳动使我们懂得什么是工作、工作为什么、怎么来工作，从而使我们能够更幸福的生活。换句话说，劳动是人类走向幸福的必要手段。因此，要让大学生从思想上深度认识劳动、工作的意义，树立起正确的劳动观和价值观。

树立正确的劳动观要引导大学生善待自己劳动的岗位。理解劳动的平等性，理解劳动虽然有分工、专业、条件和环境等诸多方面的差别，但就劳动本身而言，是没有高低贵贱之别的。树立正确的劳动观，还要帮助大学生充分认清劳动与财富之间的关系。劳动创造财富，财富也体现着劳动的价值。正确的劳动观，是既重视物质财富的产出，又重视精神财富的产出；既重视物质上的回报，又重视精神上的满足。树立正确的劳动观，就应该把国家利益和人民利益举过头顶，以集体利益为重，自觉强化奉献意识，用辛勤劳动书写报效祖国的忠诚。

2. 劳动情感教育

劳动情感是一种在一定劳动价值观支配下、在长期劳动过程中形成的一种相对稳定的对待劳动的心理倾向。这种倾向的稳定性决定了劳动情感一旦形成，在相当长的时间具有相对的稳定性。这也是在大学阶段培养大学生积极的劳动情感的重要意义。一旦学生产生消极的劳动情感，后期需要更大的投入进行矫正。劳动情感教育具体表现为培养学生热爱劳动和劳动人民的情感，养成劳动的习惯，形成以劳动为荣、以懒惰为耻的品质，抵制好逸恶劳、贪图享受、不劳而获、奢侈浪费等恶习的影响。新时代劳动情感教育既要强调热爱劳动、勤于劳动，又要强调热爱创造、善于劳动。因为热爱劳动、热爱创造是立业为人的根本，是实干兴邦的基石，更是富民强国的动力。习近平总书记更是多次强调"要通过各种措施和方式，教育引导广大青少年牢固树立热爱劳动的思想、养成热爱劳动的习惯，为祖国发展培养一代又一代勤于劳动、善于劳动的高素质劳动者"，"要教育孩子们从小热爱劳动、热爱创造，通过劳动和创造播种希望、收获果实，也通过劳动和创造磨炼意志、提高自己"。培育大学生热爱劳动、热爱创造的情感态度，要在培养热爱劳动者的真挚情感上下功夫，教育引导大学生真正做到"任何时候任何人都不能看不起普通劳动者，都不能贪图不劳而获的生活"，认识到尊重普通劳动者、珍惜他们的劳动成果是人的基本修养。

3. 劳动精神教育

习近平总书记在2018年全国教育大会上指出，"要在学生中弘扬劳动精神。教育引导学生崇尚劳动、尊重劳动，懂得劳动最光荣、劳动最崇高、劳动最伟大、劳动最美丽的道理，长大后能够辛勤劳动、诚实劳动、创造性劳动"。一切教育的目的最终都是培养受教育者把知识转化为劳动的能力。同样，大学生劳动教育不仅仅是简单的劳动观念和劳动技能教育，更重要的是最终使大学生把对劳动的正确认知转化为具体的劳动行为。而这种转化的桥梁就是培养大学生在正确的劳动认知基础上形成的一定的价值情感和意志信念，这就是劳动观教育的情感意志目标。

所谓"民生在勤，勤则不匮"，要通过加强新时代劳动教育，培养青少年对劳动的感情和热情，从劳动的艰辛和收获的喜悦中感悟劳动的伟大和崇高，培养其以勤劳为荣、以懒惰为耻的价值观念。通过加强新时代劳动教育，让青少年认识到劳动只有内容和形式的不同，并没有高低贵贱之分。实现青少年劳动者身份的自我认同，即以劳动者自居，以劳动者为荣，时刻不忘劳动人民本质，不改劳动人民本色。

4. 劳动技能教育

劳动能力是人进行生产活动的能力，包括体力和脑力两个方面，是体力和脑力的总和；是劳动者以自己的行为依法行使劳动权利和履行劳动义务的能力，即法律上所指的劳动行为能力。人的劳动能力是全部人的活动能力的核心部分，人的完善和发展无疑要以劳动能力的完善和发展为核心内容。这就决定了以培养全面发展的人为目的的教育，必须把培养人的劳动能力当作核心内容。掌握基本的劳动知识和技能，正确使用常见劳动工具，增强体力、智力和创造力，具备完成一定劳动任务所需要的设计、操作能力及团队合作能力。

劳动技能教育是高校劳动教育的重要组成部分。现代社会日新月异的技术革新要求劳动教育与技术、家政、职业教育紧密地联系在一起，使学生获得终身进行技术劳动和技术学习的能力，成为未来的合格劳动者。加强劳动与技术教育是提高整个中华民族的科学技术素养，促进经济与社会的可持续发展的有效举措。《指导纲要（试行）》中指出，使学生"掌握通用劳动科学知识，深刻理解马克思主义劳动观和社会主义劳动关系，树立正确的择业就业创业观，具有到艰苦地区和行业工作的奋斗精神"；"重视生产劳动锻炼，积极参加实习实训、专业服务和创新创业活动，重视新知识、新技术、新工艺、新方法的运用，提高在生产实践中发现问题和创造性解决问题的能力，在动手实践的过程中创造有价值的物化劳动成果"。

因此，大学期间对学生进行劳动技能教育不仅是劳动教育课程的要求，也是促进大学生自身发展、解放与社会发展的必然要求。具体来说，通过劳动技能教育培养学生以下能力：①通过自我服务劳动，提高生活自理能力。②通过集体互助劳动，增强集体观念和互助意识。③通过参与社会公益劳动，热爱社会，遵守社会公德。④通过参加生产实践劳动，爱岗敬业，遵守职业道德。正如习近平总书记2016年4月26日在知识分子、劳动模范、青年代表座谈会上指出的，"素质是立身之基，技能是立业之本。广大劳动群众要勤于学习，学文化、学科学、学技能、学各方面知识，不断提高综合素质，练就过硬本领"。大学和中小学的不同点之一在于大学各专业的学习本身就是一种劳动技能教育，并且这种劳动技能教育已经被明确地列入大学生的专业实习、毕业实习等教学计划中。当然，新时代高校劳动教育不能仅仅停留在通过专业教育来开展，还应加强劳动科学的教学。在一所高质量的大学里，一个经过充实的主修课目将使学生从学习的深度走向广度，使他们不仅受到良好的技术训练，还受到良好的人文教育。因此，在承认劳动教育的专业属性的同时，我们还必须充分认识并发挥好劳动教育的通识教育属性。可结合大学生未来的劳动、工作、职业发展需要，通过开设专门的劳动教育课程，完善大学生职业生涯规划和就业指导教育，加强劳动人权、劳动伦理、劳动关系、劳动条件、社会保障、职工福利、职业安全与卫生、劳动法与社会保障法等相关知识与技能的学习。高校还要注重围绕创新创业，结合学科和专业积极开展实习实训、专业服务、社会实践、勤工助学等，重视新知识、新技术、新工艺、新方法应用，创造性地解决实际问题，使学生增强诚实劳动意识，积累职业经验，提升就业创业能力。

5. 劳动创新教育

[案例2-5]

创建劳动教育实践平台　全面提升学生整体素质

海南省屯昌县思源实验学校是屯昌县第一所公办九年一贯制全寄宿学校，是海南省政府2008年教育扶贫（移民）工程建设重点项目。在省政府、县政府和香港言爱基金会的大力支持下，学校于2009年9月建成投入使用。学校占地面积72亩，建有教学区、运动区、生活区、劳动实践区，是一所布局合理、结构健全、环境优美的现代化学校。

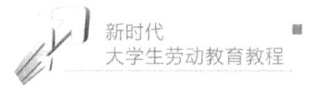

学校现有学生劳动实践基地20余亩。

一、基地概况

第一期：2009年12月，县政府投资建猪舍，建设面积500平方米，年出栏300头猪，猪栏建有配套50立方米的沼气池。挖鱼塘并平整四周塘岸，养殖面积达10亩，能放养几万尾鱼苗，同时套养鸭鹅几百只。塘岸闲置地用于种植香蕉、木瓜、葫芦瓜、蔬菜等，形成以沼气池水给养瓜果蔬菜的立体型养殖生产基地。

第二期：2011年5月，政府出面租5.8亩地用作蔬菜种植基地，主要用于种植各种时节蔬菜，如南瓜、冬瓜、黄瓜、茄子、小白菜、大白菜、空心菜、辣椒、豆角、包菜、韭菜、芹菜、葱、蒜等，还种了菠萝蜜等果树。

学校住宿生有2 000人，每天的食堂泔水、剩菜剩饭用作养猪养鱼的主要饲料，猪的粪便倒入沼气池进行发酵，沼气用于食堂炒菜能源，沼气液用作蔬菜基地肥料，这样构建了一个立体环保生态循环种养模式。

劳动实践基地每年生产无化肥农药的纯天然、原生态果菜约1.5万斤，长期供应学校食堂，改善师生生活。

学校还以学校食堂作为劳动实践教育场所，每天安排家庭贫困的学生三餐用餐时到餐厅抹桌子搞卫生，以免费用餐作为报酬。为减少食堂工人人数及劳动强度，学校安排初中每一个班级负责一周洗碗等卫生清洁工作，学生利用饭后空余时间到食堂洗碗，严格按照操作流程进行，食堂对各班级劳动表现给予适当的奖励。

二、有效管理

学生的实践基地建设不仅仅培养学生的劳动意识，同时要让学生明白环境保护的重要性。为了更加有效地发挥实践基地的功能，学校根据基地所在的地理位置及土质特点，对基地种植作物进行了合理规划，因地制宜，落实到班，责任到人。每周每班有一节固定的劳动课，从翻地、播种、浇水、除草、施肥、采摘收获，学生每次劳动都在班主任教师的带领下进行。每月各班按学校的要求在各自班级的劳动基地完成学校安排的任务，由学校安排专人对各班级劳动过程及劳动成果的多少、优劣进行考核，纳入班级量化管理考核中。

每次劳动都要求学生做好记录，写出劳动心得。学生把观察到的作物生长规律、培植技巧、培育感想及时记录下来，大大丰富了学生的写作内容。

每个班的实践基地在不同时节都有独特的风景，是美术写生的好素材。学生可以拿起画笔，绘画校园美景，培养热爱校园、热爱生活的品质。

三、成果经验

劳动实践基地实现书本知识与劳动实践的统一，既是对课堂教学的补充，又是对课堂教学的有益延伸，有助于德、智、体、美、劳相互渗透、融合，促进学生全面、健康发展，在实践活动过程中培养学生热爱劳动的品质、遵章守纪的习惯、艰苦奋斗的精神和集体主义观念，让学生真正体会到劳动的光荣、丰收的喜悦，同时体会到父母种植粮食蔬菜的艰辛，从而做到珍惜父母的劳动成果，培养勤俭节约、爱惜粮食的良好品质。

学校的劳动实践基地既确保了师生劳动实践活动的健康发展，又实现了劳动实践基地育人功能。劳动实践基地建设综合效益日益凸显。

学校把学生的劳动实践活动当作培养学生思想品德、劳动技能和社会责任感的重要渠道，不断探讨学生综合实践活动的新途径、新方法，使学生在提高学业成绩的基础上掌握一定的劳动技能、参与社会活动、提高服务社会的意识，取得了良好的效果。

学生劳动实践是践行"劳力上劳心"教育思想的有力印证，促进了学生良好习惯的养成。在劳动基地参加实践活动的学生能深刻感到劳动光荣、懒惰可耻，更加尊重别人的劳动，珍惜劳动果实。此外，在劳动过程中，培养了团结协作的集体主义精神、乐于助人的精神。

资料来源：海南日报《教育周刊》，2019-12-23。

2010年，三位英美经济学家因为成功解释了"为什么在存在很多职位空缺的时候，仍有许多人失业"的问题而获得了诺贝尔经济学奖。我国同样存在这种企业"用工荒"与大学生"就业难"并存的难题。为什么一边是每年海量的大学生毕业，一边是企业"用工荒"的出现？这是因为新时代社会对于人才的定义已经发生了变化，企业对人才的需求导向也发生了变化，特别是一些需要强化应变能力的行业往往不再拘泥于招聘对口专业的大学毕业生，而是更看重毕业生的发展潜能和创新力。而《意见》最大的亮点也是提出了"创造性劳动"的概念。创造性劳动是大学劳动教育区别于中小学劳动教育的核心特征。《意见》提出："高等学校要注重围绕创新创业，结合学科和专业积极开展实习实训、专业服务、社会实践、勤工助学等，重视新知识、新技术、新工艺、新方法应用，创造性地解决实际问题，使学生增强诚实劳动意识，积累职业经验，提升就业创业能力。"

具体来说，就是要求我们要创新劳动教育课程，开设与劳动教育相关的实践课程，包括探究式、项目式、归纳式以及创新性劳动实践活动；创新劳动教育模式，实现劳动教育与专业教育深度融合，推动大学课程从传统以知识传授为中心的课程体系向培养学生应对真实世界能力为中心的课程体系转变，创新劳动教育与其他专业课的融合，实现专业课程通识化，让运营管理、财税金融、法律与政策等传统专门知识领域课程逐步通识化，创新劳动教育评价，没有评价就没有管理，没有评价就没有改进。基于大学劳动教育的创造性特点，其评价方式需要进行创新，要大力引进协商性评价和形成性评价。另外，建立三方联动、学生受益的评价机制尤为重要，各自发挥怎样的教育作用、推动作用，评价功能必须要清晰，除了彰显公共责任外，还必须认真考量社会参与的趋利性。

6. 劳动品德教育

良好的劳动习惯的养成，是劳动教育在实践中成功的表现。良好的劳动习惯和品质对人的一生有着重要影响，决定着一个人的发展方向和高度。养成良好的习惯比拥有知识更为重要。《公民道德建设实施纲要》提出的"爱岗敬业、诚实守信、办事公道、服务群众、奉献社会"的社会主义职业道德规范构成了大学生劳动品德教育的基本内容，具体可以凝练概括为敬业精神、合作精神、奉献精神。

第一，工匠精神教育。"问渠那得清如许，为有源头活水来。"对于各行各业的劳动者，无论天资禀赋如何，"工匠精神"就是这活水之源。但是，近几年对"工匠精神"的认识面临着一个很大的危机，就是对"工匠精神"认识的普遍庸俗化、表浅化。"工匠精神"是职业教育的灵魂，是学生应该树立的理想，却也是学校职业教育容易忽视的一个盲区。为什么会有这样的问题呢？原因很多，关键是对"工匠精神"的理解缺乏理论上的拓展，缺乏理性的提升。首先，我们要认识什么是工匠精神。工匠精神是从业者在长期实践中形成的一种对本职工作敬业负责、对专业技能追求卓越、对产品品质精益求精的职业精神。虽然在新时代背景下，工匠精神被赋予了新的时代内涵和价值意蕴，但其精神内核始终未变。工匠精神是从业人员的一种职业价值取向和行为表现，是专业精神、职业态度、人文素养三者的统一。① 所以，工匠精神是一种严谨认真、精益求精、追求完美、勇于创新的精神。党的十八大以来，习近平总书记多次强调要弘扬工匠精神。党的十九大报告提出"弘扬劳模精神和工匠精神"。党的十九届四中全会提出"弘扬科学精神和工匠精神"。在新时代大力弘扬工匠精神，对于推动经济高质量发展、实现"两个一百年"奋斗目标具有重要意义。

第二，诚信劳动教育。诚信历来是中华民族的优秀传统道德要求。例如孔子曰："君子义以为质，礼以行之，孙以出之，信以成之。君子哉！"孟子也有言："君子不亮，恶乎执？"这里孟子就是在讲君子不讲信用，怎么能够有操守呢？所以"诚"是儒家思想的灵魂和精髓。管仲将"诚"与"信"连用，创立了"诚信"一词。程颢在《二程集·论学篇》也谈道："进学不诚则学杂，处事不诚则事败，自谋不诚则欺心而弃己，与人不诚则丧德而增怨。"因此，诚信劳动教育就是培养和提高受教育者的真诚无欺、信守承诺的心理意识，遵守诚信原则规范和坚守诚信行为的教育。在新时代，振奋民族精神，增强综合国力，实现中国梦，时刻都离不开诚信道德建设。诚信是大学生进入社会的通行证，是和谐社会的基石。正如习近平总书记在同全国劳动模范代表座谈时的讲话中所说："人世间的美好梦想，只有通过诚实劳动才能实现；发展中的各种难题，只有通过诚实劳动才能破解；生命里的一切辉煌，只有通过诚实劳动才能铸就。"

第二节 新时代劳动教育的指导思想和重大意义

习近平总书记关于劳动教育的重要论述，高扬劳动教育的旗帜，丰富和发展了党的教育方针，具有重大的时代价值和鲜明的现实针对性，也对高校提出了加强劳动教育的新任务、新课题。

一、新时代劳动教育的指导思想

学生的素质不仅是基础文化素质，还应包括各种体力、能力和知识面，包括正确的人生观、世界观的树立，只有全面地进行教育教学行为，才能让学生形成坚韧不拔、吃苦耐劳、乐观向上、胜不骄败不馁的精神风貌，才能让学生形成客观看世界、主观去努力的良好人格。劳动教育就是要培养学生的劳动意识，让学生掌握一定的劳动知识和技能，最终让学生热爱劳动，感受劳动的快乐。

《意见》指出，新时代劳动教育要"以习近平新时代中国特色社会主义思想为指导，全面贯彻党的教育方针，落实全国教育大会精神，坚持立德树人，坚持培育和践行社会主义核心价值观，把劳动教育纳入人才培养全过程，贯通大中小学各学段，贯穿家庭、

---

① 张娟娟. 工匠精神在职业教育中的回归与重塑 [J]. 职教论坛，2016（35）：35-39，52.

学校、社会各方面，与德育、智育、体育、美育相融合，紧密结合经济社会发展变化和学生生活实际，积极探索具有中国特色的劳动教育模式，创新体制机制，注重教育实效，实现知行合一，促进学生形成正确的世界观、人生观、价值观"。

（一）坚持社会主义办学方向

习近平总书记在全国教育大会重要讲话中强调"必须坚持社会主义办学方向"，"加快推进教育现代化、建设教育强国、办好人民满意的教育"。这一重要论断指出了新时代教育事业必须坚持的政治方向，为我国教育事业发展指明了前进方向。只有政治方向正确，我们的教育才能培养出更多德智体美劳全面发展的社会主义建设者和接班人。

马克思主义认为，劳动创造了世界，劳动创造了历史，劳动创造了人本身。新时代劳动教育是社会主义教育的重要内容，是我国教育体系不可缺少的一部分，是学校教育教学工作的重要一环。针对当前一些青少年不珍惜劳动成果、不想劳动、不会劳动，劳动教育正在被淡化、弱化的现象，《意见》明确了劳动教育的定位，指出"劳动教育是中国特色社会主义教育制度的重要内容"，要"以习近平新时代中国特色社会主义思想为指导"，引导学生理解和形成马克思主义劳动观。所以，坚持社会主义办学方向，就必须坚持马克思主义的指导地位。伟大的事业需要伟大的思想来指引。社会主义办学方向，既坚持了马克思主义教育理论，又体现了中国国情；既继承了我国教育优良传统，又具有鲜明的时代特征，这是办好人民满意的教育的根本原则。

（二）以习近平新时代中国特色社会主义思想为指导思想

习近平新时代中国特色社会主义思想是马克思主义中国化的最新成果，是中国特色社会主义理论体系的重要组成部分，是我们党必须长期坚持的指导思想。习近平总书记围绕培养什么人、怎样培养人、为谁培养人这一根本问题，系统回答了一系列方向性、全局性、战略性重大问题，系统总结了我国教育事业发展的成就与经验，深刻分析了教育工作面临的新形势新任务，这是做好新时代教育工作的行动指南。习近平总书记相关重要论述立足于新时代，深刻揭示劳动的创造本质，科学概括出新时代劳动的基本实践形式，高度评价劳动的重大意义，大力倡导劳模精神、劳动精神和工匠精神，提出构建和谐劳动关系的基本要求，以及推动劳动者实现体面劳动、全面发展的价值取向等。上述重要论述最符合新时代的要求，最贴近客观实际，是加强高校劳动教育课程建设最根本的遵循。因此，新时期加强劳动教育必须强调以习近平新时代中国特色社会主义思想为指导，落实立德树人根本任务，把劳动教育纳入人才培养全过程，贯通大中小学各学段，贯穿家庭、学校、社会各方面，与德育、智育、体育、美育相结合，把握育人导向，遵循教育规律，创新体制机制，注重教育实效，实现知行合一，促进学生形成正确的世界观、人生观、价值观。

（三）以立德树人为根本任务

2018年9月10日，习近平总书记在全国教育大会上指出："培养什么人，是教育的首要问题。"就如何培养德智体美劳全面发展的社会主义建设者和接班人，习近平总书记强调，要在坚定理想信念、厚植爱国主义情怀、加强品德修养、增长知识见识、培养奋斗精神、增强综合素质六个方面下功夫。这是对怎样培养人的系统梳理，直接关系教育事业远大目标的实现。高校劳动教育要准确把握立德树人这一根本任务，把立德树人的

成效作为检验学校一切工作的根本标准。"国无德不兴,人无德不立。"立德树人,就是要求我们的教育必须把培养社会主义建设者和接班人作为根本任务,培养一代又一代拥护中国共产党领导和我国社会主义制度、立志为中国特色社会主义奋斗终生的有用人才。"才者,德之资也;德者,才之帅也。"我们必须将立德树人融入劳动教育各环节,教育引导学生树立共产主义远大理想和中国特色社会主义共同理想,肩负时代重任,立志扎根人民、奉献国家。

二、新时代劳动教育的重大意义

党的十九大报告指出,要"培养担当民族复兴大任的时代新人"。新时代高校要培养有理想、有本领和有责任担当的时代新人。劳动教育对于立德树人、促进学生全面发展具有不可替代的作用。

(一) 新时代加强劳动教育是实现中国梦的强大助推力量

劳动不仅创造了人类,也是人类的本质特征和存在方式,并推动着社会历史向前发展。在完成"两个一百年"奋斗目标和实现中华民族伟大复兴中国梦的征程中,高度重视劳动教育成为新时代的必然要求,具有重大的现实意义。"以劳动托起中国梦",从根本上要依靠劳动者的辛勤劳动、诚实劳动和创造性劳动。高校作为大学生思想政治教育和承担社会服务职能的载体与结合点,要培育新时代大学生的劳动情怀,最终推动在广大青年学生的接力奋斗中实现伟大复兴中国梦。劳动教育是高校立德树人的重要文化载体。劳动教育体现了党的教育方针的核心思想和核心主张,也蕴含了社会主义核心价值观的思想内容。劳动教育使青年学生获得正确劳动观念、劳动习惯、劳动情感、劳动精神,了解和懂得生产技术知识,掌握生活和劳动技能。劳动教育是学生成长成才的需要。习近平总书记在讲话中将劳动教育与德智体美并列,既是对劳动教育本身的有效加强,也是对德智体美教育的有力支撑。劳动精神的培育是高校德育的重要内容,能够帮助学生端正学习态度、认真学习专业知识,并在就业、创业过程中更加务实和理性。

(二) 新时代加强劳动教育是完善育人体系的必然要求

党的十九大报告指出,中国特色社会主义进入了新时代,这是我国发展新的历史方位。新时代不仅在历史维度上标示着中国特色社会主义建设的时间进程,而且为中华民族复兴的伟大事业赋予了新的目标任务,这意味着中华民族已踏上朝着"两个一百年"奋斗目标奋勇前进的新征程。① 新时期加强劳动教育,构建德智体美劳全面培养的教育体系,是实现办出"中国特色、世界水平"的中国教育远景目标的必然要求。

劳动教育是构建全面教育体系不可缺少的一环,劳动可以树德、增智、强体、育美。"五育"的相互关系是辩证的,它们之间相互渗透,构成一个整体。劳动精神的培育是高校德育的重要内容;劳动科学和技能的教育是高校智育的重要内容;劳动能力的锻炼是高校体育的重要内容;劳动者对美的追求和创造是高校美育的重要内容。德智体美劳既密切联系,又有各自不同的功能,其中体育为各育实施提供身体条件。智育为各育目标的实现提供必要的科学知识基础和智力基础。德育在任何时候都是制约人的发展方尚

---

① 王永清. 肩负新时代高校的新使命[EB/OL]. [2019-03-12]. http://www.cssn.cn/xsdzgtspd/.

的，影响各育效果的性质，为人的发展提供动力。缺少美育的教育是不完整的教育。而劳动教育侧重培养劳动观念，培育劳动技能，体现"实"的要求。可以说，高校加强劳动教育是中国特色高等教育的显著特点，是扎根中国大地办大学的本质要求。

第三节 新时代高校劳动教育的基本原则和主要功能

党的十八大以来，习近平总书记站在党和国家事业发展的高度，立足新时代的历史方位，对加强劳动教育做出了一系列重要论述，并将尊重劳动置于"四个尊重"之首，强调和突出了劳动教育的基础作用。

一、新时代高校劳动教育的基本原则

（一）把握育人导向

育人导向是人才培养的根本，也是劳动教育的出发点。劳动教育是中国特色社会主义教育制度的重要内容，直接决定着社会主义建设者和接班人的劳动精神面貌、劳动价值取向和劳动技能水平。高校要坚持党的领导，围绕培养担当民族复兴大任的时代新人，着力提升学生综合素质，促进学生全面发展、健康成长；把准劳动教育价值取向，引导学生树立正确的劳动观，崇尚劳动、尊重劳动，增强对劳动人民的感情，报效国家，奉献社会。

第一，坚持马克思主义劳动观的认知导向。正确的认知导向是我们认知世界的依据，也是进行劳动教育的理论基础。《意见》强调，要"把准劳动教育价值取向，引导学生树立正确的劳动观"。马克思主义认为，劳动是人类生存的基本条件，"为了满足需求，就需要有劳动"。虽然在信息化时代，人类的劳动形式和劳动内容都发生了翻天覆地的变化，但马克思主义劳动观的基本原理并没有变。党的十八大以来，习近平总书记多次强调要在全社会大力弘扬劳模精神、劳动精神，"让劳动最光荣、劳动最崇高、劳动最伟大、劳动最美丽蔚然成风"。正如习近平总书记所指出的："劳动，是共产党人保持政治本色的重要途径，是共产党人保持政治肌体健康的重要手段，也是共产党人发扬优良作风、自觉抵御'四风'的重要保障。"这是对马克思主义劳动观的重大发展，也是新时代党对劳动教育的根本要求。因此，高校劳动教育必须坚持马克思主义劳动观的认知导向。

第二，培育崇尚劳动和尊重劳动的情感导向。情感导向是劳动教育的重要内容。劳动精神归根到底反映的是思想情感和价值态度，其培育的核心在于塑造劳动价值观。学校是塑造劳动价值观的主阵地，担负着引导青年正确认识世界和改造世界的使命。《意见》指出要"引导学生树立正确的劳动观，崇尚劳动、尊重劳动，增强对劳动人民的感情"。这就需要我们正确把握崇尚劳动和尊重劳动的关系。一个崇尚劳动的人，往往会珍惜劳动果实，尊重劳动人民；一个心中有劳动人民的人也会崇尚劳动、热爱劳动。正如习近平总书记指出的，"要在学生中弘扬劳动精神，教育引导学生崇尚劳动、尊重劳动，懂得劳动最光荣、劳动最崇高、劳动最伟大、劳动最美丽的道理，长大后能够辛勤劳动、

"诚实劳动、创造性劳动"。因此,新时代劳动教育必须坚持崇尚劳动和尊重劳动的情感导向。

第三,强化报效国家和奉献社会的实践导向。实践是我们能动地改造客观世界的活动。实践构成了人们社会生活的基本内容,推进了人类历史的不断发展,正因为如此,马克思认为"社会生活在本质上就是实践"。在人类生活中,实践体现出鲜明的特色。实践是人类认识世界和改造世界的钥匙,也是劳动教育的基本逻辑和归宿。《意见》在育人原则中以"报效国家、奉献社会"为落脚点,明确了新时代劳动教育的实践导向。这就需要我们在劳动教育中注意引导广大青少年辛勤劳动、诚实劳动和创造性劳动,增强报效国家和奉献社会的能力,注意培育青少年的公共服务意识,强化中华民族共同体的家国情怀。

(二)遵循教育规律

列宁指出:"规律就是关系……本质的关系或本质之间的关系。"① 毛泽东也谈道:"规律是在事物的运动中反复出现的东西,不是偶然出现的东西。规律既然反复出现,因此就能够被认识。"② 习近平总书记在全国高校思想政治工作会议上的讲话强调要遵循思想政治工作规律,遵循教书育人规律,遵循学生成长规律,不断提高工作能力和水平。面对新阶段、新征程、新使命,做好劳动教育必须牢牢把握育人规律,才能落实立德树人的根本任务。

新时代劳动教育必须遵循教育规律,遵循学生的身心成长规律,符合学生年龄特点,以体力劳动为主,注意手脑并用、安全适度。为此,需要根据不同阶段的学生特点进行系统设计。加强劳动教育,还需要注重理论与实践相结合,让学生在理论指导实践的劳动过程中达到知识和心灵的升华,从而提升育人实效性。

(三)体现时代特征

新时代要求我们适应科技发展和产业变革,针对劳动新形态,注重新兴技术支撑和社会服务新变化;深化产教融合,改进劳动教育方式;强化诚实合法劳动意识,培养科学精神,提高创造性劳动能力。中华民族是一个勤于劳动的民族,早在《朱子治家格言》中就有"黎明即起,洒扫庭除,要内外整洁"的古训格言。新时代,随着科技的发展,生产工具的变化以及劳动对象和劳动范围的扩大,导致劳动形态发生巨大变化。这就要求劳动教育与新技术、新产业、新业态相呼应,挖掘劳动教育新内涵,创新劳动教育形式,鼓励学生运用多学科知识开展创造性劳动,使新时代劳动教育适应科技发展和产业变革要求。

(四)强化综合实施

劳动教育是综合教育,需要全社会共同努力、合力推动。一方面,需要教育主管部门破除畸形教育观,把劳动等素质教育切实纳入到地方的教育教学中去,并为这些教育教学提供必要的场地、设备和人力物力等资源。另一方面,学生家长也要树立正确的教育成才观,不光重视学生的文化成绩,还要重视学生的良好思想素质的培养、劳动习惯

---

① 列宁.列宁全集:第55卷[M].北京:人民出版社,2017.
② 毛泽东.毛泽东文集:第8卷[M].北京:人民出版社,2009.

的养成，树立正确的人生观、价值观。对社会来说，需要重塑和引导正确的劳动观，从而让人们注重从小就培养孩子热爱劳动、崇尚劳动，形成只有通过辛勤劳动才能获得美好生活的社会舆论氛围。

总之，必须加强政府统筹，拓宽劳动教育途径，整合家庭、学校、社会各方面力量。家庭劳动教育要日常化，学校劳动教育要规范化，社会劳动教育要多样化，形成协同育人格局。

（五）坚持因地制宜

坚持因地制宜，就是结合不同地区和学校在自然、经济、文化等方面的条件，发掘行业、企业等可利用资源，宜工则工、宜农则农，采取多种方式开展新时代劳动教育。利用现有综合实践基地、青少年校外活动场所、职业院校和普通高等学校劳动实践场所，建立健全开放共享机制。农村地区可安排相应土地、山林、草场等作为学农实践基地；城镇地区可确认一批企事业单位和社会机构作为学生参加生产劳动、服务性劳动的实践场所；政府部门可协调和引导企业公司、工厂农场等组织履行社会责任，开放实践场所，支持学校组织学生参加力所能及的生产劳动、参与新型服务性劳动，使学生与普通劳动者一起经历劳动过程；鼓励高新企业为学生体验现代科技条件下劳动实践新形态、新方式提供支持。

总之，要采取多种方式开展劳动教育，避免"一刀切"。

二、新时代高校劳动教育的主要功能

（一）劳动教育在人才培养中的独特地位

在社会主义条件下，劳动教育在整个教育体系中究竟应该占有什么样的地位，马克思对此曾有过精辟的论述。他说："我们把教育理解为以下三件事：第一：智育。第二：体育，即体育学校和军事训练所教授的那种东西。第三：技术教育，这种教育要使儿童和少年了解生产各个过程的基本原理，同时使他们获得运用各种生产的最简单的工具的技能。"[①] 恩格斯在《反杜林论》一文中对此阐述得更为清楚："在社会主义社会中，劳动将和教育相结合，从而保证多方面的技术训练和科学教育的实践基础"[②]。新时代，《意见》中也指出："劳动教育是中国特色社会主义教育制度的重要内容，直接决定社会主义建设者和接班人的劳动精神面貌、劳动价值取向和劳动技能水平。"劳动教育与其他四育互相联系、互相渗透，但又具有其他四育所无法替代的作用和影响。

劳动教育的育人功能具有综合性、整体性和统摄性。但是劳动教育又有其特殊的地位。劳动教育并不仅仅是为了提升学生的道德水平，实际上它同样为智、体、美等其他方面育人提供了更多可能性和实践平台。正如《意见》所说："劳动教育是国民教育体系的重要内容，是学生成长的必要途径，具有树德、增智、强体、育美的综合育人价

---

① 中共中央马克思恩格斯列宁斯大林著作编译局. 马克思恩格斯全集：第十六卷 [M]. 北京：人民出版社，1964：218.

② 中共中央马克思恩格斯列宁斯大林著作编译局. 马克思恩格斯全集：第二十卷 [M]. 北京：人民出版社，1971：347.

值。"苏霍姆林斯基也说过:"手和脑之间有着千丝万缕的联系,手使脑得到发展,使它更明智。脑使手得到发展,使它变成思维的工具和镜子。"所以,劳动教育是培育完整的、发展的人的重要一环。缺失了劳动教育这一环,人才的培育必然会犯宏观的错误。那种认为"劳心者"高人一等、"劳力者"低人一等的陈旧观念仍然存在,将不同的职业进行三六九等的区分,利用自上而下的歧视来建构满足感与成就感;对劳动的轻慢和对普通劳动者的歧视,让那些在平凡的世界里努力工作、认真生活的人们没有得到足够的尊重。在有的人看来,那些自食其力、自力更生的普通劳动者,没有过上体面和有尊严的生活,是不值得羡慕甚至需要被厌弃、鄙薄的。这些观点的存在,其根本原因还是劳动教育的缺失导致他们没有树立起正确的劳动观,而在不正确的劳动观指导下,必然会出现错误的思想和行为。所以,大学教育,必然是通过观察和反思生成自己的结论,然后通过劳动实践去检验结论,只有这样,学生才能在不断发展与完善自身的同时,去发现真理,并享受这个发现的过程和结果。劳动作为身心合一、手脑并用的社会性主体实践,是学生道德培育发展的沃土,智力发育提升的温床,体魄锻铸强壮的双翼,审美熏陶升华的双眸。

(二)新时代高校劳动教育的主要功能

劳动在马克思主义理论体系中占据着极其重要的位置。马克思将劳动视为人的本质不可缺少的一部分。人既通过劳动获得维持生命的物质资料,也通过劳动改造客观世界。正是在人的生产劳动中,"自然界才表现为他的作品和他的现实"。可以更直白地理解为,劳动将人和动物区分开来,人能按照自己的意愿生产所需的产品,而动物只能被动地消费自然的造物。毛泽东说过,世界上的一切坏事,都是从不劳动开始的。所以,劳动是最好的教育,劳动即教育。劳动教育是基础性教育,它可以促进德智体美协同发展。劳动教育做好了,可以更好地实现"以劳树德,以劳启智,以劳健体,以劳育美"的综合效果。

1. 以劳树德

2012年11月,党的十八大明确提出:"要坚持教育优先发展,全面贯彻党的教育方针,坚持教育为社会主义现代化建设服务、为人民服务,把立德树人作为教育的根本任务,培养德智体美全面发展的社会主义建设者和接班人。"2018年5月2日,习近平总书记在北京大学师生座谈会上的重要讲话中指出,大学是立德树人、培养人才的地方,要把立德树人的成效作为检验学校一切工作的根本标准,真正做到以文化人、以德育人,不断提高学生思想水平、政治觉悟、道德品质、文化素养,做到明大德、守公德、严私德。要把立德树人内化到大学建设和管理各领域、各方面、各环节,做到以树人为核心,以立德为根本。立德树人是教育的根本目标。这里的"立德"就是通过各种教育的德育功能,把一定的社会思想观点、政治方向和态度以及道德规范转化为受教育者个体思想品德的教育活动。劳动教育作为教育的重要组成部分,对于提高学生的思想觉悟、促进良好品德形成起着重要作用。

通过劳动教育实践,可以有效地改变学生的认知观念,树立劳动观点,培养热爱劳动和劳动人民的思想感情,让学生在劳动中体会劳动的艰辛和劳动的价值和乐趣,从而学会懂得珍惜劳动成果。勤劳是中华民族的传统美德。《尚书》中就有"功崇惟志,业广惟勤"的古训,"耕读传家"是将生产劳动与教育相结合的典范。随着2020年全面建成小康社会、第一个百年奋斗目标的实现,人民的物质生活水平有了很大的提高。但同时,在丰富物质生活的影响下,有些人逐渐对劳动失去了认知,甚至很多学生不愿意参加劳动,怕苦、怕累、怕脏,甚至还出现了鄙视农民、工人,追求安逸生活,作风散漫,学习怕动脑筋,向往不劳而获等现象。究其根本原因,还在于学生没有形成正确的劳动观念,没有经历正规的劳动教育,进而不能体会劳动的乐趣与劳动成果的珍贵。

通过劳动教育帮助学生夯实职业认同感,培养学生的创造性思维和实际操作能力,弘扬勤于劳动、善于创造的民族文化,使学生在自身层面认识到劳动是个人在社会上实现自身价值的最好体现、是改造社会中个人能力的发挥,不分贵贱,只与社会发展需求紧密相连,从而深化学生为人民服务、为社会贡献的道德情操。通过劳动教育培养学生的集体主义观念,培养团结协作精神,培养热爱科学、热爱学习、热爱钻研的良好品质。劳动实践大都是集体活动,为完成集体任务而共同努力,学生在活动中能够体会到只有团结协助、群策群力才能把事情办好,遇到各种难题更需要发挥集体智慧。

2. 以劳增智

智育,即开发智力的教育,有时也单指文化科学知识的教育。朱光潜在《谈美感教育》中说:"智育叫人研究学问,求知识,寻真理。"毛泽东在《关于正确处理人民内部矛盾的问题》中也说过:"我们的教育方针,应该使受教育者在德育、智育、体育几方面都得到发展,成为有社会主义觉悟的有文化的劳动者。"智育是教育者有计划、有目的、有组织地向学生传授系统的文化科学知识和技能的教育活动。现在我国学校智育的基本任务是:向学生传授系统的现代化科学基础知识和技能,大力提高学生的科学文化水平并培养科学态度,为学生奠定比较完全的知识基础;积极发展学生的智力,尤其是创造性思维能力和培育勇于探索的精神,发展学生多方面的兴趣和才能。而人的智力并不是一种能力,而是一组能力。根据美国心理学家和教育学家霍华德·加德纳的观点,人的智能最初有七种:音乐智能、身体运动智能、数学逻辑智能、语言智能、空间智能、人际智能和自我认知智能。这一理论说明学生未来的发展潜能是多维的,不同学生有不同的特征和不同的发展路径,打破了唯智力论的教学理念。单一的教育方式和教育主题无法满足学生全面发展的需要。而劳动教育作为一种手脑并用的特殊教育形式,在促进学生多元智力发展方面具有重要意义。恩格斯在《劳动在从猿到人转变过程中的作用》中以劳动为研究对象,对从猿到人的智力进化做了对比考察,认为劳动是促进智力发展的成因。因此,劳动教育的智育功能不仅表现在让学生掌握各类劳动知识和技能,还体现在让学生通过劳动场域的体验将习得的知识进行巩固与应用,最终促进个体智力的发展与劳动技术水平的提升。另外,通过劳动还可以促进社会意识和自我意识的形成与发展,而正确的自我意识和社会意识的形成是智力发展的前提。

3. 以劳强体

劳动是人区别于动物的本质性活动。劳动不仅把人与动物区分开来,而且通过劳动更能增强人本身的身体素质。人是社会关系的总和,通过劳动还可以促进人自身的社会化,进而促进人自身的发展。马克思在《资本论》中说:"未来教育对所有已满一定年龄的儿童来说,就是生产劳动同智育和体育相结合,它不仅是提高社会生产的一种方法,而且是造就全面发展的人的唯一方法"。① 劳动创造了社会的物质财富和精神财富，构成了人类的本质特征。体力劳动和脑力劳动是劳动的两种不同形式，但二者之间有很强的通融性。每一个生活在现代社会的人都离不开劳动。从狭义上说，劳动可以强身健体；从广义上说，劳动可以促进人的机体不断地发展和进化，以适应不断变化的自然环境和社会发展的需要。人类劳动分为体力劳动、脑力劳动与生理力劳动三种基本形式。体力劳动、脑力劳动和生理力劳动都可以凝聚一定的信息，因而都可以产生价值增值。其中生理力劳动凝聚的信息通常是以生理信息的形式凝聚于人的机体之中，主要表现为机体健康性、身体灵活性、感官灵敏性、环境适应性、思维创造性等方面的加强，有时也表现为缺陷器官的修复与强化、体液与组织的弥补和替代等。人类最早的信息也是全部来源于生物进化，它是人类生存与发展的前提。因此可以说劳动创造了所有价值，劳动创造了人类本身。

4. 以劳育美

美育是指培养学生认识美、爱好美和创造美的能力的教育，也称美感教育或审美教育，是全面发展教育不可缺少的组成部分。我国学校的美育是为建设社会主义精神文明和培养学生心灵美、行为美服务的。美育对于培养新时代创新人才至关重要，它可以促进学生德、智、体方面的发展；可以提高学生思想，发展学生道德情操；可以丰富学生知识，发展学生智力；可以增进学生的身心健康，提高体育运动的质量；可以鼓舞学生热爱劳动、热爱劳动人民，并进行创造性的劳动。美育的最大优势在于发展人的形象思维，即审美教育就是想象力和创造力形成的过程。人类文明的发展的大量事实也证明美育与创新两者有着不可分割的联系。一个专业人员创造力的大小与他的形象思维能力密切相关。审美修养较高、形象思维较发达的专业人员，通常具有更强的创新意识和创造能力。②

大学生美育是一个系统工程，不仅依靠理论教育，更重要的是要通过实践活动使学生将前一个阶段建立起来的审美观运用到现实生活中。而劳动教育则给实践美育提供了一个很好的平台。劳动教育的实施不仅可以让大学生增强劳动创造美的认识，而且能体验到劳动本身即美，劳动可以创造美，更能激发创造美的欲望，在劳动过程中使学生感知美、领悟美、欣赏美、创造美。

总之，在劳动教育与实践的潜移默化中，学生的道德得以升华、灵魂得以净化、心灵得以滋养、智力得以提高、体魄得以强健、审美得以跃迁，久而久之，就能够源源不断地获得精神的养分和心灵的慰藉与充实，并不断转化为自己的心智肌肉、审美旨趣，强体壮骨，凝神铸魂，进而成为学生追求全面而自由发展的内在驱动力和不竭源泉。

---

① 中共中央马克思恩格斯列宁斯大林著作编译局. 马克思恩格斯全集：第二十六卷 [M]. 北京：人民出版社，2014：340.

② 王晓彤. 高等院校美育课程现状以及对策研究 [J]. 视听，2019 (8): 214–215.

第三章
新时代大学生劳动教育的内容要义

第一节 树立马克思主义劳动观、价值观

马克思、恩格斯立足于人民群众的根本利益，批判性地吸收了前人研究成果的精髓，创立了异化劳动、劳动价值论、劳动解放论等劳动思想理论。其核心是劳动生产与教育相结合，为当前开展劳动教育提供了重要的思想基础。

一、马克思主义劳动观的思想渊源

劳动是一个多维度的概念。从生理学的角度看，劳动是人类生理运动的过程，主要可划分为体力劳动和脑力劳动两种。从哲学角度来看，劳动是一项创造价值的人类活动。马克思主义认为，"劳动是指劳动者通过有形或无形的劳动工具去满足个人主观需要或是对客观物质对象进行改造的一种活动"，同时提出"劳动本身被劳动力使用"的观点。纵观马克思主义理论体系，不难发现，马克思提出的历史唯物主义观点和剩余价值理论都需要马克思主义劳动观作为理论支撑。在马克思和恩格斯看来，从某种程度上说，劳动创造了人本身，而且从其提出的理论学说中也不难发现他们对劳动观的重视。马克思主义劳动观在形成与发展中则继承和发扬了古希腊思想、古典政治经济学思想、德国古典哲学和空想社会主义中的劳动观。因此，了解上述人类思想史上的几大理论学说，更有利于准确把握和理解马克思主义劳动观的思想内涵。

（一）古希腊思想中的劳动观

早在公元前8世纪，古希腊以荷马和赫西俄德为代表的吟游诗人就曾在诗歌中表达对劳动的看法。荷马在《荷马史诗》中，曾借由诸神之王宙斯之口说出："一切呼吸空气、行走在地上的物种中，没有什么比人类更悲惨更肮脏的了。"[①] 从中不难发现其对古希腊神话文明的崇拜，由此也从侧面反映出当时从事劳动的奴隶在社会中的地位之低下。赫西俄德在其著作《工作与时日》中赞美了宁静安逸的日常生活，同时认为劳动是生活的基础，但其在描述日常劳动时所说的是"奴隶在主人的监督下从事劳动"，可见赫西

---

① 荷马. 荷马史诗·伊利亚特［M］. 罗念生，王焕生，译. 北京：人民文学出版社，1994：409.

俄德所表达的劳动明显带有不平等的特征。

另外不得不提到的是古希腊哲学的代表人物柏拉图和亚里士多德。受当时古希腊奴隶社会的影响，当时古希腊人民普遍对劳动存在一种错误观点，轻视甚至鄙视劳动，认为劳动是奴隶、下贱的人为生存而从事的行为，这种观念不仅在普通民众中有所体现，就连当时的哲学家柏拉图也不例外。柏拉图曾在其著作《理想国》中赞美了当时的城邦制度，并将城邦居民划分为三个等级，由高到低分别是国家的领导者、国家的武士和士兵以及农民和工匠。其将国家的领导者誉为"智慧的哲学王"，将国家的武士和士兵誉为"有力量和勇气的人"，将农民和工匠称为最低等公民，并认为农民和工匠应该从事各种各样的劳动，并且接受更高等级的统治。柏拉图认为城邦公民的等级在出生时就被注定，只有城邦内不同等级的人从事适合自己的工作，才可以维持城邦的安定和谐。由此可以发现，柏拉图在潜意识中将第三等级的人看作下等人，极度鄙视从事劳动的人。而这一思想也被他的学生亚里士多德继承。亚里士多德认为城邦制度是古希腊发展史上最伟大、最理想的统治制度，人们在城邦中可以得到最完美的发展。亚里士多德还将对哲学的追求誉为最高地位的人类活动，与此相对的是将生产劳动行为看作最低级的人类活动，是只有奴隶才能从事的工作，这也是亚里士多德对劳动的看法。亚里士多德的观点既体现了古希腊奴隶社会的现实，又表达出其对劳动的鄙视。他在《政治学》中提出"奴隶是一具有生命的工具"这一观点。由此可见，亚里士多德不仅将劳动看作只有奴隶才能从事的最低级的人类活动，而且将从事劳动的奴隶比作"工具"，无论是奴隶自身，抑或其劳作产生的价值都是非常低贱的。

马克思与前代哲学家最大的不同之处就是进一步挖掘了人类社会的本质，认为劳动创造了人自身，创造了人类社会。造成这一差异的根本原因在于社会背景的变化，马克思所处年代正是资本主义蓬勃发展期间，世界工业飞速发展，劳动创造的财富越来越多，劳动工人的规模也愈加庞大。一方面，劳动工人将劳动当作自己的商品进行支配；另一方面，部分劳动者仅有自身的劳动力可以买卖，依靠劳动换取自己所必需的东西。马克思与亚里士多德观点的相同之处在于都认为劳动者仍是社会中的无产阶级，这部分人群依然是社会最底层的存在，仅有依靠劳动能生存。不同之处是马克思赋予劳动更高的哲学意义，认为劳动不是工具性活动，突出了劳动的生产性，也是反映出整个人类社会价值的根本性体现。

（二）古典政治经济学中的劳动观

古典政治经济学主要是指 17 世纪中到 19 世纪初西欧资本主义诞生时期的政治经济学，该时期资本主义的诞生与"重商主义"息息相关。在封建思想的影响下，这一时期的商业资本家重视货币财富的积累和流通，并且强调通过多种贸易手段实现财富积累，例如通过市场上的价格差异赚取财富，通过不平等交易获取财富等。可以说，这一时期重商主义没有透过商业活动看清商品的本质和价值，这也从侧面反映出其对生产劳动的忽视。但由于当时商业资本可雇佣的廉价劳动力较多，再加上经济学思想的落后，商业资本依然通过这种手段积累了不少的财富，这也为后期资本主义的发展提供了必要的经济支撑。而在"重商主义"发展之后，"重农主义"诞生，与重商主义不同，重农主义更加重视生产劳动的过程，并指出生产劳动才是获取财富的源头，也是资本主义发展的有效手段。在今后一段发展时期，重农主义通过有效组织劳动在生产领域取得了较大突破，不仅获取了利润，反过来也扩大了资本市场的规模，进一步推动了资本主义的发展。然而由于重农主义过于看重农业生产中财富的积累，导致资本家们盲目掠夺土地，这也同样限制了资本主义生产规模的进一步扩大。无论是重商主义还是重农主义，本质上都没有抓住资本主义生产方式的本质，但两者的交替和发展则在一定程度上体现了资本主义的发展趋势。在此基础上，以威廉·配第、亚当·斯密和大卫·李嘉图为代表的古典政治经济学家对劳动提出了自己的观点，这也成为这一时期关于劳动的主流思想。威廉·配第将劳动视作最普遍的积累财富的过程，并有意识地通过对生产活动过程中商品价值的分析认可劳动的价值。其认为劳动是一项富有创造性的运动，无论是人类生存发展，还是当今社会经济的发展，都离不开劳动，正是劳动创造了价值，才会有之后的贫富贵贱之分。亚当·斯密则提出"劳动过程就是创造财富"的观点，同时指出"劳动是衡量商品价值的唯一标尺"，认为商品价值的高低取决于劳动量的多少。大卫·李嘉图则继承和发扬了前人的研究成果，充分肯定"劳动决定价值"这一观点，并表示商品的内在价值不会因资本主义的发展而改变。上述观点也都为马克思劳动观的形成和发展提供了充实的依据。

（三）德国古典哲学中的劳动观

德国古典哲学代表人物黑格尔从辩证理性的角度回应了时代对劳动的看法，认为"劳动是填补世界与人之间空白的关键"，同时指出劳动可以满足人类自身的需要，同样也受到一定的限制。黑格尔早期更加关注的是哲学体系的构建，而后随着社会的变革和发展，黑格尔开始思考历史的本质，着重探究人类的价值和出路，并以理性的目光看待问题。在研究西方政治经济学之后，黑格尔开始研究"劳动"的意义，其后期对"劳动"的解读就体现出辩证的思想。他意识到劳动是人类历史社会的外在体现，也是人类社会和历史的创造者。然而黑格尔对劳动的探究脱离了现实生活。正因如此，马克思在黑格尔思想的基础上，取其精华，以辩证思维去看待劳动，并在此基础上提出了劳动异化的概念，认为劳动的价值不容忽视，但正是劳动异化的存在导致劳动的内涵一直被曲解。马克思还认为，劳动异化主要体现在以下四个方面：一是劳动者自身与其劳动生产的商品、价值相异化。如果劳动者创造更多的商品、更高的价值，那么其本身的价值就会降低，劳动者不会因创造价值而变得富有，反而会因资本的剥削变得更加贫困。二是劳动者自身与其劳动行为之间存在异化关系。劳动本身是人类自身发展的一项运动，但反观当下，劳动多是一项被动的运动，劳动者在劳动过程中常常会受到肉体和精神上的摧残、折磨。三是劳动者与人类本质的异化。劳动本是创造人类、创造历史的过程，是人类为自身生存和发展而有目的、有意识开展的一种活动，而在当下逐渐沦落为劳动者生存的一种手段。四是由前三种关系推导而出的人与人之间的异化。正是因为异化劳动的存在，人与人之间的社会关系变得更加复杂，贫富贵贱的差距越来越明显。

（四）空想社会主义者的劳动观

空想社会主义者在提出关于未来社会的设想中就包含了他们对劳动的观点，这成为马克思劳动观的又一个重要理论来源。

1. 早期空想社会主义者的劳动观

早期空想社会主义者托马斯·莫尔在《乌托邦》中指出："假使私有制存在，假使金钱是衡量一切的标准,我以为国事的进行就不可能公正顺利。"他无情地批判了资本主义的原始积累对劳动人民的残害,并认为早期资本主义私有制是建立在对广大贫困劳动群众进行掠夺的基础之上的。

托马斯·康帕内拉在其所著的《太阳城》中将劳动时间分为必要劳动时间和自由劳动时间他认为在"太阳城"里,每个人除了每天必需的四个小时劳动外,"其余的时间都用来愉快地研究各种科学、开座谈会阅读、讲故事、写信、散步以及从事发展脑力和体力的活动"。这些观点后来被马克思所继承和进一步发展。

2. 19世纪空想社会主义者的劳动观

19世纪的空想社会主义者对未来社会提出设想并进行了实验。

圣西门提出科学、有计划地发展经济,每个人的收入与他的才能和贡献成正比,社会中最优秀的实业家和知识分子掌握社会的政治、经济和文化权利的"实业制度"。

傅立叶设想的"和谐制度"是人们可以根据自身的喜好选择不同的劳动,穷人和富人因共同爱好选择相同的劳动,在劳动过程中有共同的利益诉求,可以有效缓解贫富之间的矛盾。

欧文所提出的"新和谐公社"是以"劳动公社"为社会基层组织细胞,人们实行有计划的共同劳动。在公社中,每个人都要参与劳动,财产公有,在劳动产品的分配上,实行按需分配。欧文还对他的理想社会在欧洲和美洲进行了实验。

圣西门、傅里叶、欧文关于劳动思想的学说为马克思劳动观的形成提供了一定的思想来源。正如恩格斯所说:"德国的理论上的社会主义永远不会忘记,它是站在圣西门、傅里叶和欧文这三个人的肩上的。虽然这三个人的学说含有十分虚幻和空想的性质,但他们终究是属于一切时代最伟大的智士之列的,他们天才地预示了我们现在已经科学地证明了其正确性的无数真理。"

由上述分析不难看出,马克思主义劳动观源于对上述思想理论的继承和发扬。在古希腊时期,劳动一直被看作最低贱的活动,柏拉图和亚里士多德都曾指出"劳动是最下等的人所从事的工作",这充分体现出当时社会现实的不公。可以说,在当时,劳动就是为了满足基本生存的最低贱的活动。随着社会生产力的逐步提升,劳动创造财富和推动社会发展的特征愈加明显,在这种社会条件下,马克思逐渐意识到劳动的根本意义,将劳动看作创造人和人类社会的活动,这不仅是对当时资本主义社会劳动内涵的最好诠释,更是对古希腊哲学思维的颠覆和回应。而后在古典政治经济学时期,也正是资本主义高速发展的时代,工业的快速发展不仅使劳动逐渐分离成体力劳动和脑力劳动,同时也将资本主义的剥削性质体现得淋漓尽致。马克思也同样意识到这一点,并在原有的基础上深刻揭示了古典政治经济学家对"劳动"的误解,提出了劳动异化的观点。在德国古典哲学思想的影响下,马克思用辩证的目光看待劳动,充分肯定劳动的价值,提出劳动异化对劳动者的不公,还提出了劳动实践的观点。如果说德国古典哲学和英国古典政治经济学给马克思劳动观的形成提供了理论基础,那么空想社会主义者对未来社会的实验则给马克思劳动观的形成提供了宝贵的实践经验。

马克思的劳动观是运用科学的世界观和方法论对前人的错误观点进行剖析,吸收其理论中合理的一面,在此基础上通过大量研究、探索、实践和反思之后形成的。马克思对劳动的研究观贯穿于马克思主义发展的各个时期和领域。马克思劳动观的形成并不是一蹴而就的，而是一个逐步完善的过程，经过了萌芽、诞生、发展和完善四个阶段。而马克思劳动观的发展历程与马克思历史唯物主义理论的产生以及剩余价值学说产生的过程是基本一致的。正是在劳动观的历史性变革中，马克思才把社会主义学说从空想变成了科学，创立了科学社会主义理论，实现了人类思想史上的革命性变革。

二、马克思主义劳动观的价值内涵

马克思主义劳动观的基本思想主要概括为以下三点：第一，人是劳动创造的。马克思认为劳动是社会活动和生命延续的前提，正是因为劳动，人类才能在大自然环境下生存、发展，满足自身对衣食住行的需求，一旦停止劳动，人类就会走向灭亡。第二，劳动是人类社会所有关系形成和发展的基础。正是因为劳动，人类才会与自然界、与他人缔结复杂而紧密的关系，比如亲戚、朋友、同事、家人和师生等，也正是因为劳动，人类这个的"大家庭"才会愈加稳定、欣欣向荣。第三，劳动是促进社会历史发展的根本驱动力。社会发展需要传承和发扬优秀文化，需要完善社会关系，需要创新生产力，需要与时俱进，而其本质都是人类的劳动。下面从历史唯物主义、政治经济学和教育学原理来解读马克思主义劳动观的价值体现。

（一）劳动观是把握历史唯物主义的钥匙

从历史唯物主义视域来看，劳动观是历史唯物主义建构的逻辑起点。马克思认为人类劳动贯穿于人类发展史中，深入理解劳动观是把握历史唯物主义的钥匙。与此同时，马克思还认为劳动是人类生存至今的关键，正是因为人类劳动才创造了人类社会和文化。在此背景下，马克思提出了自身对劳动的看法：第一，劳动创造世界。马克思认为劳动是构成现实世界的关键性要素，而且不仅仅体现在抽象层面，更直接体现在现实社会中。马克思还提出"劳动是人与动物的重要区别"的观点：动物的生存是出于本能，而人类存在的基本方式则是劳动，劳动作为人类存在的最初的、最基本的条件，其首要的特征就是必须满足人类自身的生存和发展需要。简单来说，古猿亦是通过"劳动"逐步进化为人，当人开始通过劳动逐步生产其生存发展所需的物质和精神资源时，就开始与动物区分开来。在人类劳动过程中，当生存需要被满足后，劳动就会自然而然地成为推动人类继续发展的关键动力，可以说，人类社会中一切有价值的关系都源自劳动。由此可以看出，劳动是有意识、有目的的人类活动，其本质是试图构建更加适合自身生存发展的现实世界。第二，劳动创造历史。马克思认为劳动者创造了人类历史，劳动是构成人类历史不可或缺的重要因素。在人类社会发展过程中，劳动是人类的第一项活动，自始至终，人类衣、食、住、行乃至其他的社会活动都是由"劳动"提供的，也正是由于这些因素的存在，才有了人类的历史长河。恩格斯对此也持相同观点，并指出人们不能忽视一个事实，那就是经济、政治、哲学、宗教活动等必须建立在人类衣、食、住、行活动之上，也就是说，劳动才是一切活动的前提。第三，劳动创造人本身。马克思认为劳动的最伟大之处在于"创造人类自身"。正是人与自然界、他人之间的劳动过程才能够改变人自身所处的生活环境、生活方式及其本身。正因如此，在一定程度上，可以说"劳动创造人本身"。对此，恩格斯也持相同观点，并在《自然辩证法》一书中通过古猿—人的进化过程进一步论证了上述观点。

(二) 劳动观是马克思主义政治经济学理论的基石

从政治经济学语境来看,马克思主义劳动观是政治经济学理论的基石,马克思提出了劳动者是劳动主体、劳动创造价值、按劳分配等一系列政治经济学命题,马克思认为资本主义社会下的劳动带有剥削性质,劳动是衡量价值的唯一标尺,实现社会公平正义的关键是按劳分配。第一,资本主义社会下的劳动带有剥削性质。马克思认为资本主义社会下的雇佣关系就是异化劳动的外在体现。在资本主义社会中,资本家拥有资本,商人拥有土地和资源,而工人阶级除自身外一无所有,仅能通过劳动换取生存机会。资本家通过雇佣劳动剥削工人阶级,从而快速积累财富,这一过程也可以理解为资本家对工人阶级剩余劳动价值的无偿占有,是对劳动者除养活自身外的劳动所创造价值的剥削。第二,劳动是衡量商品价值的唯一标尺。马克思认为人类社会中所有商品都是由劳动创造的,商品的价值也应由劳动来衡量。要生产出一件商品就必须投入一定的劳动,而如果承认某种商品的价值,也相当于承认该商品是人类劳动的体现。第三,实现社会公平正义的关键是按劳分配。马克思认为资本主义社会下的异化劳动极大地侵害了劳动者的权益,不仅会造成社会贫富差距变大,也体现出社会分配制度的不公。为此,马克思提出按劳分配的猜想,指出在社会关系形成和发展过程中,按照劳动者个人提供的劳动量和劳动价值合理分配资源。除此之外,劳动者参与劳动的形式在一定程度上也决定着劳动成果的分配形式。

(三) 劳动观是马克思主义教育学理论的基础

从教育学原理的论述来看,劳动观是马克思主义教育学理论的基础。马克思认为劳动是人的本质,劳动是人全面发展的有效途径,生产劳动与教育相结合。

1. 创立时期马克思主义劳动观的教育学价值

(1) 劳动是人的本质。从唯物主义的角度来看,"人"不仅仅是物理层面的个体,也包括人与自然、他人形成的社会关系的总和。因此,教育人也不仅仅面向"个体",同样也面向以"个体"为基础形成的社会关系。而在上述阐述中得知,社会关系构建的关键要素是"劳动",社会关系并不是独立于个人或是虚拟的关系,而是依托于生产劳动,围绕"人"形成的一种社会关系。马克思认为:对人的教育在研究本质上就是研究人劳动的过程,即研究人如何学会劳动以及通过劳动影响社会关系。恩格斯对其进行总结,并指出人的教育过程就是在其生命周期中不断接受各种生产劳动的过程,劳动既是教育的主要载体,同时也服务于教育,而且这种形式的教育可以有效提高人的劳动能力,促进个人发展。

(2) 劳动是人全面发展的有效途径。马克思和恩格斯结合人类社会历史发展进程中工业的变革发现,集约化、机械化工业发展取代了传统手工业,而在此过程中出现的由社会失业人数剧增造成的就业失业人数比例失衡也会引发一系列社会不稳定问题,其根本原因在于不合理的社会分工,社会教育产生的社会人才及其社会关系不足以支撑社会发展结构,也就是教育无法培养全面发展的人。其中体力劳动侧重于身体运动,而脑力劳动更突出人脑思维和思想运动产生的价值。马克思在考察人类工业历史发展进程时发现,随着工业社会的发展,脑力劳动和体力劳动分工趋势愈加明显,虽然一定程度上代表社会分工的精细化,有利于发展社会工业,但同样也将社会人才资源划分为脑力人才和体力人才两部分，不利于培养全面发展的人才，这不仅容易造成社会矛盾，同时也不利于社会的进步。只有全面提高人的劳动能力才能解决社会不断发展中的工种变化和社会分工精细化带来的问题，进而提高生产效率，加快社会进步和创造出更多的劳动财富。基于此，马克思在劳动观中指出"培养全面发展的人其关键在于劳动能力的全面发展"，并强调在"德、智、体、美"教育中引入生产劳动，摆脱个人发展的片面性，有效提高社会生产效率与质量。

（3）生产劳动与教育相结合。马克思认为教育与劳动息息相关，劳动创造世界，推动社会进步，而教育的根本目的同样在于社会发展和进步。基于此，马克思提出生产劳动与教育相结合的观点，强调在教育过程中培养学生劳动能力，使他们获得运用于各种生产活动中的最简单的工具使用技能。之所以强调这一点，主要基于两方面的理由：一方面生产劳动与教育相结合既适应当下社会发展的主流趋势，也为劳动者提供了更多的受教育的机会，为其发展提供了更多样化的选择。另一方面随着社会主义的兴起，资本主义剥削制度将会被取缔，不仅重新定义了劳动的内涵，同时也正视了劳动的价值，将劳动作为人类生存发展的必要手段，逐渐改善社会上人民对劳动的看法。

综上所述，马克思主义劳动观的价值内涵主要体现在三个维度：一是强调人、社会和世界本质上是由劳动所创造的。二是强调劳动创造价值，突出按劳分配原则是实现社会主义的必要手段。三是强调培养全面发展的人，指出生产劳动与教育相结合是当今社会主义教育的根本原则，这是时代发展和社会进步对人类劳动提出的根本要求。从教育实践的角度来看，教育的根本目的在于培养学习者的劳动能力，促使其形成正确的劳动价值观。马克思曾说过："一旦我们能够为人类幸福而劳动，那么我们将永远存在并照亮下一代前行的路。"可见将劳动观及其价值观教育纳入社会主体教育内容是马克思提出劳动观的根本目的。随着社会的发展，社会关系对生产劳动的要求逐步提高，对教育也提出了更高的要求，当下生产劳动与教育相结合已成为社会进步发展的必要手段和措施。

2. 马克思主义继承者劳动观的教育学价值

（1）苏联劳动观的教育学价值。在马克思、恩格斯的基础上，列宁和斯大林对俄国社会主义革命和社会主义改造、建设时期的劳动关系进行探索，揭示了社会主义条件下劳动的本质和发展规律，从而使马克思主义劳动观有了一个新的发展。列宁和斯大林提出了劳动与教育相结合。列宁说："没有青年一代的教育与生产劳动的结合，未来社会的理想是不能想象的：无论是脱离生产劳动的教育和教育，或是没有同时进行教育和教育的生产劳动，都不能达到现代技术水平和科学知识现状所要求的高度。"这说明，劳动需要与智慧相结合，科学文化知识需要在劳动中得到提高，而科学技术在不断进步，劳动者如果不能掌握最新科学知识，就不能适应生产发展的需要，这样的劳动就会毫无效率和意义。斯大林也提出："一定要把工人阶级文化技术水准提高到这样的高度（提高到工程师、技师水准的基础上），才可打破智力劳动与体力劳动间对立性的基础。"只有这样才可以保证社会必要的高度的劳动生产率和丰富的社会消费品，才可以促进社会主义开始向共产主义过渡。

为了更好地达到生产与劳动相结合，他们都注重从实处落实这个思想。列宁主张在苏维埃国家的学校中，每一个学生不仅要学习科学知识，接受综合的技术教育，还必须担负参加劳动的义务。列宁特别强调要把俄国变成一个富裕的国家，必须教育青年把自己的学习与工农的劳动相结合,走出学校。而斯大林提出无产阶级的大学生要把自己看作劳动群众的一分子,把自己看作社会工作者,要在行为上有所行动,真正符合社会主义工作者的要求。

(2) 中国共产党历代领导人劳动观的教育学价值。中国共产党在发展期间结合我国基本国情,在全面建设社会主义的背景下,继承和发展马克思主义劳动观及其教育价值,并使其上升到一个新的高度。

毛泽东同志曾指出:"党的教育方针是加强与生产劳动的结合,培养德、智、体全面发展的人,以更好地顺应时代发展的需求。"20世纪60年代,毛泽东同志曾提出"五七指示",号召党干部到农村参加生产劳动,一方面提高个人素质,另一方面可以使党干部与劳动人民的关系更加紧密。毛泽东同志认为"只有党干部参加生产劳动,才能更好地认清工作性质,更好地为人民服务,同时与广大劳动群众时刻保持最紧密的关系,可以更好地领导、组织、参与和发展生产事业,提高劳动人民的生活质量,维护社会稳定,推动社会发展"。

邓小平同志进一步丰富了生产劳动与教育相结合的思想,在20世纪70年代的全国教育工作会议上强调,在马克思主义劳动观教育理念的指引下,现代教育的根本目的在于培养符合社会主义建设要求的各方面合格的优秀人才,同时指出新时期党中央和教育工作者应深入理解"生产劳动与教育相结合"的政策方针。当今社会飞速发展,不仅给人民生活提供了极大的便利,同样也对今后教育事业提出了更高的要求。一旦学生接受的教育与未来社会工作岗位不匹配或是劳动能力滞后,势必会影响社会稳定和社会经济的发展。为此,教育应紧紧围绕马克思主义劳动观教育,加强与生产劳动的融合,同时紧密结合学生专业、兴趣等,提高教育的有效性。邓小平同志也曾提出"科学技术是第一生产力"和"科学技术就是生产力、科技人员就是劳动者"的观点,并指出脑力劳动者是广大劳动人民的一分子。新时期要在尊重知识和人才的前提下妥善处理好科技人员的工作条件问题,促使其全心全意为社会贡献自己的力量。

江泽民同志认为,经过多年的实践发展,"象牙塔"教育的弊端已经暴露出来,这种教育难以培养全面发展的人,难以适应当今社会发展需要,在今后的教育工作中,应重视教育与其他领域的融合发展,将其与社会实践、经济和科技等紧密结合在一起,进而提高学生的"劳动能力"。与此同时,江泽民同志还结合国内初、中、高等教育现状提出了教育与生产劳动相结合的建议。第一,全国各地方教育主管部门应结合当地教育条件和现状有针对性地进行战略指导和督查。第二,学校应立足于自身发展,以履行社会责任为主要目的,统筹安排劳动观教育课程,并相应地完善课程标准和考核机制。第三,社会团体的大力支持和有效配合,在学校组织学生进行社会实践或是劳动项目的同时,各种社会团体应给予一定的支持。第四,党中央、地方政委、政府和教育主管部门应统筹协调,统一领导。

胡锦涛同志在2006年第十届中国人民政治协商会议中首次提出"八荣八耻"社会主义荣辱观。其中"以辛勤劳动为荣,以好逸恶劳为耻"这一荣辱观指明当今社会人们都应树立"劳动最光荣"的观念,并强调在青少年思想政治教育中加强劳动观教育,合理渗透"八荣八耻"社会主义荣辱观,使青少年树立积极向上的人生观和价值观,这不仅有利于我国精神文明建设,还能传承我国优秀传统文化和时代精神。与此同时,胡锦涛同志在2012年中国共产党第十八次全国代表大会中再次强调劳动观教育和树立正确劳动观念的重要性，指出劳动者是国家建设、民族进步和社会发展的关键力量，并要求各级政府应在当地积极开展劳动观教育，构建良好的社会风气，形成"人人爱劳动、劳动最光荣"的社会氛围，同时充分肯定劳动者的地位及其素质的重要性，并主张实现体面劳动、和谐劳动。

习近平总书记也曾多次强调劳动在教育中的重要地位，其立足于中国的国情和经济社会发展实际提出的诸多观点不仅丰富了劳动观教育的内涵，也为新时代大学生劳动教育提供了理论指导。2009年，习近平总书记在"五一"国际劳动节讲话中提出"劳动创造世界、奋斗创造伟业"的观点，并多次阐述马克思主义劳动观教育对当下社会进步的重要性。在2013年的全国劳动模范代表座谈会上，习近平总书记也高度赞扬了"劳动"的价值，并指出"劳动是全人类进步发展的基础力量，也是中华民族复兴的关键"。在当今复杂的社会形势下，我国应加强劳动观教育，不仅要提高学生的劳动技能，更要让学生充分意识到"劳动创造价值"和"劳动是教育的一部分"，并在社会上形成良好的社会风气，以加快培养人民群众的劳动能力，进而推动社会的进步。2014年，习近平总书记在全国职业教育工作会议和乌鲁木齐座谈会上都强调了"劳动光荣"这一观点，提倡社会应正确认识劳动，尊重劳动，并在青少年教育中积极引导青少年树立"劳动光荣"的思想，养成热爱劳动的好习惯。在2015年的"五一国际劳动节暨表彰全国劳动模范和先进工作者大会"上，习近平总书记呼吁我国的工人阶级和劳动群众要紧密地团结在党中央周围，勤奋劳动、扎实工作，锐意进取、勇于创造，在实现"两个一百年"奋斗目标的伟大征程上再创新的业绩，以劳动托起中国梦。由此可见，劳动观教育不仅仅是新时代下大学生教育的重要目标，更是建设社会主义、实现民族富强、人民幸福和国家进步的关键环节。与此同时，习近平总书记还提出应重视创新，在理论付诸实践的同时，将创新放在全局发展的核心位置，主张在传统劳动的基础上加强先进技术的融入，完善创新劳动机制，一方面可以提高劳动的价值，另一方面可以通过创新劳动成果提高我国在国际上的综合地位。在此过程中，习近平总书记还强调大学生教育应树立终身学习观念，培养其创新意识和能力，确保其在发展中可以通过劳动不断提高个人能力，成为时代需要的高精尖人才。可以说，新时代的劳动价值观是马克思主义劳动价值论与中华民族传统文化中的"劳动思想"紧密融合的结果。2016年，习近平总书记在青年代表、知识分子和劳动模范座谈会上强调新时代学生劳动观教育应注意以下几点：第一，重视辛勤劳动。古语有云"天道酬勤"，幸福不会平白无故降落在你身旁，美好生活需要依靠劳动创造。当下劳动观教育应加强对学生劳动态度的教育，使之在艰苦奋斗中体验劳动的艰辛，摒弃不劳而获、投机取巧的态度。第二，重视诚实劳动。诚实劳动是人全面发展的基础，它要求劳动者不驰于空想、不骛于虚声，而是诚实地运用自己的全部体力与脑力，不断实现梦想、获得发展。第三，重视创造性劳动。在国际竞争日益激烈的背景下，面对复杂国际形势的必然选择，创新性劳动是推动社会进步和国家事业发展的重要举措。在2018年全国教育大会上，习近平总书记指出拓展学校的育人目标，将劳育正式划为新时代下素质教育的重要工作，同时强调劳育应引导学生树立"劳动光荣、劳动伟大"的劳动观，养成尊重劳动、热爱劳动、珍惜他人劳动成果的好习惯。

综上所述，马克思主义劳动观为我国大学生劳动观教育提供了理论基础，而新时代

的劳动观教育理念也继承和发展了马克思主义劳动观,并彰显出其发展的蕴意和诉求。

三、新时代大学生劳动观内涵的扩展

青年一代是推动国家经济发展和民族进步的重要力量,是国家和民族希望的承担者和践行者,这既是时代赋予大学生的光荣使命,也是历史和社会发展的必然选择。劳动价值观深刻影响着大学生的成长和发展,明确新时代大学生劳动观的内涵对于新时代劳动教育有着重要的意义。

(一)重建社会劳动价值

从马克思主义劳动观到我国和党历代领导人对劳动观的解读,无一不体现出"劳动创造价值"的理念。在原始社会时期,劳动以体力劳动为主,正是捕鱼、打猎等基本的体力劳动才能维持人类的繁衍生息。在农业社会时期,体力劳动呈现多元化发展,谱写了绚烂的人类历史。工业时代,劳动开始划分为体力劳动和脑力劳动,且脑力劳动明显更受重视。互联网时代,脑力劳动重要性凸显,体力劳动愈加不受重视。到了新时代,脑力劳动和体力劳动的平衡才是社会发展的关键。可见,当代大学生劳动教育重构劳动价值的首要任务就是学会尊重体力劳动。马克思主义劳动观强调"劳动创造了人类历史",并指出劳动过程中的劳动文化是时代劳动观的重要体现。吃苦耐劳、团结一致、脚踏实地、敢于创新等都是我国人民劳动过程中形成的优秀劳动文化。帮助大学生继承和发扬优秀的劳动文化也是重构社会劳动价值必不可少的。近年来,在市场经济飞速发展和经济全球化发展背景下,社会上的劳动观愈加背离"踏实肯干、吃苦耐劳"的传统劳动精神。因此,在进行大学生劳动观教育时应保持和发扬本民族的特色,去其糟粕、取其精华,构建适合我国发展的特色社会主义劳动观。

(二)促进劳动个性完善

依据马斯洛需求层次理论可知:当人在满足其基本生存需要的前提下会产生对自我实现和美好生活的需求。这与马克思劳动观的看法相近,劳动不仅仅是人类为满足自身生存条件而进行的一种活动,更是人类为满足各种需要和追求发展而产生的一种有目的的、下意识的活动。劳动成果是劳动价值和劳动美的直观体现。例如我国的万里长城,不仅是古代的防御工事,在古代用于抵御外族的入侵,同时也体现了古人的智慧,是我国著名的国家景观。对于大学生而言,其接受教育的目标不仅仅是传承和发展,还有创造美和展现美。在大学教育中,教师应充分尊重学生的主体地位,帮助其创造美、实现个人价值,以获得成就感和满足感。其中最关键的是在大学生劳动观教育期间应注重"差异化",避免"一刀切"的教育行为,严格遵循因材施教原则,开展分层教学和个性化教学,利用兴趣激励学生,确保劳动教育工作的有效落实,使学生在自己的领域通过劳动创造美,最大限度地挖掘学生的潜力和发挥其价值。而在此期间,大学生劳动所创造的物质财富和精神财富不仅为社会价值的实现贡献了自己的力量,同样也影响着周围的人,使其树立正确的劳动观。

(三)倡导劳动人格提升

21世纪以来,在党和国家领导人对马克思主义劳动观的继承和发扬下,我国劳动观时刻彰显了时代精神和积极的情感态度取向。然而由于生长环境的差异,仍有一部分大

学生存在不正确的劳动观念，轻视体力劳动，甚至轻视他人的劳动成果。为此，在新时代大学生劳动观教育中，教师应尤其注重教导学生树立尊重劳动、崇尚劳动的价值观。

1. 正确认识劳动，尊重劳动

正确认识劳动是当代大学生劳动观教育的根本任务。通过学习马克思主义劳动观和新时代的劳动精神可知，劳动是人类生存发展的基本构成元素，也是创造价值、推动社会发展的唯一途径。随着科技的发展，脑力劳动的重要性愈加凸显，很多人忽视了体力劳动的重要性，轻视体力劳动及其创造的价值。大学生作为我国科教兴国战略的主要执行者，其体力劳动明显少于脑力劳动。其中不乏一部分学生恃才傲物，轻视体力劳动。这样的劳动观不仅不利于培养全面发展的人，还可能会影响社会稳定。大学生应以辩证的眼光看待新时代的劳动，结合马克思主义劳动观和习近平总书记对劳动的阐述，树立正确的劳动观，正确认识劳动，并尊重劳动，珍惜创造的劳动成果。

2. 尊重劳动者的人格

在素质教育背景下，我国教育的根本目的是"立德树人"。其中"德"不仅要求学生能够养成诚实守信、乐于助人、爱党爱国、乐于奉献、爱岗敬业、孝敬父母、尊老爱幼和团结友爱等高尚的品德，更要学会尊重他人、尊重劳动者及其劳动成果。由此可见，劳动观是当下素质教育的主要内容。

习近平总书记曾提出"让劳动者体面劳动、全面发展"的观点，可见，注重劳动者的人格，构建和谐的劳动关系是新时代弘扬和发展劳动观内涵的必要前提。为此，在大学生劳动观教育中，教师应适当融入情感和法治内容，引导大学生在社会上能够自觉正视、尊重他人劳动成果，摒弃"轻视"和"高高在上"的姿态。这样不仅有利于帮助学生树立正确的价值观，同时也能在学校乃至社会范围内营造崇尚劳动的良好氛围。

（四）树德、增智、强体、育美

马克思主义劳动观指出，生产劳动与教育相结合是当下社会主义教育的根本形式，也是时代发展对教育提出的新要求。在2018年的全国教育工作大会上，习近平总书记将"劳育"融入学校教育根本目的中，提出"德智体美劳"五育并行，培养全面发展的人。我国大学生劳动教育应深刻认识新时代劳动观的内涵，辩证地看待劳动的育人价值，实现劳育与德育、智育、体育和美育的有效结合，以深化劳育的价值。

1. 劳育树德

大学生德育教育包括心理、法律、政治、思想和道德等多方面的教育。传统德育教育受多种因素的影响，往往是由教师将德育的理念灌输给学生，学生对德育知识的理解不够深刻，致使德育流于形式。而与劳育结合的德育可以使学生通过劳动实践亲身体会劳动的艰辛和创造劳动成果的幸福感和成就感，继而养成自强不息、吃苦耐劳的优秀道德品质。

2. 劳育增智

智育是指开发学生智力的教育。受古代"劳心者治人，劳力者治于人"观点的影响，社会大众很难理解"劳动"的教育价值，传统思维的影响也不可避免地会导致大学生对"劳动"产生一定误解。但随着现代教育理念的更新和发展，理论与实践相结合已成为当下教育工作的重点内容，其中劳育是实践的有效形式，通过劳育不仅可以辅助开发学生智力，同时也能使学生热爱生活。

3. 劳育强体

"身体是革命的本钱"，正如其所言，健康的身体是人进行一切活动的基础，而劳育与体育锻炼的功能一样，都可以帮助学生强身健体，养成坚韧的品质。

4. 劳育育美

劳动创造价值，劳动也能创造美。通过劳育引导学生创造美、展现美，一方面可以帮助学生获得幸福感和成就感，另一方面也可以培养学生的审美能力。

第二节 重视日常生活劳动教育，树立自立自强意识

劳动教育是素质教育的重要组成部分，是人生发展不可缺少的重要环节。日常生活劳动伴随人的生活与成长，影响人的生存质量，是大学生劳动教育不可忽视的内容。加强日常生活劳动教育，首先要了解日常生活劳动教育的内涵、意义与特征，在理性认识中树立自立自强的劳动意识。其次，要积极参与日常生活劳动实践，在日常生活中养成良好的劳动习惯，提高日常生活劳动操作技能，铸就自立自强的生活劳动本领，形成勤奋劳动、不怕吃苦的良好劳动品质。最后，要向劳模学习，不断提高日常生活劳动的人生价值、社会意义，以劳模为榜样，从身边的小事做起，不负韶华，以劳动追求人生的梦想，为创建美好的社会作出贡献。

一、日常生活劳动教育的内涵及特征

劳动是创造物质财富和精神财富的过程，是人类特有的社会实践活动。马克思认为，劳动是发生在人身上的教育，而教育既承载于劳动，又服务于劳动。从某种意义上看，劳动教育一是能提高人的劳动能力；二是对承载教育功能的劳动者自身具有拓展才能、丰硕精神、完善自身成长的意义。教育学家杜威提出了"教育即生活"的论断。在杜威看来，教育是学生现在的生活过程，而不是将来生活的预备，最好的教育是"从生活中学习""从经验中学习"。劳动是人类生存的基本手段，日常生活劳动教育旨在传授给学生最基本的生活技能。劳动是一切财富、价值的源泉，也是人们日常生活的基本活动。大学生要认真理解日常生活劳动的内涵，树立自立自强的劳动意识，培养劳动情感，体验劳动的艰辛，学会劳动技能，尊重他人的劳动成果，为实现人生梦想奠定良好基础。

（一）日常生活劳动的内涵

一般来说，日常生活劳动是指伴随人的日常生活所发生的劳动。例如生活主体在衣食住行，以及学习、工作、休闲娱乐中所发生的与生活相关的劳动。日常生活劳动具有广义和狭义之分。广义的日常生活劳动泛指一切与人生活相关的劳动，它体现的是人与自然、人与社会，以及人与自身所发生的所有劳动。如服务性劳动、生产劳动和狭义的日常生活劳动等。狭义的日常生活劳动是指发生在生活主体身边的、影响人生活质量的，由生活主体动手动脑解决生活问题、提升生活品质所发生的劳动。如自己动手打扫宿舍卫生，优化住宿环境；自己动手清洗衣物，整理床铺，优化生活质量；自己动手清理课

室的纸屑垃圾，优化学习环境；自己动手学习烹饪、清洗餐具，优化饮食质量等。大学生日常生活劳动教育的内容主要是指狭义的日常生活劳动。

（二）日常生活劳动的教育意义

生活具有日常性，生活具有劳动性，美好的生活由辛勤耕耘的劳动所创造。研究表明，日常生活劳动教育对提高大学生对个人生活事务的处理能力、面对生活琐事所形成的压力的应对能力、生活自理能力，以及培养大学生良好的卫生习惯都具有积极的影响，对大学生树立自立自强的劳动意识具有重要意义。

首先，日常生活劳动教育能提升大学生对生存发展的正确认识。大学生日常生活劳动教育的常态化，主要包括劳动教育目标、劳动教育内容、劳动教育方法以及劳动教育对象的生活化等。通过生活化的劳动教育，一方面寓教育于劳动，另一方面寓劳动于教育，对提升学生参与劳动的积极性、培养学生树立正确的劳动观有重要意义。学校在假期组织的社会实践活动，也是培养学生独立生活能力和共同生活习惯的有效方式。简要地说，在"认识自我、实现自我"的过程中，人需要接受生存方式的培训，开展生活能力的实践，即接受日常生活劳动教育。

其次，日常生活劳动教育能让大学生懂得自己的事自己干，不依赖父母和他人，养成勤俭节约的生活习惯，进而形成较强的生活适应能力。生活琐事虽小，但却是人生不可缺少的内容。中国古代对日常生活劳动极为重视。朱柏庐的《治家格言》在开篇就提出"黎明即起，洒扫庭院"，对后人要求极严。一个人应从小养成自我穿戴、洗洗缝缝、打扫房间、整理床铺等日常生活习惯，在家帮助父母料理家务，在学校做好美化教室、绿化校园等工作，养成勤俭节约的生活习惯，提高生活适应能力。

（三）日常生活劳动的特征

一般来说，特征是事物内在属性的反映，是一事物与它事物之间的显著差别。抓住事物发展的特征，就能准确理解和把握事物发展的过程。与生产劳动、服务性劳动相比，日常生活劳动具有模仿性、自主性和自觉性的特征。

1. 模仿性

模仿是指某个人以某件事情为榜样，学着去做，或以此为鉴再去发扬的一种活动。从"日常生活劳动"这一概念中，我们不难看出，日常生活劳动的最大特点就是"日常"，其次是"生活"。伴随日常生活发生的劳动与人的生活密切相关，且天天发生。模仿是一种行为现象，是人学习继承优良传统、体现生存本能的一种活动。它受先人、长辈和同辈人的影响，在活动过程中发生。日常生活劳动是走进现实生活的一种劳动形式，与其他劳动不同，由于生活条件的差异性，日常生活劳动更易于被人理解，也更具有普遍性，同时由于日常生活劳动发生在每个人的身边，劳动者更易被父母及周边人影响，特别是未成年人，其模仿行为会时时发生。良好的日常生活劳动习惯与技能会促进人的成长，而不良的劳动行为习惯则会造成负面影响。日常生活劳动习惯与技能的获得并不具有很高的技术含量，对大学生而言，养成良好的日常生活劳动习惯、具备基本生活技能就可以了。

2. 自主性

传统劳动教育的最大不足就是强制性。在学生的潜意识里总是隐藏着"要我学"

"要我劳动"等被动性字眼。这种学习或劳动往往伴随着不乐意、不好受，甚至是痛苦的体验。长此以往，学生就会出现排斥学习、抵制劳动的心理现象，在思想上表现为不正确的学习观或劳动观，在行为上表现为懒惰、厌学等。日常生活劳动对生活主体而言，具有一定的隐秘性和必需性，属于大学生本能活动的范畴，而本能活动的最大特征是自主性。可见，自主性是日常生活劳动最基本的特征。在日常生活劳动中，如何处理日常生活琐事，用什么劳动方式处理，依赖于个体的自主性。例如拿快递，由于收到快递时往往伴随着愉悦的情绪体验，为了尽快收到快递以获得这种愉悦体验，学生必然会主动、及时地取快递。其间虽然也可能伴随不愉快的情绪，如要从宿舍步行到快递点等，但不愉快的情绪会随着收到快递时愉悦情绪的产生而全部消散。另外，日常生活劳动不是局限于特定的某一项劳动，而是泛指在日常生活中能够实现人全面发展的、回归于现实生活的劳动项目。在此期间，需要大学生能够积极主动地养成日常生活劳动习惯。

3. 自觉性

日常生活劳动除了模仿性、自主性两大特征外，还具有自觉性特征。自觉性属于心理意识的范畴，是促进自身发展最为直接的动力，它能够促使学生形成积极思维，提高总结规律、概括概念、重构认知的效率与效果。日常生活劳动的自觉性要求生活主体要形成自觉的劳动意识，在模仿、自主的前提下保持自觉性。因为日常生活劳动的发生具有隐秘性，它缺乏外在的监督，且多不为人知，但这种劳动又是必需的。养成自觉处理日常生活劳动的习惯，形成自觉劳动的生活本能，对个体对社会都具有积极的意义。有研究认为，日常生活劳动有利于提升人成长的价值，使生命焕发生机与活力，对促进大学生专业发展、形成奉献社会的价值观都有重要意义。大学生要树立正确的日常生活劳动观，要提高对日常生活劳动习惯培养的兴趣，在教师的指导下认识并体悟到劳动的乐趣，主动投入劳动，提升日常生活劳动教育的效果。

二、大学生日常生活劳动教育的路径

大学生日常生活劳动教育是一项系统工程，要通过统筹推进、精准施策，充分发挥劳动教育在促进大学生成长成才过程中的作用。开展日常生活劳动教育，既要注意与生活、学习、社会实践紧密联系，又不能完全回归生活、学习和社会实践，否则就达不到劳动教育的目的。因此，准确把握生活与教育之间的平衡关系，通过劳动将生活与教育紧密相连就显得十分重要。要达到日常生活劳动教育的良好效果，还需要充分地设计和论证，筛选目标劳动活动，划分出重点劳动活动和非重点劳动活动，并有意加强对学生的引导，从而达到润物细无声的教育目的。

（一）自觉做好宿舍卫生保洁

高校学生宿舍是大学生生活、学习、休息、娱乐、社交的重要场所，是大学生道德品质形成的重要载体，是校园精神文明建设的重要窗口，更是高校德育实践的重要阵地。良好的卫生习惯是大学生个人素质之一，也是一个人自理能力的体现。因此，自觉做好宿舍卫生保洁不仅关系到学校的形象，影响学风、校风建设，也关系到大学生自身形象和身心健康。

1. 大学生宿舍卫生现状及原因分析

近年来，随着社会经济的发展，学生宿舍的条件越来越好，各大高校在宿舍卫生管理上倾注了大量人力、物力和财力，致力于给大学生创造整洁、优美、舒适的生活环境。大多数学生能遵守宿舍规章制度，自我约束，做好宿舍卫生保洁。但仍有部分学生不搞卫生、乱扔垃圾，主要表现在：一是物品随意放置，宿舍杂乱无章。比如洗漱用品、生活用品等不能做到物归原处，床底下鞋子、袜子乱扔等。二是生活垃圾乱扔，宿舍发生卫生危机。宿舍卫生有时无人打扫，垃圾没有人倒，没有定期清理拖地，导致室内冬天臭气熏天，夏天滋生蚊虫，学生到春天则容易患感冒等疾病。三是个人卫生习惯差，影响宿舍整体卫生清洁。比如换下的衣物、鞋袜不及时清洗。

大学生宿舍卫生存在问题的原因：一是习惯养成的缺失。当前大多数学生是独生子女，从小备受宠爱，几乎未曾接触过家务。家长以子女考上大学为终极目标，在家务上则听之任之。有些中学也是重点强调学习，对内务卫生强调得不多，对成绩好的学生更是如此。面临独立的大学生活，大学生在思想上、生活上还不能完全脱离对父母的依赖，缺乏作为一个成年人应该具备的最基本的独立生活能力。当宿舍需要由他们来清扫的时候，他们就不知道该怎么办了。有些学生甚至花钱雇佣钟点工来打扫，不会洗衣服就将多日换下的衣物攒在一块儿让洗衣机来帮忙，地板脏了就当作没看到。这些学生不能吃苦耐劳、没有集体观念是宿舍卫生状况不佳的重要原因之一。

二是卫生健康意识缺乏。部分学生认为大学生的主要精力应放在学习、社团活动、班级和系里各项工作上，着重培养学习能力、社会活动能力，因此不重视自己的日常劳动，不会清洗个人衣物，甚至乱扔垃圾，影响宿舍卫生环境。多数学生认为床和桌子才是属于自己的，其他的东西都是公共的，不属于自己管理、清洁的范围。还有部分学生并没有深刻地认识到生活能力对自己将来立足于社会的影响及重要性，甚至存在"大丈夫处世，当扫除天下，安事一室乎"的思想。

三是团结协作精神缺失。有些学生缺乏团结协作精神与集体荣誉感，没有团体意识。他们在宿舍里不能很好地约束自己的言行，随心所欲，我行我素，做事不考虑对他人、对集体的影响，且不能正确对待同学的善意提醒，在共同维护宿舍卫生方面意识比较薄弱。

2. 大学生自觉做好宿舍卫生保洁的对策

大学生宿舍卫生保洁不仅关系到大学生身心健康发展，还在一定程度上反映了其道德素养、精神品质以及综合能力等。大学生要做好宿舍卫生保洁必须从以下方面着手。

（1）加强思想教育。思想是行为的先导。要改变学生宿舍卫生状况不佳的情况，就必须提高学生的思想认识，要让学生充分认识到打扫卫生的重要性，主动打扫宿舍卫生。

一是在大学生入学之初进行卫生宣传教育，培养学生养成良好的卫生习惯和生活作风。二是通过主题班会、讲座等多样化的形式普及卫生知识，让学生真正认识到宿舍卫生对于自己身心健康的重要性。三是在学生宿舍的每一栋、每一层设立卫生宣传栏，让学生更直观地了解卫生检查要求及相关工作流程，并充分利用广播站、微信公众号、横幅等进行宣传，耐心教育、纠正学生的一些不良卫生行为，根据学生的不同特点和行为表现采取合适的方法，做到因材施教。四是在教学实践中，教师应理性分析宿舍内务卫生管理暴露出的大学生思想问题，适时恰当地引入到课堂上，以情景案例的方式引发学生思考，并要求其得出结论。五是加强培养学生的劳动意识，宣传日常生活劳动的重要性。学生以后走上社会需要通过劳动来生存，要发挥自己的主观能动性，通过积极的表现来获得工作单位赏识，在校就应加强劳动锻炼，端正劳动态度，自觉做好宿舍卫生保洁，养成良好宿舍卫生习惯。

（2）培养个人卫生行为习惯。习惯通常决定成败。良好的行为习惯可助人成功，而不良的行为习惯则可能导致失败。在卫生管理过程中，除了要学生做好宿舍卫生，还要通过各种途径培养学生养成文明的卫生行为习惯。例如，自己的衣物鞋袜一定要入柜，不能随便丢在床上、随意挂在床架子上，更不能随便摆在桌子上；书籍要收拾整齐并放在固定的地方，尽量放进抽屉里；衣服鞋袜要勤换洗，不能总是长时间堆积在一起从而产生异味；垃圾要入桶，不能乱丢乱扔等。只要学生养成了这些良好的卫生行为习惯，就能持久地保持室内整洁，宿舍卫生保洁做起来就更加容易。

[案例3-1]

广州工商学院第三届宿舍文化节圆满结束

"弘扬德学五进风，共创工商文明舍。"2021年5月30日，广州工商学院第三届宿舍文化节在学生活动中心六楼正式拉下帷幕。三水校区管委会主任何国林、学生处处长黄鹏、学生处副处长徐达、保卫处副处长詹建业、宿管科科长伍霞晖，以及学生处教师代表，各系和二级学院的学工负责人、辅导员教师代表、学生代表出席本次宿舍文化节闭幕式。

首先，由学生处处长黄鹏为本次宿舍文化节闭幕式致辞。他传达了邝邦洪院长在院务会上的演讲内容，全院上下要树立全心全意为学生服务的意识，做好各方面工作。他还表示，广州工商学院现在正处于迎接教育部教学合格评估的攻坚时期，希望全院学生能够加强德学修养，大力开展"五进"活动；加强安全教育，养成良好习惯，共同营造宿舍文明氛围。通过一些立德树人的系列活动和服务工作，引导广大学生积极发挥自身优势，勇于战胜自我不足，成为真正的人生强者。

第三届宿舍文化节在学院各系和二级学院的积极配合下，顺利开展了各种各样富有特色的活动。最终，物流系、计算机系、电子系荣获优秀组织奖；美术系、三水校区创培学院荣获最佳创意奖；宿管会、花都校区继教学院荣获突出贡献奖；会计系、计算机系、外语系荣获"我最喜爱的文化节活动"奖。

随后，由出席本次宿舍文化节闭幕式的嘉宾为获得奖项的个人和单位颁奖。何国林主任、黄鹏处长颁发"立志·修身·博学·报国"主题教育活动和"青春如歌·一路有你"新媒体创意大赛奖项；徐达副处长、詹建业副处长颁发第三届宿舍文化节先进集体奖项；黄鹏处长颁发第八届宿管员技能大赛奖项；伍霞晖科长、谢静老师颁发学生宿舍管理委员会优秀学生干部奖项。

宿舍文化节举办的意义在于通过一系列的活动，在加强大学生劳动教育的同时，陶冶大学生情操，将优秀的学院文化思想渗透到宿舍当中，从而促进学院优良学风建设、促进德学修养。"斯是陋室，惟吾德馨"，温馨的学习生活环境需要硬软件的支持，更离不开学生良好的个人生活习惯和对宿舍这个大家庭的细心呵护。

资料来源：广州工商学院学生处。

(3) 制定合理的激励制度。激励是提高大学生参与宿舍卫生保洁积极性和主动性的有效途径。为了强化学生的良好行为，使其养成好的卫生行为习惯，需要制定合理的激励制度。比如对一定时期的检查结果进行统计、评比，实施星级宿舍、文明宿舍评比等制度，对于宿舍卫生状况良好的给予一定精神和物质奖励，对于较差的给予通报批评，建立校级、院级和班级奖惩制度，形成一种竞争氛围。将宿舍卫生与各种评优评先有机结合起来；将学生在宿舍内的表现与综合素质测评、评选优秀、入党、评选文明学生、文明班级等评优挂钩，进而有效调动大学生参与宿舍卫生保洁的积极性和主动性。

[案例3-2]

弘扬爱国新风尚，共创文明广工商
——广州工商学院开展爱国卫生运动宿舍内务检查

为进一步深入贯彻《中共中央 国务院关于进一步加强新时期爱国卫生工作的意见》，认真学习习近平总书记关于深入开展爱国卫生运动的重要指示精神，围绕学院"以德为行，以学为上"教育思想，以"五进"，促"六会"，推动爱国卫生运动活动在学院的展开，师生联动创造优美舒适的校园环境，2020年11月5日16:00，广州工商学院两校区学生处全体人员、各院系辅导员、班主任以及各部门学生干部对学生公寓进行宿舍内务检查。

首先，三水校区检查人员在学生活动中心前集合，花都校区检查人员在办公楼前集合，交代相关事宜后，由各院系辅导员、班主任和学生干部前往各宿舍楼栋开展宿舍内务检查工作。

检查期间，在各院系辅导员、班主任带领下，学生干部严肃认真负责，工作细致到位，做到礼貌敲门后先说明事由，态度友好。同学们态度端正良好，积极配合工作，使得第一阶段活动检查工作得以顺利进行。

在本次活动检查中，大部分学生宿舍内务情况良好，少部分学生宿舍因整理和检查意识不强，导致宿舍内务不达标。具体不足之处有以下方面：部分宿舍在消防通道堆放个人物品与垃圾；宿舍内部堆放杂物、悬挂衣物包包，鞋子摆放不整齐；少部分宿舍有使用违规电器的情况。

广州工商学院爱国卫生运动第一次活动检查阶段在两校区师生的配合下已经圆满结束，通过本阶段活动检查，希望同学们能从自身做起，共同维护宿舍安全，营造良好的校园生活环境，共创温馨和谐宿舍风气，齐力共筑学院宿舍文明。

"优秀是一种习惯，优秀是一种品质。"打扫宿舍卫生，磨炼的是个人吃苦耐劳、精益求精、持之以恒的品质。宿舍内务整理的标准、习惯与态度，会波及学习、工作与生活。让优秀成为学生的一种习惯，让优秀成为学生自己的品质，成为学生做人、做事的人生信条，提升学生自我教育、自我管理、自我服务的能力，促进学生全面健康成才。

（二）积极参加勤工助学活动

勤工助学是指学生在学校的组织下，利用课余时间以及自身的劳动增长才干，在提升综合素质的同时，取得一定的合法报酬，并用于改善学习与生活条件的社会实践活动。

倡导和组织大学生在课余时间通过勤工助学活动获取合法报酬,是贯彻教育与生产劳动相结合、推进素质教育全面实施、加强和改进大学生思想政治教育的重要举措。它不仅仅是为贫困大学生提供解决生活困难的有效途径,更是高校开展德育工作的有效途径。它是学生进行社会实践活动的一种有效形式,对造就和培养大学生全面提升综合素质、成长成才具有极其重要的意义。

1. 勤工助学的育人功能

(1) 教育学生热爱劳动,珍惜劳动成果。当前的大学生大多没有工作的经历,也没有劳动锻炼的机会。尽管有些大学生家庭经济困难,但由于中学阶段的学习压力大,他们实际上也很少有时间真正参加系统的劳动。参加勤工助学,学生能够完整地完成劳动任务和工作,得到劳动锻炼,获得劳动报酬和工作经验,树立正确的劳动观念和劳动习惯,并通过劳动赢得他人的尊重。而没有参加勤工助学的学生,通过身边同学的劳动也会受到感染,受到全校劳动氛围的影响,从而在全体学生中形成尊重劳动、热爱劳动和珍惜劳动成果的观念。

(2) 引导学生勇敢面对困难,培养坚强的信念。家庭经济困难的学生普遍面临比较大的经济压力,虽然可以通过助学贷款解决学费问题,但是很多还面临生活费的压力。参加勤工助学,这些家庭经济困难的学生可以通过自身的努力获得报酬,增强战胜困难的信心,避免产生悲观消极情绪和依赖心理,培养积极向上的人生态度和勇敢面对困难的心态,认识到通过自身的努力获得报酬对自己成长成才的重要意义。当通过自身的努力改变个人困境成为校园风尚,会使在校大学生勇于面对任何困难,使参加勤工助学的学生更加豁达自信,不再心存心理弱势态度。而家庭经济不困难的学生也会在这样的氛围中得到感染,增强面对各种困难的信心。

勤工助学对家庭富裕的大学生同样重要。富裕家庭的大学生具有优越的家庭经济条件,习惯了缺钱就向父母伸手的生活方式,这样的心理会阻碍他们的健康成长。因此也有必要倡导这类大学生通过参加或体验勤工助学等方式体会劳动的艰辛,认识自食其力的重要性。

(3) 培育学生职业素养,更好适应职业需要。在大学期间要培养责任心、团队意识、敬业精神等职业素质。勤工助学岗位大多需要通过协作、分工完成工作任务,特别是在学校内,有管理人员和教师的指导,有同学的监督,对培养学生从小事做起、注重细节、踏实肯干和持之以恒的工作态度等都有很重要的作用。因此,学生可以通过勤工俭学学会做事,学会沟通、合作,形成正确的工作习惯和良好的职业素养。

(4) 促进学生认识社会,树立正确的就业观念。勤工助学可以让学生在校期间直接参加劳动并接触社会。通过接触社会的体验和磨炼,可以培养学生独立地面对问题、解决问题的良好习惯。这些都可以促使学生正确地规划自己的职业生涯,树立脚踏实地、从基层做起、从一线做起的就业观念。家庭富裕的大学生也可通过参加勤工助学体会生活的艰难,更好地面对现实,自觉磨炼自己,树立从小事做起、从基层做起的就业观念。

2. 勤工助学育人存在的问题

一是学生在思想认识上存在误差。目前仍有不少大学生认为勤工助学与学习是互相冲突的,勤工助学仅仅是家庭经济困难学生需要参加的。这一方面是因为学校对于勤工助学活动的参与对象、活动目的及意义的宣传不到位,另一方面是因为学生对于勤工助学的片面认识根深蒂固。

二是对工作岗位及自身能力认识不到位。当前大学所提供的勤工助学岗位大致包括图书整理、实验实训室器材维护、资料整理、办公室助理等岗位，不同的岗位对学生能力的锻炼和要求不同，这就需要大学生在开展勤工助学活动前能正确地分析自我能力和岗位性质。而现实中会发现，有些学生参加每一项勤工助学活动的时间都比较短，对工作岗位性质理解不到位等。

三是主动学习、积极进取意识淡薄。刚刚参加勤工助学活动的低年级学生往往能够保持谦虚好学的特点，在日常工作中态度积极、主动学习，而高年级或是工作了较长时间，对岗位工作有了一定了解后的学生则或多或少地表现出"老油条"的特点：工作不积极，态度不热情，主动性降低，满足于完成工作基本要求，缺少积极进取之心。出现此类问题，一方面与学校勤工助学工作的薪酬福利激励机制不完善和考核体系不健全有关，另一方面与学生自身学习、工作态度不端正有关，需要辅导员、班主任对其加强思想政治教育。

3. 勤工助学育人的对策

勤工助学是解决贫困生经济困难的重要途径，是对他们进行思想政治教育的重要载体，更是为广大学生提供锻炼、实践的舞台。在勤工助学活动中要着力培养大学生热爱劳动的美德、诚实守信的品质和高尚的职业道德等良好素质。

（1）端正思想态度。高校勤工助学岗位较多，大多数人对勤工助学内涵的理解比较片面。一部分学生认为勤工助学仅仅是帮助家庭经济困难的学生，自己不存在这样的困难，所以将参加勤工助学看成一种"没面子"的行为，认为会被别人"瞧不起"，于是从心理上产生抵触情绪。另一部分学生虽然意识到了勤工助学的重要意义，但是处理不好岗位和学习之间的关系，过度追求勤工助学带来的经济利益，而忽视了自己的学习任务。此外，还有一部分学生把"勤工"和"助学"两者之间的关系割裂开来，认为"勤工"容易耽误学习，他们在课余时间充足、学习无负担的情况下也不愿意参加此类活动。殊不知在学习之余从事与本专业学习有密切联系的工作，不仅能够达到调节学习和休息时间的良好效果，还可以不断提高自己的动手实践能力。所以，在实际生活中，学生一方面要从思想上正确认识、看待勤工助学的对象和意义，另一方面要在实践锻炼的过程中学会进行工作总结和反思，要注重树立正确的择业观念、形成良好的职业道德，学会对自己进行符合实际情况的职业生涯规划，最大限度地选择与自己兴趣、能力、生涯规划相关的工作岗位，努力培养未来工作中所需要的能力或素质，从而为将来职业道路的顺利开展提前打好基础。

（2）正确分析自我。学校勤工助学工作岗位性质不同，对勤工助学者的要求也不同。因此，学生在参加勤工助学前要理性地分析自我，有针对性地选择岗位，这样才有利于自身能力的提升。一是要明白自己的性格、特长和能力适合哪一类型的勤工助学，只有正确地分析自我，才能在勤工助学岗位上更好地施展自己的才华，更加出色地完成工作任务。二是要明白自己参加勤工助学岗位的目的是什么，是仅仅为了缓解经济压力，还是为了锻炼自己的能力、增加就业机会等。只有弄清楚这个问题，才能提高对工作岗位认同的满意度。

（3）理性选择岗位。"理性"是指个人寻找有效的方法实现目标的行为，与"感性"

不同。校内勤工助学岗位较多，只有理性选择与自己专业、兴趣、爱好相近的工作岗位才能达到最佳工作状态。在现实中，学生选择勤工助学岗位存在两个问题：一是在申请勤工助学后等待老师分配工作岗位，即使分配到的工作不符合自己的期望也不会与老师进行沟通，而是压抑着内心的不满一味地忍耐；二是在老师分配工作岗位后多次要求更换，对每个岗位都感到不满。任何选择都有多面性，或是目的合理，或是价值合理，要充分认识自我、充分了解岗位职责，只有这样才能做到理性选择适合自己的工作岗位。

（4）注重自我提升。部分学生在经过自我认识和理性分析的基础上，选择勤工助学岗位，很快适应工作。但也有些学生存在一些问题，一方面是自身专业知识不足，另一方面因为工作领域与专业背景不同而感到吃力。大学要求学生注重自我提升，强调主动学习。首先应提高独立自主学习的意识。自主学习是与传统的灌输式、填鸭式学习相对的一种现代学习方式。学习的主体是学生本人，学生自己做主，不受外界干扰，不受他人支配，通过阅读、听讲、研究、自学、实践等途径使个体知识与技能丰富、方法与过程充实、情感与价值升华。思想是行动的先驱，只有从思想意识层面加以重视，才有可能落实到行动中去。其次，通过不断的实践来丰富提高工作所需的知识技能。实践是检验真理的唯一标准，理论的学习也只有运用到实践过程中去才能真正发挥作用。因此，学生应在勤工助学实践活动中，通过不断尝试、锻炼来提升自我。

勤工助学是大学生步入社会之前的实践活动，是对大学生综合能力的锻炼。特别是对家庭经济困难大学生来说，要通过锻炼具备更高的技能水平，以面对生存的困难，提高综合竞争力。古语有云："授之以鱼，不如授之以渔。"传统意义上单纯的经济资助就是"授之以鱼"，学校要转变观念，采取积极的资助形式帮助家庭经济困难学生。

三、在日常生活劳动教育中着力培养自立自强能力

[案例3-3]

洪战辉：负重前行的蜗牛用责任书写大爱

1982年，洪战辉出生在河南省西华县东下镇洪庄村。1994年8月，正上小学五年级的洪战辉突遭家庭变故：父亲突发间歇性精神病，摔死了蹒跚学步的妹妹。同年的腊月二十三，父亲捡回一个刚四个月大的弃婴。这个捡来的妹妹给他们家带来了难得的温馨，但家里的平静并没有维持太久。第二年，无法忍受犯病丈夫毒打的母亲离家出走，13岁的洪战辉开始独自扛起一个支离破碎的家。他一边上学，一边照顾弟弟和年仅1岁的妹妹，还要回家干农活并照顾犯病的父亲。从此，他的世界里失去了本该有的童年与欢乐。

尽管艰难，但洪战辉从未放松对自己的要求。在逆境中，他绝不轻言放弃。学校离家有两三公里，洪战辉每天奔走于家与学校之间。到学校前，他就把妹妹交给大娘照看。放学后，他不仅要准备全家人的饭，还要抱着妹妹向附近的产妇们讨奶吃。磨难没有打倒小战辉，他尽力克服一切困难。

1997年夏，初中毕业的洪战辉考上了河南省重点高中——西华一高，成为东夏镇中学考上这所学校的3个人之一。

但这一喜讯对于这个家庭来说却很沉重。为了上学，洪战辉开始了自己挣钱养家和

负担自己学费的艰难道路。

我们什么都可以失去，就是不能失去自信

这年暑假，洪战辉辗转多地，几经周折，挣了700多元，如愿走进了高中校园。但是学校离家二十多公里，不能每天步行回家，年幼的妹妹无人照看。于是，他开始了漫长的带妹上学路。为了生计，他在校园里捡过废品，卖过圆珠笔芯、鞋垫、袜子、书籍和英语磁带等，只要能挣钱养家，他都尝试。

他相信，"苦难本身不是人生的财富，你战胜了苦难，它就是你的财富；苦难战胜了你，它就是你的屈辱。"后来了解洪战辉家庭情况的同学们纷纷从自己的生活费中拿出一部分，借给洪战辉充当购买书籍的本钱。

洪战辉说他永远记得从周口西华到郑州批发学习资料的经历。一个夏日的清晨，洪战辉从郑州汽车南站下车。因为早上五点之前还没有公交车，坐出租车对他来说是太奢侈的事。他穿着一双旧拖鞋，步行了2个多小时后，终于到了图书城。他的脚被磨烂了，走路一瘸一拐。批发书的老板被他感动了，不仅以低价把书批发给他，还委托自己的朋友把洪战辉送到回西华县的郑州汽车南站。

"只要精神不倒，就没有克服不了的困难，只要脊梁不弯，就没有扛不起的大山！"洪战辉用自信的行动印证这句话。

没有比人更高的山，没有比脚更长的路

为了给父亲看病，正读高二的洪战辉不得不中途辍学。但他始终没有放弃自己的大学梦。其间，他不断地打工挣钱。一年多后，洪战辉在一个老师的帮助下再度走进梦寐以求的校园。但是，2002年，父亲的病情再度恶化，走投无路的洪战辉曾跪求亲邻，却只借到几十元钱。杯水车薪，由于交不起住院费，好几家医院都不肯接收。后来他们找到扶沟县李大庄乡精神病院，医院被洪战辉的孝心感动，同意让他的父亲先住院，然后让洪战辉回家筹钱。医院还答应为他的父亲免除住院费，只收治疗费。这令洪战辉高兴不已。备受感动的洪战辉随即骑自行车赶路将近200公里，回家取住院用的衣物、被褥、暖瓶等。

邻居给了他几个刚蒸好的馒头，此时的洪战辉已经忘记自己将近3天没有吃饭了，他只想快点赶到医院，把馒头留给父亲吃。然而，极度疲惫与饥饿的洪战辉骑车走到半路时突然晕倒，连人带车栽进深沟里。不知过了多久，他醒了，却动弹不了，自行车压住身子，暖瓶的碎片散落在身上，而且眼睛什么也看不到。又过了很久，他慢慢地看到了天上的星星，他意识到自己还活着。他想："如果我死了，谁来照顾我的父亲和妹妹，无论如何，我都必须坚强，一定要站起来。"洪战辉告诉记者："想到这里我没有绝望，反而很开心。"他对自己说："只要活着就有希望，就能改变现状，实现自己的梦想；只要活着，一切问题都不是困难。"他相信"没有比人更高的山，没有比脚更长的路。"

活着是最大的财富，懂得爱是最大的智慧

清醒并爬出深沟的洪战辉从医院回去后在自己的日记里写下这样一句话："活着是最大的财富，懂得爱是最大的智慧。"

艰难困苦没有摧毁洪战辉的意志，他一直坚强而乐观，他的这种精神还感染着身边的同学。高考前夕，洪战辉捡到一个漂亮的绿茶瓶子，不舍得把它当废品卖掉，就仔细地把瓶子洗涮干净，然后装了满满一瓶凉白开水，并送给了和他一起参加高考的一个女

同学。后来，如愿走进大学的女孩儿在同学聚会上第二次喝到了绿茶，但令她纳闷的是这次绿茶的味道怎么和高考考场上喝到的不一样呢？回宿舍后，女孩儿打电话询问洪战辉。洪战辉如实说道："我也没有喝过绿茶，不知道是什么味道。当时我见瓶子好看，还有淡淡的清香，就洗净、消毒后用它装了一瓶白开水给你了。"电话那端的女孩儿已经泪流满面，她被洪战辉的质朴、善良和真诚深深打动。两颗年轻的心越走越近，后来，两个相知的人喜结连理。

要哭一个人哭，要笑大家一起笑

几年的辛苦拼搏得到了回报，2003年9月，洪战辉通过高考成功走进了湖南怀化学院。上课之余，洪战辉最要紧的事就是兼职挣钱。他卖电话卡、做校园代理经销商等。后来，艰苦朴素的洪战辉打工挣学费并向家里寄钱的事被校领导知道了。学校为他组织了捐款，却被他谢绝了。他说："贫穷不是赚取别人同情的资本，重要的是要自己奋斗。"

2006年2月9日，23岁的洪战辉当选"2005年度感动中国人物"，他是其中最年轻的。洪战辉带妹求学、照顾家庭的事迹被竞相报道后，很多热心人为他捐款。他按照汇款单的地址一一退回，没有地址而无法退掉的钱则交给了湖南怀化学院。后来，洪战辉和学校商量用这些捐款设立一项基金。

他拿出了湖南人民出版社给予他的20万元版税，加上母校怀化学院捐助的10万元、企业和个人的捐款及社会各界捐给他而无法退回的款项，合起来大约50万元，设立了"洪战辉教育助学责任基金"。该基金于2006年4月22日正式启动，基金捐助的对象主要是有理想、有抱负，希望通过拼搏改变命运的贫困高中生。该基金呼吁受助的学生在有能力偿还的时候要将受助的资金归还给基金，希望以这种道义上的约束来培养贫困学生的责任感，并形成一种良性循环，从而帮助更多的人。该基金以每人2 000元的标准已经资助了300人左右。2008年，洪战辉又用募集的64万元资助了320名高中贫困学生。

洪战辉的大爱与责任不仅给予素不相识的困难学生，还有伤害过他的人。

他上高中时，因为卖书影响了其他书店的生意，一个书店老板心中生恨，把他打得几乎左眼失明。洪战辉读大学以后，听说那个曾经打他的书店老板得了败血症，还在为自己的学费奔波的洪战辉马上托同学送去30元钱。

成名后的洪战辉应邀做了很多报告。他常说："我不愿意回忆过去，不希望一次次揭开我的伤疤，更不想让你们听了我的经历后一个个泪流满面。我希望你们能从别人苦难的故事里得到启发，有所收获，找到自己努力的方向。""要哭一个人哭，要笑大家一起笑。"这是洪战辉常说的一句话。风雨兼程中的洪战辉总是把苦难留给自己，用阳光去照亮别人的心灵。他用自立、自信、自强、责任、坚守与无私谱写了一曲壮丽的生命赞歌！

自立自强能力是大学生自身可持续发展的需要，是新时代国家和民族发展进步的需要。正如《中共中央关于深化文化体制改革　推动社会主义大繁荣若干重大问题的决定》中指出的："优秀传统文化凝聚着中华民族自强不息的精神追求和历久弥新的精神财富，是发展社会主义先进文化的深厚基础，是建设中华民族共有精神家园的重要支撑。正是这种自信、自强不息的民族精神使中华民族屹立于世界之林，使中华文明不断在世界传播。青年大学生的自立自强关系着未来民族精神的状态，在日常生活劳动中加强大学生自立自强能力的培养，必须结合大学生的心理和生理特点，与日常生活相结合，采取适合学生的方式进行培养。

(一) 自立自强能力培养的内涵

所谓自立自强能力，就是指学生独立思考的能力、在集体生活中的活动能力、在学生团体中的领导能力、在公众场合中的表达能力、解决实际问题的能力以及动手能力。从哲学的角度，自立自强往往被当作一种价值、一种积极的处事态度和行为。可以从以下两个方面理解：一方面，自立自强是个体在自我发展的过程中，逐渐摆脱自己过去所依赖的人或环境，形成内在的精神气质，从而自己行动、自己做主、自己判断，对自己的承诺和行为负责任，并与环境或他人保持协调一致。另一方面，已形成的自立自强意识又具有动力性，成为自我动机，推动自我的发展。我们不仅要有承受人生逆境的勇气、蓬勃向上的精神、料理自己生活的能力，更应该发挥自身的能动性和创造性。

(二) 在日常生活劳动中如何培养自立自强能力

自立自强能力是人生必须具备的一种能力。新时代大学生处于思想观念开放、自我意识、参与和发展意识、选择和判断意识混杂的世界。一个没有自我意识、不会独立思考、不会选择创造的人，将难以在当代社会生存和发展。所以在日常生活劳动中培养大学生自强自立能力对于大学生完善个体人格、促进个体与社会发展具有重要意义。

1. 加强日常生活劳动教育，形成自立自强意识

要使大学生形成自立自强意识，学校可结合自身的实际情况从日常管理教育入手，通过经常化、标准化、规范化的日常生活劳动教育，使学生养成良好的个人劳动习惯，增强学生的自立自强意识。习近平总书记谆谆告诫，全社会都要树立劳动最光荣、劳动最崇高、劳动最伟大、劳动最美丽的观念，使辛勤劳动、诚实劳动、创造性劳动蔚然成风。要实现这种劳动最光荣、劳动最崇高、劳动最伟大、劳动最美丽的观念，首先就要强化劳动者的自我教育意识，即树立正确的日常劳动观念。例如学校要让学生养成物品摆放有序、垃圾杂物常清理、清洁打扫勤维护的良好劳动习惯，培养学生从点滴的日常生活劳动中收获好的习惯。自强自立的精神品格也在日常生活劳动中潜移默化地形成。

2. 拓展日常生活劳动的实践平台，培育自立自强素养

日常生活劳动实践是学生增长知识、发展才能的主要手段，也是检验学生掌握知识的多少和能力高低的一种实际方法。目前的大学生普遍表现为动手能力差，对理论和实践问题认识片面，有重理论、轻实践的倾向，常常眼高手低，实际能力不足。这在思想层次上主要表现为缺乏主动地克服困难、战胜困难的意志和信心，缺乏自强自立精神。学校应该根据各专业和大学生的特点，建立实践教学基地，可以结合学生就业实习加强与用人单位的联系和沟通，建立平台让学生将所学专业知识与日常劳动实践相结合，提高学生的知识转化能力。

3. 组织多样化日常劳动实践，提升自立自强能力

劳动教育的最终落脚点必须回到劳动实践中去。因为大学生劳动教育的根本目的在于帮助学生树立正确的劳动观，养成吃苦耐劳、艰苦奋斗、坚忍不拔的劳动精神和具备能够满足社会发展需要的劳动技能。正如"实践是检验真理的唯一标准"一样，劳动实践是树立新时代正确劳动观念、培养劳动能力的必要手段。为此，大学生应在日常生活中主动深入劳动实践。例如，结合自身实际情况主动参与到宿舍卫生打扫中，既可以提

高自身的自理能力，又能从中感受劳动的意义。还可以在校园内积极参加勤工助学工作，例如在学校餐厅当收银员、打扫图书馆或是辅助教师整理资料等，逐渐培养自身吃苦耐劳的优秀品质。还可以与综合实践课程相结合，目前大学生的教育环境大多处于城市，劳动实践机会较少。为此，学校可以结合地域文化和专业特色开辟综合劳动实践基地，由指导教师带领学生进行农业耕作，学生分组记录农业植物生长过程。这种与实践课程相结合的日常劳动方式既能体现出理论与实践的结合，又能锻炼学生劳动技能，使学生亲身感受劳动者的艰辛，进而学会尊重劳动者及其劳动成果。学校应通过多样化、实践性的教学，让学生有意识地主动参与劳动、理解劳动、投身劳动和热爱劳动，培养良好的劳动习惯。

学生还可以在周末和节假日等时间积极参与社会实践。例如春节、父亲节、母亲节等节假日期间，学校鼓励学生用自身劳动及其成果为家人过节，通过劳动去亲身体验父母和家人劳动的不易，进而加深对劳动的理解和体验劳动的意义。还可以与生态文明相结合，大学生应主动承担新时期社会主义文明城市建设的责任，将日常劳动与城市文明建设中力所能及的工作相结合。例如在周末和课后时间主动帮助城市环卫工人进行垃圾分类等。

大学生自立自强能力的培养是素质教育和环境教育相互作用的结果，而这种相互作用是通过大学生的日常劳动实践来实现的，大学生可以在日常劳动实践中不断巩固、掌握和发展自身的自立自强能力。我国古代唯物主义哲学家王充曾提出"施用累能"的思想，就是说能力是在使用中积累的。大学生在社会实践活动中锻炼了自立自强能力，在日常劳动实践中不断提高自立自强能力。他们通过与社会亲身接触和实际体验来增加对社会的认识，培养独立思考问题和分析问题的能力，增强社会适应能力和解决实际问题的能力，逐步形成良好的自立自强品质。

日常生活劳动实践教育不仅可以提高学生的生存技能，使学生在社会上独自立足，更加自信、自立、自强，更加具有责任感，同时也能从日常生活劳动中体会父母等劳动者的艰辛和不易，从而树立正确的劳动观，能够尊重劳动者及其成果；可以磨炼学生的意志，培养学生吃苦耐劳、艰苦朴素、自力更生、不怕困难、勇往直前的劳动精神，进而逐渐培养自立自强能力。

（三）弘扬劳模精神，培养自立自强能力

劳动模范精神是新时代马克思主义劳动观的继承和升华。劳动模范精神不仅为新中国建设提供了重要的思想基础，同样也为"中国梦"的实现提供了重要的精神力量。中国共产党历代领导人都高度重视劳动模范精神的培养。例如胡锦涛同志提出的"以辛勤劳动为荣"，进一步发展和深化了劳动模范精神。习近平总书记曾多次表示"劳模精神是我国社会主义现代化建设的重要精神力量"和"劳模精神是我国特色社会主义核心价值观落实的重要媒介"。为此，在大学教育阶段，培养学生学习劳动模范精神不仅可以深化大学生劳动教育的成果，也可以实现新时代大学生劳动观教育。与传统的大学生思想政治教育不同，劳动模范以其贴近生活的、真实发生的劳动者言行将大学生从"劳动观教育""劳模精神"的相关概念和理论学习中解脱出来，以具体的亲身经历启发学生感悟劳模精神的内涵，同时也潜移默化地影响着大学生在日常生活中主动模仿劳动模范的言行，深化大学劳动观教育效果。

1. 劳动模范精神的本质

要弘扬劳动模范精神，就必须先从理论上弄清楚劳动模范精神的本质。从本质上讲，劳动模范精神是意识形态的范畴，也就是上层建筑的范畴。根据马克思关于经济基础和上层建筑关系理论可知，与经济基础相适应的上层建筑都应该得到拥护和弘扬。而劳动模范精神是积极的优秀的意识形态，是和我们当下经济基础相适应的意识形态。正如习近平总书记在讲话中指出："劳动模范和先进工作者是坚持中国道路、弘扬中国精神、凝聚中国力量的楷模，他们以高度的主人翁责任感、卓越的劳动创造、忘我的拼搏奉献，为全国各族人民树立了学习的榜样。'爱岗敬业、争创一流，艰苦奋斗、勇于创新，淡泊名利、甘于奉献'的劳模精神，生动诠释了社会主义核心价值观，是我们的宝贵精神财富和强大精神力量。"① 习近平总书记的讲话肯定了劳动模范精神的重要地位，强调了劳动模范精神在新时代的重要价值。

2. 如何在大学生中弘扬劳动模范精神

弘扬一种精神，其本质就是让目标群体发自内心地去认识、理解、认同，最终把其纳入到自己的价值体系中，并指导自己的实践活动。

一是把劳动模范精神融入大学生日常教育中。利用多种载体和形式宣讲劳动模范精神，定期邀请教学名师和杰出校友与青年学生座谈，讲述他们的求学经历和一路走过来的心路历程，引导大学生深刻理解劳动模范精神，深入体会劳动模范在日常生活中劳动及其劳动成果的伟大，理解他们从一点一滴的小事中传承和发扬光荣的劳动精神，学习他们艰苦奋斗、不辞劳苦、精益求精、勤勤恳恳、勤于劳作、敢于担当、勇敢诚信的优秀品德，努力向他们靠拢，弘扬道德风尚，涵养服务奉献情怀，不断提升自己的个人魅力和人格。

[案例3-4]

新中国十大劳模：袁隆平

袁隆平，一个属于中国，也属于世界的名字。他发起的"第二次绿色革命"，给整个人类带来了福音。

从20世纪60年代开始，他致力于杂交水稻的研究，经过12年的努力，成功培育出了"三系杂交稻"。1976至1987年间，他培育的杂交水稻种植面积累计达到11亿亩，增产稻谷1 000亿公斤。1979年，杂交水稻作为我国第一个农业技术专利转让美国。此后，他又研制出一批比现有三系杂交水稻增产5%~10%的两系品种间杂交组合。

如今，我国大江南北的农田普遍种上了袁隆平研制的杂交水稻。杂交水稻的大面积推广应用，为我国粮食增产发挥了重要作用。袁隆平的杂交水稻引起了世界的关注，许多国家的专家到中国来取经，印度、越南等20多个国家和地区还引种了杂交水稻。袁隆平的努力，也为解决世界粮食短缺问题做出了贡献。为此，我国政府授予袁隆平"全国先进科技工作者""全国劳动模范""全国先进工作者"等光荣称号。联合国世界知识产权组织授予

---

① 习近平. 在庆祝"五一"国际劳动节暨表彰全国劳动模范和先进工作者大会上的讲话[N]. 人民日报，2015-04-29（1）.

他金质奖章和"杰出的发明家"荣誉称号。国际同行称他为"杂交水稻之父"。

二是大学生在就业择业的过程中要树立正确的劳动观念和劳动态度。以劳动模范精神为价值引领，制订合理的职业规划，把握发展定位，切勿自我定位过高、盲目攀比，自觉摒弃功利化和世俗化的就业目的，转变为个人谋私利的劳动价值追求，弘扬劳动模范精神，涵养施惠于民的劳动情怀和无私奉献的家国情怀，努力提升自己的道德修养水平。

"历史承认那些为共同目标劳动因而自己变得高尚的人，经验赞美那些为大多数人带来幸福的人是最幸福的人。"中国特色社会主义伟大事业需要依靠一代又一代中国人的辛勤劳动、接续奋斗来实现。青年一代有理想、有本领、有担当，国家就有前途，民族就有希望。青年一代应进一步弘扬劳动模范精神。我们要用劳模的先进事迹和优秀品质感召青年大学生勤奋做事、勤勉做人，激励青年大学生以敢闯敢试的勇气、激荡自我的智慧、舍我其谁的担当，勇做新时代的见证者、开创者、建设者，以饱满的奋斗热情、昂扬的拼搏斗志，争做新时代的奋斗者。

大学生的日常生活劳动教育就是要引导学生通过劳动实践形成自立自强的精神品质和价值取向，形成通过日常生活劳动服务社会、实现人生价值的基本能力，形成锲而不舍、不懈奋斗、自强不息的坚强意志，用坚实的担当、平凡而富有创造力的辛勤劳动托起中国梦。

第三节 强化服务性劳动教育，培育爱国爱民情怀

当今世界，综合国力的竞争归根到底是人才的竞争、劳动者素质的竞争。《中共中央国务院关于全面加强新时代大中小学劳动教育的意见》（以下简称《意见》）提出，要围绕培养担当民族复兴大任的时代新人开展劳动教育。从国家人才战略层面的高度，文件明确强调要"根据教育目标，针对不同学段、类型学生特点，以日常生活劳动、生产劳动和服务性劳动为主要内容开展劳动教育。结合产业新业态、劳动新形态，注重选择新型服务性劳动的内容"。

劳动教育是发挥劳动的育人功能，对学生进行热爱劳动、热爱劳动人民的教育活动。它包括日常生活劳动、生产劳动和服务性劳动。它对培养学生的健全人格、发展学生的核心素养、促进学生的全面发展、实现教育的最终目的，有着极为重要的意义。合适的劳动教育能够让学生理解劳动的真正意义，促进其劳动创造，并形成良好的劳动习惯。从广义上讲，劳动是人类认识世界、改造世界的各种活动的总和。在这里主要是指学校组织的让学生了解社会和服务社会的教育活动，或参观、访问，或劳动体验等，旨在培养学生的创新精神和实践能力，是实施素质教育的一种良好途径，是提升学生综合素质的一种载体。两者的重点都指向教育活动追求的素养目标，且社会实践活动在一定程度上承载了劳动教育的使命与价值。学校在组织社会实践活动的同时，可以基于劳动教育的使命与价值，在完成社会实践活动自身德育目标的同时，促成劳动教育价值的实现。劳动教育是社会主义教育的重要内容，也是学生成长的重要途径。劳动教育的总体目标是为了体会劳动创造的美好生活，具备生存发展需要的基本劳动能力，培养奉献的劳

精神，形成良好的劳动习惯。①

一、服务性劳动教育的内涵及特征

（一）服务性劳动教育的内涵

考虑到劳动教育内容的针对性和可行性，《意见》将非生产劳动教育分为日常生活劳动教育和服务性劳动教育。前者注重在学生个人生活自理中强化劳动自立意识，体验持家之道，这也是学生健康发展、适应社会生活的重要基础；后者具有较强的时代特点，注重利用知识、技能、工具、设备等为他人和社会提供服务，特别是在公益劳动、志愿服务中强化社会责任，培养良好的社会公德。生产劳动教育与这两类非生产劳动教育的教育内容不同，各学段可以有所侧重，但从总体上看，三者都很重要，不能偏废。

马克思对现实的人的本质做了以下阐述："人的本质不是单个人所固有的抽象物，在其现实性上，它是一切社会关系的总和。"马克思认为，人无法脱离社会关系而得到自我解放和自身发展。人都是社会中的人，不可避免地会与周围人形成联系，在交往过程中互相成就、共同发展，并营造出和谐的社会环境。和谐稳定的社会环境是国家持续发展的稳定器和重要基础。改革是动力，发展是目的，稳定是前提。基于服务性劳动的劳动教育"具有较强的时代特点，注重利用知识、技能、工具、设备等为他人和社会提供服务，特别是在公益劳动、志愿服务中强化社会责任，培养良好的社会公德"。

服务性劳动教育融入大学学习生涯规划全过程，建构大学生核心能力体系，让学生利用知识、技能等为他人和社会提供服务，在服务性岗位上见习实习，树立服务意识，实践服务技能；在公益劳动、志愿服务中强化社会责任感；实现学业与职业的无缝对接，实现"人职匹配"，达成劳动品德塑造、劳动情怀培育、职业素养提升的目的。

（二）服务性劳动教育的目标

在服务性劳动中进行教育，让学生利用知识、技能、工具、设备等为他人或社会提供服务，包括在现代服务性岗位上见习实习，提升服务本领；在公益劳动、志愿服务中强化社会责任感，培育良好的社会公德。

1. 形成正确的服务性劳动观念和态度

习近平总书记高度重视劳动教育，他指出："人世间的美好梦想，只有通过诚实劳动才能实现；发展中的各种难题，只有通过诚实劳动才能破解；生命里的一切辉煌，只有通过诚实劳动才能铸就。"劳动教育面临着一个如何认识劳动、看待劳动（者）的问题，与此密切相关的是想不想劳动，尤其是想不想从事服务性劳动的问题。服务性劳动教育应从"全心全意为人民服务"，认识富强来自劳动、美好生活靠自己去创造的道理开始，进而激发服务性劳动意愿，最终能够尊重劳动、崇尚劳动，弘扬劳动精神。

2. 积累服务性劳动的经验和智慧

人的劳动经验一般是建立在游戏经验的基础之上，不再满足于本能驱使获得某些乐趣，而是要基于现实目的获得能够满足生活需要的物品、作品等。在这一过程中，劳动者不仅有预先的谋划，而是在行动中观察思考，不断从错误中学习，通过制造和使用工

---

① 劳动年龄人口平均受教育年限提高到 11.3 年 为建设现代化国家提供人才支撑 [N]. 人民日报，2021 - 06 - 15.

具，不断改进劳作过程，积累经验，生成智慧。"经验是最好的老师。"经验的传承是劳动教育的重要内容。有的经验可能说得清、道得明，有的经验却与此相反，可以体验到、领悟到，却难以言传、难以复制，那就是智慧。那些能够说得清、道得明，可以转化为流程、方法、工具及其他物质装置，帮助人们实现某种目的的手段就是技术。在现代社会，劳动的技术含量越来越高，不懂技术可能寸步难行，技术成了劳动教育的主要内容。但是，从长远看，能够复制的技术终将由机器操作，由人工智能操作。普通中小学劳动教育以技术为载体，不应囿于技术的学习和工具的使用。

3. 养成服务性劳动的习惯与品质

尽管当下不少劳动岗位已经或正在被人工智能取代，但是那些抽象劳动，如专业、技术或管理，需要问题解决能力、直觉创造力、说服力的任务，以及大量的个性化劳动，需要环境适应性、视觉互动、情感交流能力的任务（两者通常处于岗位技能的两端），则很难被取代。技术与劳动者之间不只是相互替代，更重要的是互补关系。人工智能在替代部分人劳作的同时，也会创造许多新的岗位、新的机会。无论处在什么样的时代，每个人都必须养成随时随地、自始至终、坚持不懈地劳动的习惯，以及严谨认真、专注耐心、持正守度、精益求精的劳动品质。这也就是我们通常所说的工匠精神。

(三) 服务性劳动教育的特征

1. 服务性劳动教育具有较强的时代特点

服务性劳动注重利用知识、技能、工具、设备等为他人和社会提供服务，特别是在公益劳动、志愿服务中强化社会责任，培养良好的社会公德。例如：强调高等学校"注重培育公共服务意识，使学生具有面对重大疫情、灾害等危机主动作为的奉献精神"。尤其在新冠肺炎疫情这一巨大公共应急事件发生后，疫情全面考验着国家的生态治理能力和水平，也重新把生态文明价值观和生态道德的培养上升到国家发展的根本大计上来。服务性劳动教育是大学生生态道德培养的重要手段，通过丰富多样的劳动教育载体，既能让大学生真真切切地参与劳动，又能帮助大学生在劳动中了解自然生态规律，从实践中深刻体会"青山绿水、资源利用、污染防治、绿色发展"的重要意义。劳动实践可以锻炼大学生的生存能力，强化大学生的独立能力，使其从劳动实践中感知社会责任，增强生态文明公德，进一步推进大学生绿色生态道德建设，为美丽中国培育未来的建设者。

2. 服务性劳动教育重点是在系统的文化知识学习之外

高校应有目的、有计划地组织学生参加服务性劳动，让学生动手实践、出力流汗，接受锻炼、磨炼意志，培养学生正确劳动价值观和良好劳动品质。劳动教育一方面强调的是劳动技能的学习。随着农业化和工业化水平的提高，人们需要的基本劳动量逐渐减少，大学生对于劳动知识的掌握也相对匮乏，成为"四体不勤，五谷不分"的某种代名词，外卖、网购和追剧则成为大学生不可缺少的日常组成部分。另一方面强调的是劳动意识的培养，以身躯为载体，通过身体感觉、知觉的合作探究提升身体素质，形成良好的劳动习惯。

3. 服务性劳动教育可与其他教育形成育人合力

在应用型高校，服务性劳动可与思想政治教育相结合，与专业教育相结合，与实习实训相结合，与社会实践和志愿服务相结合，与创新创业教育相结合，与产教融合相结合，与职业生涯教育及就业指导相结合，与校园文化相结合。通过服务性劳动教育撬动"杠杆"，联动各学科、各课程的德育元素，促进各课程与思政教育同向而行、协同育人。将不同学科中的相关知识进行串联,以便使学生自主建立知识间的关联,并在劳动课程中实现学科知识与生活实践的融通,在服务性劳动的内容中涉及一些重要主题,如自然资源、健康生活、生命观、媒体信息、集体生活、冲突与和谐、民主和人权、性别和种族、多元文化融合等。

(四) 服务性劳动教育的方法与路径

1. 服务性劳动教育的方法

探索服务性劳动教育的方法是尤为重要的。要通过不断探索与创新,切实提高服务性劳动教育的实效性,强化大学生的思想水平和综合素质,从而为社会提供更多的优秀人才。

基于政产学研用合作的理念开展的服务性劳动教育涉及社会方方面面。一是政府机构、工会、共青团、妇联等群团组织以及公益基金会、社会福利组织要组织动员相关力量,搭建多样化劳动实践平台,注重引导学生参加公益劳动、志愿服务;二是企业公司、工厂农场等要履行社会责任,开放实践场所,特别是鼓励高新企业为学生体验现代科技条件下劳动实践新形态、新方式提供支持;三是宣传部门要鼓励和支持创作更多以歌颂普通劳动者为主题的优秀作品,广泛宣传辛勤劳动、诚实劳动和创造性劳动的典型人物和事迹。

每学年设立劳动周,由学校统筹组织,各学院和学生组织自主安排,以集体劳动为主。组织者可以选择合适的机会,让学生参与服务性劳动实践活动,分享其他劳动者创造的劳动成果,使学生真正体验劳动价值,端正对劳动价值意义的认识,并形成正确的劳动价值观。创新劳动教育方式方法,采取与劳动教育有关的兴趣小组、社团等组织形式,开展丰富的劳动主题教育活动。

2. 服务性劳动教育的路径

一是拓展劳动实践场所。安排一批土地、山林、草场等作为学农实践基地,确认一批企业作为学工实践基地,认定一批城乡社区、福利院、医院、博物馆、科技馆、图书馆等事业单位、社会机构、公共场所作为服务性劳动基地。优化综合性教育基地布局,加快建设校内劳动教育场所和校外劳动教育实践基地,逐步建好配齐劳动实践教室、实训基地。

二是制订服务性劳动清单。强化服务性劳动,一是结合"三支一扶"、大学生志愿服务西部计划、"青年红色筑梦之旅"、"三下乡"等社会实践活动开展服务性劳动。二是自觉参与教室、食堂、校园场所的卫生保洁、绿化美化和管理服务等,参加校园环境卫生、绿化美化、食堂劳作、班务整理、公物维修、厕所清洁、勤工俭学等劳动。家长要注重言传身教,弘扬优良家风,培养孩子生活自理意识和能力,引导和鼓励孩子主动承担家务劳动,每年要求孩子学会 1~2 项生活技能,通过完成生活中力所能及的小事,学习生命活动得以进行的必备劳动知识,掌握生存必备的基础技能。如通过在家中整理物品和打扫房间可以营造一个井井有条的生活氛围和舒适的生活环境,通过绿植栽培和照顾宠物可以学会照顾他人和尊重生命。同时,在劳动中可以使学生从乏味的学习生活中暂时脱离出来,达到身心放松的目的。这种劳动教育可以潜移默化地提高学生的修养,增长学生的生活智慧、强健体魄和培养学生的审美能力。生活中每一种力所能及的小事都会积少成多,成为塑造人未来品格的大事。"注重抓住衣食住行等日常生活中的劳动实践机会,鼓励孩子自觉参与、自己动手,随时随地、坚持不懈进行劳动。"同时应因地制

宜开展培养劳动习惯的实践活动，如卫生打扫、绿植分区负责、班级区域划分负责等，将校园和班级区域加以划分，以肉眼可见的方式标明负责人，有目的地培养学生的责任意识，而不是将劳动作为一种惩罚施加给学生。可以将校园区域细化到班级，班级区域细化到小组和个人，通过轮流或定岗的方式让学生定期参与劳动，同时通过布置家庭作业的方式让学生初步掌握家政、烹饪、园艺、手工、土木等基本技能，通过照片、实物、视频、日记等方式记录劳动过程，注意作业评比、考核和适度奖励。

[案例3-5]

暖冬十一月　劳动最光荣
——广州工商学院举办劳动教育实践活动月启动仪式

为了更好落实国家立德树人的根本任务，践行学院"德学"教育思想和"五进"教育实践活动，调动广大师生的劳动积极性以及增强对劳动的认知与理解，提升综合素质和核心素养，2021年11月9日下午，广州工商学院"劳动教育实践活动月"启动仪式分别在花都校区体育馆和三水校区风雨球场举行。

副院长乔丽媛和副院长朱特威分别负责主持两校区的启动仪式。院长邝邦洪，党委书记张振超，院长助理、党委副书记兼学生处处长黄鹏，教务处处长李赣、副处长曹远明，后勤处处长李爱琼，学生处副处长谭全、徐达，团委书记洪卫烈，后勤处副处长谢爱福、应玉华，各院系主管学生工作副主任、学工组长、团总支书记、班主任代表以及学生代表参加活动。

启动仪式上，邝邦洪院长和张振超书记分别致辞。邝邦洪院长结合习近平总书记的讲话与自身的所见所闻，向师生们生动讲述了劳动的光荣和劳动教育实践的必要性，殷切希望大家积极参与到劳动教育实践活动中来，对照"干干净净、整整齐齐"的要求，用辛勤的双手让校园更美丽。张振超书记表示，希望通过劳动教育月活动进一步引导更多学生进行辛勤、诚实、创造性劳动，发挥以劳树德、以劳增智、以劳强体、以劳育美、以劳创新的育人理念，培养更多德智体美劳全面发展的社会主义建设者和接班人。为做好劳动教育实践活动工作，学校领导提出了三点要求：加强"德学"教育，促进德智体美劳五育融合；践行"五进"活动，培养综合劳动素养；注重劳动实践，提升学生就业能力。学校号召广大师生积极参与到劳动教育实践活动月，一同打造优美舒适的校园环境，展现全校师生的良好风貌。

紧接着，李赣处长、曹远明副处长对学校"劳动教育"课程的开设与实施工作进行讲解，介绍了课程体系由通识教育、专业教育和实践与创新创业教育三大平台构成，劳动教育采取必修加选修的形式，就学分、组织实施、师资、指导、安全等做了说明。随后，学院后勤处李爱琼处长和谢爱福副处长明晰了各系院的劳动实践责任区，表示会积极响应学校的号召，协同教务处、学生处共同推进劳动实践课程的落实，确保劳动教育实践活动月的顺利开展。

王天逸、侯欣同学作为学生代表发言，呼吁每一位工商学子以身力行，传承为人民服务的奉献精神，积极参加学校劳动教育实践活动，用"德学、五进"的实际行动诠释新时代青年学子的责任与担当，展现新时代大学生的新风貌，争做德智体美劳全面发展的社会主义建设者和接班人。

该活动旨在鼓励全校师生树立积极的劳动观念，积极引导学生投入到劳动教育实践中，在劳动实践中接受锻炼、磨炼意志、强化责任担当，增长本领，发现生活的乐趣，树立正确的劳动教育观；推动落实学校"五进"教育实践活动，师生凝心聚力共同打造文明和谐的校园环境。

资料来源：广州工商学院校团委。

[案例3-6]

体验劳动之美，绽放"德学"之光

阳春时节，春暖花开，正是植树护绿的好时节。2021年3月12日，学生工作党总支在三水校区"心源绿洲"园艺基地开展"体验劳动之美，绽放德学之光"植树节劳动教育实践活动。学生党总支48名党员及积极分子、发展对象参加了这次活动。大家通过义务植树活动，为环境添绿，为建党百年献上真挚的祝福。

"心源绿洲"园艺育心基地建成于2020年1月，是运用园艺疗法开展大学生心理健康教育的重要实践场所，随着基地的逐步完善，广泛应用于大学生生命教育、劳动教育、心理健康教育等教育实践。

当天上午，在学生工作党总支徐达书记和各支部书记的带领下，党员及积极分子、发展对象满怀热情来到"心源绿洲"参加植树节劳动教育实践活动。活动分为定植、移植和收成三个部分，大家分工合作，有条不紊地完成了定植树苗、移植草莓苗和采摘草莓果实等工作，并学习了植物培育的相关知识，近距离接触了植物生长的不同阶段，在实践中体会劳动之美。大家充分展现了党员积极向上的精神风貌，高效地超额完成了既定目标。一棵棵树苗和一排排绿油油的草莓苗带着大家满满的希望在"心源绿洲""安家落户"。在草莓园，红绿交映，香味扑鼻。大家一边采摘，一边品尝，享受着劳动的成果，感受着劳动的价值。阳光照耀下，大家额上晶莹的汗水闪耀着劳动的光辉，手上鞋上的黄泥散发着朴实的气息，脸上的笑意洋溢着踏实的幸福。

劳动不仅是中华民族的优良传统美德，更是马克思主义世界观的实践基础。劳动教育是马克思主义教育思想的核心内容，是社会主义教育的本质特征之一，是全面贯彻党的教育方针的内在要求。本次学生党总支劳动教育活动有助于引导积极分子、发展对象和党员们在真抓实干的劳动体验中理解和认同"劳动创造价值"，在收获的喜悦中感受"劳动是幸福的源泉"，鼓励同学们把劳动教育与专业学习、奉献社会、实现人生梦想结合起来，坚定"四个自信"，用青春的汗水

图3-1　植树节劳动教育实践活动

书写人生华章,把文章写在祖国大地上。

资料来源:广州工商学院学生工作党总支。

三是健全劳动素养评价制度。将劳动素养纳入学生综合素质评价体系,把劳动素养评价结果作为衡量学生全面发展的重要内容,作为评优评先的重要参考和毕业依据。总之,劳动精神的培育是高校德育的重要内容,劳动技能的教育是高校智育的重要内容,将劳动教育与德智体美教育并列,既是对劳动教育本身的有效加强,也是对德智体美教育的有力支撑。在劳动实践中进行教育,是劳动教育的应有之义,我们不能离开实际的劳动过程空谈劳动教育,只有在实干中才能真正懂得空谈误国、实干兴邦的道理。如今知识的获得(认知学习)也在强调从"无身"走向"情境",走向"具身",经验、观念、态度、价值的学习更应该在真实的场景中体悟、体会。忽视劳动教育的实践属性,满足于在课堂上讲劳动,等于把劳动教育等同于智育,也就从根本上忽视了劳动教育。

世界上有一些国家或地区试图将社会生产劳动搬到学校,为学校添置各种设备、工具等,进行生产训练,效果不一定显著,"将实际的责任转向学校在操作上常常是不可能的",还是应该更多地让学生走出去。而服务性劳动教育和日常生活劳动教育都是随时随地可以进行的。从可行性角度看,大学生的服务性劳动可多开展社会公益服务和志愿劳动。服务性劳动不仅是一般性体力劳动,也有特殊性的专业劳动。新冠肺炎疫情中无数青年学生积极主动投身于抗疫志愿劳动中,参与社区生活保障、流行病数据分析、医疗队请战支援,凸显了服务性劳动的教育闪光点。服务性劳动对大学生而言不仅仅是体力劳动能力的锻炼,更是责任的强化和担当、思想的重塑和改造。服务性劳动可以塑造大学生正确的生态意识,培养大学生对生命自然的责任担当,转变大学生的生活陋习,增强大学生的生态义务。应以生态责任支撑生态道德,让大学生在劳动中学习,在学习中劳动,切实感受到生命的意义,引发对自然和社会的思考。

二、在服务性劳动教育中着力培育爱国爱民情怀

(一)利用知识技能,强化服务劳动

1. 专业能力

专业能力的提升除了参加实践外别无他法。"纸上得来终觉浅,绝知此事要躬行。"走出"象牙塔",到火热的生活中去,参加服务劳动,把理论应用到实践中去,这才能验证旧知识、发现新问题、研究新问题、解决新问题,提高自己的专业能力。

2. 社交能力

大学生在服务劳动中,应多观察周围的同学,特别是那些交往能力和沟通能力特别强的同学,看他们是如何与人相处的。比如,看他们如何处理交往中的冲突、如何说服他人和影响他人、如何发挥自己的合作和协调能力、如何表达对他人的尊重和真诚、如何表示赞许或反对、如何在不冒犯他人的情况下充分展示个性等。

3. 心理学知识和自我调节的能力

生理、心理处于特定发展阶段的大学生,在劳动的过程中,可以较为系统地观察大学生社交心理现象及行为,分析大学生社交心理障碍类型及排除方法,并对大学生社交认知、社交态度、社交动机、社交语言与态势及社交技巧、社交礼仪等进行学习和自我调节。

4. 创新创业能力

学校应充分利用校内学习、生活有关场所，逐步建好配齐劳动技术实践教室、实训基地，丰富劳动教育资源；认识劳动的传统形态与新形态的关系，在安排服务性劳动项目时，注重结合产业新业态、劳动新形态，选择现代农业、工业、服务业项目，提升创新创业能力。在高校三全育人中，要强化每一名教师参与劳动教育的责任，配齐配足劳动教育教师，鼓励聘请行业专业人士、劳动模范、企业师傅等担任劳动实践指导教师，为学生成长发展赋能。

伴随着现代化进程，不仅服务性行业越来越多，规模越来越大，而且公共服务也越来越重要，学生必须在服务他人、奉献社会中形成正确的"三观"，在多样化的服务中增长才干，培养应有的担当意识和奉献精神。它的组织实施通常是个性化的，要让学生选择适合自己的服务项目。

构筑良好的劳动教育保障体系。高校应对学校劳动教育的规划设计、组织协调、资源整合、过程监控、总结评价等进行科学、系统的管理。高校要为劳动教育的实施配置必要的场所和设备，有条件的高校要建立专门的劳动教育教室和校内外劳动教育基地。高校可以尝试将部分公共区域进行包干化设计，分配给不同学院和专业的学生进行劳动教育之用，为学生提供常态化的劳动场所。高校还应积极争取社会各方面的支持，与社区、公司、农场等建立稳定的联系，为学校提供必要的劳动教育场所、设施设备等。政府部门应通过减税降费举措，鼓励更多机构和单位为学校劳动教育提供场地和硬件支持。教育行政部门要与有关部门统筹协调，建立安全管控机制，分级落实安全责任，与保险机构合作建立劳动教育专项保险。在每学年或学期初，高校应对要开展的劳动实践活动进行系统设计，编写劳动实践指导手册，对劳动实践各环节进行规范和指导。劳动实践指导手册的主要内容包括：劳动实践活动主题或名称、活动目的、活动要求、活动的计划、活动场所、工具使用、安全保护等。

（二）见习实习锻炼，培育家国情怀

《意见》提出，要"紧密结合经济社会发展变化和学生生活实际，积极探索具有中国特色的劳动教育模式，创新体制机制，注重教育实效，实现知行合一，促进学生形成正确的世界观、人生观、价值观"。这是当前劳动教育必须解决的紧迫问题。

苏霍姆林斯基认为："在'劳动素养'这个概念里，不仅包括完善实际技能和技巧，掌握技艺，而且包括劳动活动在人的精神生活中的作用和地位，包括劳动创造活动的智力充实性和完满性、道德丰富性和公民目的性。"学生核心素养的培育是当前学校教育的主要目标，核心素养所涉及的个人素养、实践技能等方面内容都可以通过劳动教育来完成。当下学校教育强调学生的知识能力培养，而对于其他人际交往、合作参与、创新实践等方面的素养培养不足，在很大程度上可以依靠劳动教育来进行。

高校应将劳动教育与服务性劳动有机结合起来，引导学生尊重劳动，关心劳动者，丰富劳动体验，提高劳动能力，深化对劳动价值的理解，让劳模精神、劳动精神、工匠精神深入人心。只有引导大学生践行社会主义核心价值观，引导学生既努力学习科学文化知识、练就过硬本领，又坚定理想信念、锤炼高尚品格、培育劳动情怀，才能使学生端正学习态度，激发学习热情和创新精神，继承艰苦奋斗、勤俭节约的优良传统，从而为将来走向工作岗位、实现个人全面发展奠定坚实的思想基础和技能基础,才能更好地培养社会责任感,树立"以天下为己任"、舍我其谁的社会责任感和担当精神。劳动精神是指劳动者在劳动中展现的精神状态、精神面貌、精神品质。① 劳动教育的重点就是劳动精神的培养。天地有时,万物有限,劳动是大学生感受生活的主要方式之一。以劳动精神指引大学生的绿色行为:一要培养正确的劳动价值观,通过劳动教育帮助大学生端正劳动观念,直面劳动的重要性,坚定劳动的信念,尊重一切劳动者,转变在市场经济影响下的娇生惯养、心比天高、贪图享受的生活态度。二要培养绿色环保的劳动行为。劳动不仅仅是美好生活的需要,也是创造生活、推动社会发展的动力。大学生在劳动的过程中不仅仅是简单地维护劳动成果、改善生活环境和严格垃圾分类、不践踏草木生命、按时作息等生活习惯,更要提升劳动工具和劳动资源重复利用的意识,认同低碳出行、理性消费的生活方式。

[案例3-7]

习近平:社会主义是干出来的,新时代也是干出来的

时间:2018年4月30日

场合:回信勉励中国劳动关系学院劳模本科班学员

话语:社会主义是干出来的,新时代也是干出来的。希望你们珍惜荣誉、努力学习,在各自岗位上继续拼搏、再创佳绩,用你们的干劲、闯劲、钻劲鼓舞更多的人,激励广大劳动群众争做新时代的奋斗者。

我一直强调,劳动最光荣、劳动最崇高、劳动最伟大、劳动最美丽。全社会都应该尊敬劳动模范、弘扬劳模精神,让诚实劳动、勤勉工作蔚然成风。

资料来源:人民网-中国共产党新闻网。

(三)增强劳动意识,提升服务能力

习近平总书记指出:"劳动是人类的本质活动,劳动光荣、创造伟大是对人类文明进步规律的重要诠释。"中华民族伟大复兴要求大学生坚定理想信念、弘扬爱国主义、加强品德修养、增长科学知识、永葆奋斗精神,在实践中增强劳动意识,提升服务能力。职业院校、普通高等学校要建立学校负责规划设计,行业企业社会机构主要负责业务指导,双方共同管理的劳动教育实施机制;通过建立劳模工作室、技能大师工作室,设置荣誉教师、实务导师岗位等,多渠道引入社会力量参与学校劳动教育;要联合社会力量,共建共享稳定的劳动实践基地、校外实习实训基地、各类型创新创业孵化平台,多渠道拓展劳动实践场所;将服务性劳动教育贯穿教育教学始终;强化劳动意识、劳动观念,提升劳动教育的自觉性。

高校应培养学生的劳动意识,使学生掌握劳动知识和技能,在校本课程实施过程中促进学生形成坚韧不拔、吃苦耐劳的精神。新课程的三维目标是:知识与能力目标、过程与方法目标、情感态度与价值观目标。将劳育与其他几"育"有机结合,意在形成多

---

① 柳夕浪. 全面准确地把握劳动教育内涵 [J]. 教育研究与实验, 2019 (4).

项合力，同时指向三维目标并实现之。劳动教育向学生传授劳动知识和技能，包括劳动活动涉及的科学知识、艺术知识及实践能力，引导学生在体验劳动过程中自主观察、合作探究，最终达到培养学生对真善美的价值追求以及人与自然和谐和可持续发展的理念。新时代需要社会实践活动担负一定的劳动教育责任，承载劳动教育的使命和价值，既能培养学生的劳动精神，也能培养学生正确的劳动价值观，使之形成全面发展的人格。但是真正要促成社会实践活动中劳动教育作用的发挥，还需要建构起相应的实践机制。

在党史学习教育活动中，高校还应将劳动教育和"四史"学习教育相结合，面向基层党组织的师生党员、入党积极分子，在劳动教育实践基地开展"践行四史教育 领悟劳动精神"主题党课观摩活动，讲述中国共产党历代领导人的劳动故事，挖掘劳动教育中蕴含的红色精神，引导广大师生传承劳动精神；深刻体现"四史"是中国共产党宝贵的精神财富，展示推进服务性劳动教育的必要性，讲述不同时期通过劳动创造未来、创造幸福的真实故事，结合服务性劳动的教育实践，引导广大党员知史爱党、知史爱国。

习近平总书记在全国教育大会上指出，"培养德智体美劳全面发展的社会主义建设者和接班人"，"要在学生中弘扬劳动精神，教育引导学生崇尚劳动、尊重劳动，懂得劳动最光荣、劳动最崇高、劳动最伟大、劳动最美丽的道理，长大后能够辛勤劳动、诚实劳动、创造性劳动"。

总的来说，要充分发挥高等学校的重要作用，引导大学生在学习和就业过程中不断接受服务性劳动教育，构建完善终身学习体系。推进学习型组织、学习型社会建设，搭建高等教育、职业技术教育、继续教育相互融合协调的资源平台，"人人皆学、处处能学、时时可学"，为每个人创造更多可能性。厚植服务意识，培养服务能力，不断提高存量劳动者的人力资源开发水平，促进实现从人口红利向人才红利转变。

不管组织学生参加什么样的服务性劳动，都需要对劳动实践过程进行必要的设计，围绕服务性劳动教育的目标，分析实现有关目标的关键环节和要素，有目的、有计划地组织学生参加劳动实践，加强对学生劳动价值观感悟、体认情况的分析与引导，不只是"以身验之"，还要"以心悟之"。如何让学生体验普通劳动的光荣，尊重普通劳动者，进而热爱普通劳动，这是当前劳动教育的难点。通过开展基于日常生活劳动的劳动教育课程，让学生能够热爱生活、热爱劳动、自立自强并掌握维持生命活动必要的生活技能；通过开展基于服务性劳动的劳动教育课程，让学生能够深入社会，观世间百态，在实践中拥有奉献意识、强化社会责任感、培养良好的社会公德。不同劳动教育的课程之间有着严密的逻辑结构，层层递进，相辅相成，缺一不可，共同促使学生会生活、爱劳动、懂奉献，成长为德智体美劳全面发展的合格的社会主义建设者和接班人。

[案例3-8]

广州工商学院关于开展2021年大学生暑期劳动教育社会实践活动的通知

各学院学工办、各学生班级：

为全面贯彻党的教育方针，坚持立德树人，落实《中共中央 国务院关于全面加强新时代大中小学劳动教育的意见》和习近平总书记关于劳动教育的重要讲话精神，坚持

"以德为行 以学为上"的教育思想,培育和践行社会主义核心价值观,抓住暑期开展居家劳动教育的有利时机,打造我校"德学五进+劳动教育"特色实践,以优异的劳动教育实践成果献礼党的百年华诞,经研究,决定在疫情防控条件允许的情况下,于2021年暑假期间开展"扬德学勤劳动 绽放青春芳华"大学生劳动教育社会实践活动。现将有关事项通知如下:

一、活动主题

扬德学勤劳动 绽放青春芳华

二、参与对象

全体学生。

三、活动时间

2021年8月1日—9月10日。

四、活动内容(任选1~3项)

(一)在家庭:家庭日常劳动实践,内务整洁、家政娴熟。进厨房,做美食达人。

1. 自我服务劳动。

2. 日常生活劳动。

3. 日常家务劳动。

(二)在社会:社会服务性劳动实践,疫情防控,乡村振兴。创建和谐社区,助力献智。

1. 社会实践和社会调查。

2. 社区劳动和志愿服务。

3. 农工商生产劳动实践。

(三)在职场:体验职场生产劳动实践,躬身锻炼。

1. 劳动保护和职场安全。

2. 顶岗实习和现场管理。

3. 角色转换和职场适应。

(四)在研学:研学劳动实践。

1. 助力创建和谐社区、乡村振兴、建设美好家园。

2. 挖掘家乡深厚文化底蕴,记录保护传播优秀文化。

3. 深入基层服务岗位和生产研发一线,开展政务实践、顶岗实习、兼职锻炼。

(五)在创新:创新劳动实践,在劳动中实践,在实践中创新。

1. 家庭劳动创新实践。

2. 社会服务劳动创新实践。

3. 职场劳动创新实践。

五、成果形式

1. 每位同学选取部分劳动场景拍照(3~5张)或录制小视频(3分钟内),并配以"德学教育+劳动实践"体会感言,以微信、快手或抖音等形式分享到班级群展示。

2. 开学后,以班级为单位开一次假期劳动实践相关的主题班会,请同学们展示和交流在假期参与劳动实践当中的成果和心得体会，传播正能量。各班级形成一份书面图文总结材料交到辅导员处，以学院为单位（文件注明"学院专业班级"），发至学校劳动教育刘×老师邮箱××××××××@qq.com。

3. 各学院根据自身情况初选出优秀的成果（每个学院2~6个），以学院为单位（文件包注明"××学院"），报送劳动教育小组刘×老师处，由学生处组织在全校评选出大学生暑假"劳动之星""劳动实践标兵""劳动教育优秀组织单位""劳动教育优秀指导老师"，对获奖人员进行表彰奖励。拟将活动组织情况、优秀实践成果推荐给学校相关网站、公众号、易班平台和产教融合网劳育通（劳动教育云平台）进行展示。

六、活动要求

1. 把劳动教育融入学校党史学习教育、绿色学校创建之中，通过德学教育加劳动实践，促使广大师生学史明理、学史增信、学史崇德、学史力行。放假期间，请各辅导员及时引导和跟踪所带学生班级开展暑期劳动教育（特别是居家劳动），充分调动广大学生参与劳动的积极性。各二级学院要定期检查督促劳动教育组织情况。

2. 各班级要通过各种信息渠道和沟通形式，通过线上等各种渠道，广泛宣传我校开展"德学教育+劳动实践"的意义，教育学生热爱家庭，自己的事情自己做，家里的事情帮着做。弘扬优良家风，积极践行孝亲、敬老、爱幼等方面的劳动。

3. 要注意收集劳动实践中的好行动、好故事，鼓励制作短视频和微信等，及时予以宣传报道，向学生处做好信息反馈，营造尊重劳动、尊重劳动者的良好氛围。

4. 家校合作推动绿色文明教育，坚持节约资源、保护环境，倡导文明节能、绿色生活，树立人与自然、与社会和谐共生的理念，促进可持续发展。加强统筹结合，把劳动实践教育与孝道文化、感恩教育相结合，鼓励学生用亲身劳动表达对家庭的感激和对家人的感恩。

5. 要求学生党员、入党积极分子、团学干部带头参与劳动，以身示范。

6. 请各学院注意收集、整理、保存劳动实践活动的过程资料，9月20日之前汇总上报。

学生处
德学教育中心
2021年7月27日

第四节　加强生产劳动教育，提高创新性解决问题能力

教育是国之大计、党之大计。国家"十四五"时期经济社会发展主要目标提出，全民受教育程度不断提升，劳动年龄人口平均受教育年限提高到11.3年。中国教育科学研究院教育信息与数据统计研究所所长马晓强认为，新一轮科技革命和产业变革，行业、产业前沿知识和技术进展都对劳动者的文化素质提出新的更高要求，提高劳动年龄人口平均受教育年限，将为建设知识型、技能型、创新型劳动者大军提供更为坚实的人力基础。

尊重劳动、倡导劳动、保护劳动，是社会主义社会先进性的显著标志；勤奋劳动、诚实劳动、创造性劳动，是社会主义国家劳动者的鲜明特征。在实现中华民族伟大复兴中国梦、满足新时代人民对美好生活的向往、做强实体经济的今天，高度重视生产劳动教育，具有更加迫切的现实意义和历史意义。

一、生产劳动教育的内涵及特征

（一）生产劳动教育的内涵

《意见》依据马克思主义劳动观，将劳动分为生产劳动和非生产劳动，相应地将劳动教育分为生产劳动教育和非生产劳动教育。生产劳动教育是最基本的，它是确立正确的劳动价值观的必要基础，也是当前环境和条件下最难组织实施的。它要求在相对固定的学工学农基地、劳动教育实践基地集中进行，也有的学校强调组织学生到田间地头、校企合作基地，与农民、工人一起劳动，与普通劳动者一起劳动。不管采取什么方式，让学生有这样一段经历，对其今后的成长有着特别重要的意义。

在生产劳动中进行教育，主要指让学生在学工、学农过程中直接经历生活必需品的生产、物质财富的创造过程，经历相关技术应用、工具使用过程，感受生活必需品的来之不易，体会劳动创造物质财富、满足基本生活需求的伟大，从而尊重普通劳动者、尊重劳动成果，为正确的劳动价值观的形成奠基。强调社会生产劳动结合是对教学规律和学生成长规律的遵循，更是培养担当民族复兴大任的时代新人的需要。

（二）生产劳动教育的目标

加强生产劳动教育，让大学生运用一定的生产工具，作用于劳动对象，通过有目的的活动体验创造物质财富和精神财富。生产劳动教育要让学生在工农业生产过程中直接经历物质财富的创造过程，体验从简单劳动、原始劳动向复杂劳动、创造性劳动的发展过程，学会使用工具，掌握相关技术，感受劳动创造价值，增强产品质量意识，体会平凡劳动中的伟大。通过开展基于生产劳动的劳动教育课程，让学生能够了解职业、主动探索职业发展方向、尊重劳动并培养正确的劳动价值取向。促使大学生在体味艰辛、挥洒汗水中塑造坚强的心理素质，在艰苦奋斗、顽强拼搏中磨炼自己的意志，从而获得受益终生的宝贵精神财富；在生产劳动中形成积极向上的就业创业观，在国家社会需要与个人价值实现、专业学习与岗位匹配等方面找到平衡，形成自主多元的积极就业观，提升创业创新意识和能力。

（三）生产劳动教育的特征

生产劳动的基本特征是恪尽职守、辛勤劳动、任劳任怨、有所创新。中国精神及其具体呈现，即劳模精神、工匠精神、企业家精神等职业精神，是诚实劳动的高层次体现。习近平总书记指出："劳动是财富的源泉，也是幸福的源泉。人世间的美好梦想，只有通过诚实劳动才能实现；发展中的各种难题，只有通过诚实劳动才能破解；生命里的一切辉煌，只有通过诚实劳动才能铸就。""必须牢固树立劳动最光荣、劳动最崇高、劳动最伟大、劳动最美丽的观念，崇尚劳动，造福劳动者，让全体人民进一步焕发劳动热情、释放创造潜能，通过劳动创造更加美好的生活。"

我国现代职业教育的先驱黄炎培先生在我国现代职业教育诞生之际，就提出了具有中国特色的"做学合一、手脑并用"教学原则。高校要引导广大学生在生产劳动中注重形成安全意识、质量意识、效率意识、团队意识和尊敬师傅的意识，以及与这些意识相应的行为习惯，接受锻炼、磨炼意志，形成正确的劳动观念、劳动精神，目标明确地完成角色转变。

二、生产劳动教育的方法与路径

劳动生产率与经济增长高度相关。从世界平均水平来看，劳动生产率增速加快时，经济增速也加快；劳动生产率增速回落时，经济增速亦减缓。

国家统计局国际统计信息中心 2016 年 9 月 1 日发布的一份报告称："根据对过去 20 年的数据进行分析，与世界主要经济体相比，我国劳动生产率水平较低但增速较快，未来增长潜力较大。"报告称，受经济结构不断优化、人才红利逐渐显现、创新驱动作用日益增强以及劳动力市场逐步完善等因素影响，预计我国劳动生产率将在未来较长时间内保持较快增长，提升的空间仍然较大。此项研究中的劳动生产率采用的是国际劳工组织按就业人口测算的劳动生产率，即不变价 GDP 与就业人口之比。

一是深化对生产劳动的认识和理解。在马克思劳动教育思想的现代阐释基础上，针对现实存在的诸如认识、机制、责任和保障等方面问题，深刻认识和把握"德智体美劳全面发展"，是对新时代"培养什么人"的具体阐释，把服从和服务于中国特色社会主义建设、中华民族伟大复兴作为出发点与归宿，循序渐进、因材施教，借助社会、产业平台，大力开展合作教育，通过生产劳动教育强化学生的劳动意识与态度，磨砺学生的意志品质，引导学生形成正确的价值观，树立正确的审美观，使"教育与生产劳动相结合"在培养中国特色社会主义建设者和接班人方面的基础作用得以充分彰显。

二是加强生产劳动的组织和引导。从高校来看，在教育教学中要重视生产劳动锻炼，引导学生积极参加实习实训、专业服务和创新创业活动，重视新知识、新技术、新工艺、新方法的运用，提高在生产实践中发现问题和创造性解决问题的能力，在动手实践的过程中创造有价值的物化劳动成果；引导广大学生将劳动教育与生产劳动有机结合起来，丰富劳动体验，提高劳动能力，深化对劳动价值的理解。

三是多渠道、立体化开展生产劳动。应用型高校要尽可能利用多渠道开展劳动教育，建立劳动实践基地、劳动技能培训中心、素质拓展基地等劳动教育场所，结合劳动教育内容，逐渐使劳动教育由散兵游勇状态走上常态化的发展道路。依据评价结果及时反馈，反思什么是合理的公共劳动生活，青年学生又应当接受什么样的劳动教育，以评价带动反思，以反思孕育创新，以创新谋求发展，为将来的生活作准备。

三、在生产劳动教育中着力提高创新性解决问题能力

从一入校开始，学校就应树立学生的生产劳动意识，这不但秉承了生产劳动教育就是就业教育的价值取向，也给了学生安身立命的职业本领所在。生产劳动教育的目标是：依托校企合作平台，结合课程和专业特点，集体力加脑力劳动于一体，侧重技术技能训练与积累，分层分步推进，使学生在劳动实践中学会学习、学会工作、学会创造，提升劳动美感、获得感、成就感。

注重应用型技术技能累积。通过安排技能练习、实验实训、工艺制作、创意设计、

技术试验、职业体验、顶岗实习等实践训练，使学生在劳动实践中提升技术技能。例如，可以通过开展电工器材认知、使用、保养及电机运转控制训练，设备的选配计算及其经验公式训练等，丰富学生的相关职业知识，提升学生的应用型劳动素养。

强化职业素养的养成。在学生有一定专业劳动的基础上，在生产性实习和生产现场安排对口劳动。在校内或校外基地安排学生完成生产任务，使学生熟悉流程和规范，获得初步的生产经验，扩展生产技术知识，为就业和未来职业发展储能，增加成就感。鉴于有些生产劳动实践安全风险高，必须强调劳动纪律和安全防范意识，强化在理论指导下高标准按规程严谨操作，比如防止不可逆人身触电重大事故。

（一）学会使用工具，掌握劳动技术

马克思曾说过："体力劳动是防止一切社会病毒的伟大的消毒剂。"德国高度重视社会实践、企业实习和手工工厂实习，经常安排企业考察活动，以及专业的企业实践课程。这些企业涵盖农业、啤酒业、机械工业、矿区产业等多个领域。这三种实践形式从社区、企业、工厂三个方面层层递进，为学生提供了全面体验和了解各行各业劳动特点的机会和渠道，为其做出恰当的职业选择奠定了良好的实践基础。

针对社会生活和劳动市场的变革，以社会和经济的可持续发展为指导思想，劳动教育不仅整合了多个领域内的知识与技能，还将计算机知识、数字技术、职业实践、家政劳动、经济发展规律等新兴内容纳入学校课程之中，辐射个人、家庭、社会生活和工作等多个方面，使劳动课程内容不断得到扩展。

新时代应用型院校劳动教育应顺应时代趋势，把握劳动发展特色，对大学生进行系统、全面、具体的劳动思想意识养成教育、劳动技能提升训练与劳动锻炼实践创新，提升劳动素养，培养勤于思考、乐于实践、勇于创新、敢于担当的新时代青年人才。① 应用型本科院校是培养大国工匠、能工巧匠的重要基地，新时代劳动教育更赋予其新要求、新使命，要在教育中凝聚劳动精神、工匠精神和劳模精神。

积极拓展劳动教育课程内容，构建面向"数字世界"的劳动能力框架，设置主题整合课程资源。随着数字化进程的不断深入，数字技术的学习为学生融入社会发展提供了必要的知识和技术能力的准备，数字媒体、数字制造、数字生活、数字科研等方面的内容均被劳动教育涵盖。例如云存储技术、大数据统计与分析、数字生产工具（3D打印、激光切割机等）、机器人智能操作、智慧家居、智能手机、智能手表、人工智能的基本技术和基本原理以及以卫星图像提取和机器学习为代表的数字化的研究方法和计算机编程等内容。这些内容代表了当今社会最前沿的数字科技成果，通过对这些高新技术的学习，不仅可以拓宽学生的知识范围，还可以有效激发学生探索数字世界的浓厚兴趣。

增强对社会问题、数字生产工艺和流程、职业劳动等内容的关照，能动适应科技进步和社会发展的需要。为了帮助学生成功步入社会生活，我国劳动教育不仅应扩充如园艺、缝纫、烹饪、理财、生产工艺与流程、建筑设计等方面的内容，还应与时俱进，关注数字社会生活和生产过程中的热门问题，促进学生数字能力和数字知识的发展与积累，

---

① 陈阳芳. 新时代劳模精神融入高校思想政治教育工作的路径探微［J］. 湖北经济学院学报（人文社会科学版），2021（7）.

让学生有机会接触并参与数字生产的全过程，了解真实的数字生活和数字劳动内容。劳动的概念随着时代的发展不断更新、不断丰富，在不同时期具有不同的内涵，劳动教育也应因势而新、因时而进、因事而化。新时代是一个被信息重构的时代，信息化产业迅速发展，对劳动教育的形式、内容和价值也产生了深刻影响。

（二）感受平凡劳动，体会劳动伟大

平凡劳动孕育伟大精神。无论是国家的繁荣富强，还是个人的美好未来，都需要用勤劳的双手去创造。勤劳是中国人最淳朴的传统美德。广大劳动者立足岗位、默默奉献，也许收入并不丰厚，也许工作枯燥单调，但他们坚持干一行爱一行、干一行钻一行，把全部热情都投入到工作中去，谱写出可歌可泣的动人篇章。

平凡劳动包含艰苦奋斗。艰苦奋斗是中国人的优秀品质，虽然现在物质条件已经大为改善，但广大劳动者依然能够坚持艰苦奋斗。他们在生活中勤俭节约，不追求个人享受和奢靡生活；在工作中不怕苦、不怕累，不追求个人待遇，不讲究工作环境。在严寒的户外，在暴雨的街头，在贫瘠的大山深处，总有劳动者辛勤劳作的身影。有的人放弃在城市里的优渥生活，主动投身到贫困地区、边远地区开展支教、支医、支农，在艰苦的环境中实现自己的人生价值。

平凡劳动体现甘于奉献。从永远的雷锋，到当代楷模郭明义几十年乐于助人的平凡与伟大；从邮递员王顺友用深山小路上的执着前行标记责任的刻度，再到罗阳用生命托举航母舰载机腾飞，一代代新老劳模身上闪烁着光辉品质。他们不图名、不图利，勇于奉献却甘于平凡，在他们眼中，国家与人民的事业发展，永远比个人的利益更加重要，他们用汗水甚至生命演绎出新时代的劳动者精神。

一代代劳动者胼手胝足、开拓进取，他们的奉献如涓涓细流汇成奔涌大河，缔造出一个充满活力的现代中国，铺展了我们这个伟大时代的精彩画卷。生产劳动者用实践证明，幸福生活要靠劳动创造，伟大梦想要靠奋斗实现。在奋力实现中国梦的历史起点上，让我们一起用汗水和智慧，使梦想之花绽放得更加绚烂精彩。

➡ [案例3-9]

粤港澳大湾区青年建设者挥洒奋斗汗水　谱写劳动荣光

从珠江两岸到碧海港湾，从跨海超级工程到城市重点基建，粤港澳大湾区的青年建设者们在"五一"假期坚守劳动岗位，挥洒汗水，用奋斗书写着青春。

在广州市荔湾区珠江岸边的"三馆合一"项目工地上，建设场面如火如荼。这个广东省重点工程由广东美术馆、广东非物质文化遗产展示中心和广东文学馆组成，建成后将成为岭南文化新地标。

36岁的马培华是承建该项目的中建三局广州分公司钢筋班班长，他负责近6万平方米的钢筋作业面，管理着80多名绑扎工和配料工。

"'身体'结实不结实全看筋骨硬不硬。无论是钢筋加工还是绑扎，都需要特别地细心，型号、尺寸、位置，都要严格对照图纸，马虎不得。"马培华说。他一手拿着图纸，一手拿着记事本，在施工区认真巡查，黝黑的脸上有一条白色的帽带痕，非常显眼。

郭东彬是中建三局广州分公司技术部门负责人，他说，项目现场"年轻人挑大梁"，

现场管理人员平均年龄只有27岁,但小伙子们不怕吃苦,干劲十足。能参与到这样的重大项目建设中,也是从业生涯的光荣。

在珠海市西侧的黄茅海水域,跨海超级工程"黄茅海通道"正在有序推进。2 000多名建设者将汗水挥洒在大海上,用勤劳的双手谱写着劳动荣光。

逢山开路,遇水修桥。距离黄茅海通道项目不远,是珠机城际金海大桥的钢梁架设施工现场,32岁的支荣在电脑上比划着,琢磨着如何精确并快速地调整大节段钢梁的位置。

金海大桥连接珠海横琴新区与珠海金湾机场,是珠三角入海口上架设的第一条公路、轻轨两用桥。

从西南交通大学毕业后,支荣在技术岗位上一干就是7年,目前他担任中铁大桥局五公司项目部副总工程师,负责现场钢梁架设的组织协调和技术指导。

"为了找准合适的作业时间段,很多时候需要'日未出而作、日落而未息',一天中有两顿饭在施工现场吃,每天回来衣服上都是白色的汗渍,还伴有酸味。"说起工作的"囧",支荣笑了起来。

辛苦是青年建设者们发扬工匠精神的"调料"。在安装27号墩钢塔吊具时,需要在运输船上用浮吊配合安装,技术难度很大。由于受水流影响,运输船、浮吊会晃动,而吊具与连接件之间的缝隙只有16毫米,但安装质量的偏差需控制在5毫米以内。

支荣率领他的团队现场攻关,改进作业方法,用7天时间完成整个吊具的安装,比之前的安装方式节省了3天时间。

"年轻人就是要在艰苦的工作环境中磨炼,才能学到更多的知识。作为一名基层党员干部,在工程建设的关键时刻,我们要走在最前面,做出表率。"他说。(记者田建川)

资料来源:新华社,2021-05-03。

(三)善于解决问题,铸就创造能力

劳动的传统形态与新形态的关系。在安排生产劳动和服务性劳动项目时,职业院校、普通高等学校要注重结合产业新业态、劳动新形态,选择现代农业、工业、服务业项目,提升创造性劳动能力,安排一批土地、山林、草场等作为学农实践基地,确认一批厂矿企业作为学工实践基地。

劳动知识源于生活实践,但不等于就是对生活实践本身的临摹。学以致用是劳动教育的一个原则,教学做合一在劳动教育中得到了集中体现。生活力是青年学生的人生财富,生活力培养离不开富有生活力的学校和教师,学校劳动教育要体现全员、全过程、全方位的"三全育人"理念。实施学校劳动教育应遵循"怎样做便怎样学,怎样学便怎样教。教与学都以做为中心"。构建以培养生活力为主导的学校劳动教育需要有组织、有计划的课程设置和教学设计,以普及劳动知识,提高劳动技能。

首先,各级各类学校教育工作者应正视劳动教育,着手构建合理可行的劳动教育体系。将劳动教育对接各级各类学校教育,相互衔接,延伸至终身教育,从管理、课程、教学等环节合理配置劳动教育资源,形成资源优化配置和有效再生、扩大的机制。从劳动实践和研究的角度看,劳动教育不能简单粗放地归结为家务劳动,而是要根据学生身心发展阶段的特点和不同教育阶段,布置由易到难、由简到繁的可行的劳动作业,适切的劳动教育才能发挥其应有的效用。重点培养学生的良好劳动观念和习惯，例如热爱劳动、勤俭节约等，通过劳动经验凝练成生活力，使之成为青年学生的核心素养或关键能力。

其次，树立大教育观意识，设置以培养生活力为主导的劳动教育课程，并融入社会主义核心价值观进行教学。在制定劳动教育课程目标时，既要注重学生的全面发展，也要注意将学生的实际生活和自身成长相结合。尤其是要在校时期就切实开展综合劳动实践活动，形成劳动与技术教育课程，以指导学生学会适应生活实践为劳动教育的目标，基于生活实践编订新时代的劳动教育教材，将各学科中有关大劳动的观念和知识嵌入劳动教育中，同时采取贴近生活实践的方式进行劳动教育，利用学校劳动任务、班级卫生值日、家庭劳动作业等多元形式展开劳动教育。

最后，多方协力建成劳动教育共同体，以事而教。劳动教育的实施和发展需要学校、家庭和社会共同参与，形成教育合力。在日常的学校生活中有意识地宣传劳动教育和营造劳动文化，比如组织学生参与校园卫生清洁和绿化美化活动，或组织学生进行校外劳动实践，通过研学旅行等方式参加有限的公益性社区劳动服务活动，并给予精神奖励。教师要组织以劳动教育为主题的班会、学生报告会等，树立劳动榜样。教师和家长应鼓励学生主动做家务劳动，比如洗碗、洗衣、扫地、整理衣物等力所能及的事情。学校、家庭和社会在劳动教育目标上要同向而行，以生活力培养为主导，通过劳动实践活动帮助青年学生体验生活、增强生活技能。在劳动过程中学会与人交往，学会承担责任，增强社会责任感，养成尊重劳动、热爱劳动、劳动光荣的共同价值观。

生产劳动也体现开拓创新。新时代的国际竞争就是创新的竞争，广大劳动者是创新的主要力量，他们勤于学习、勇于创新、善于创造，涌现出大量的知识型、技术型、创新型劳动者。这种创新创造精神推动中国经济结构不断优化，产业转型升级往纵深推进，经济发展更有质量，国际竞争力和话语权不断增强，国家和民族的未来更加光明。

[案例 3-10]

外语系开展劳动教育活动，共创美好校园环境

为了贯彻落实习近平总书记在全国教育大会上有关劳动教育的重要讲话精神，培养学生的劳动习惯，我院积极响应国务院提出的《关于进一步加强新时期爱国卫生工作的意见》的号召，开展以"文明卫生广工商，德学五进伴我行"为主题的劳动教育实践活动。外语系深入贯彻"以德为行，以学为上"教育思想，积极践行"五进"教育理念，深化学生劳动光荣的思想观念，教育引导学生崇尚劳动、尊重劳动。2020年11月16日下午，外语系学工组组织2020级商务英语B14班全体同学进行劳动教育实践活动。

图3-2 外语系劳动教育实践活动

通过此次劳动教育实践活动，同学们更加明确了劳动的重要性，提高了动手能力，更加热爱生活、热爱劳动。中华民族是一个勤于劳动、善于创造的民族。《朱子治家格言》中提到："黎明即起，洒扫庭除，要内外整洁。"《习惯说》中提到："一室之不治，何以天下家国为？"诸多古训格言都彰显了勤俭自持、耕读传家的中华民族传统美德。习近平总书记指出："劳动是财富的源泉，也是幸福的源泉。人世间的美好梦想，只有通过诚实劳动才能实现；发展中的各种难题，只有通过诚实劳动才能被破解；生命里的一切辉煌，只有通过诚实劳动铸就。"劳动教育是中国特色社会主义教育制度的重要内容，直接决定社会主义建设者和接班人的精神面貌、价值取向和技能水平。党的十八大以来，各地区和学校坚持教育与生产劳动结合，在实践育人方面取得积极成效。劳动教育引导学生砥砺奋斗、吃苦耐劳，在劳动中创造财富和价值，通过劳动过程中创造性的实践活动及其成果感受劳动的乐趣，激发其奋斗和脚踏实地的精神，践行社会主义核心价值观，更好地实现中华民族伟大复兴，共同构建人类命运共同体。

资料来源：广州工商学院外语系。

[案例3-11]

音乐系"爱国卫生清扫月"活动

为进一步改善宿舍及周边环境卫生面貌，提高学生的文明意识、卫生意识和环境意识，进入四月以来，音乐系积极开展了"爱国卫生清扫月"活动，以"美丽宿舍、爱我校园"为活动主题。通过学生的共同努力，取得了显著的成效。

通过本次活动，学生能够更好地把宿舍当成"家"，具有了爱护宿舍环境就是爱家的意识。他们利用卫生大扫除时间，对宿舍进行了彻底的清扫，对宿舍的部分硬件设施进行了修缮和维护，做到了地面干净、无纸屑、无杂物、无痕迹，彻底消除卫生死角。

在本次"爱国卫生清扫月"活动中,虽然取得了一定的成绩,但也存在着一些不足。今后,音乐系将继续加大爱国卫生工作力度,进一步苦干、实干,争取在工作效率和工作质量上取得更大的成绩,更好地宣传爱国卫生和开展爱国卫生工作,为进一步实现"美丽宿舍、爱我校园"做出积极贡献。

资料来源:广州工商学院音乐系。

[案例 3-12]

学生处组织开展教师节"学工学农"劳动教育主题活动

2021年9月10日,夏暑消解,秋风送爽,广州工商学院迎来了第37个教师节。为庆祝今年教师节的到来,学生处和劳动教育教研室围绕"德学·五进",以"守望初心 最美园丁"为主题,组织师生代表开展"学工学农"主题实践活动,前往广州(花都)灰塑文化产业研究院和广州花都瀛悦生态园进行参观学习。

走进广州(花都)灰塑文化产业研究院

灰塑是岭南的一种民间工艺,主要广泛应用在传统建筑上。灰塑在884年就已经出现了,明清两代是灰塑发展的鼎盛时期。灰塑是我国非物质文化遗产(简称"非遗")。灰塑的表现形式多样,人物精雕细刻,多以民间故事、戏剧人物、花鸟瑞兽为题材。灰塑的原材料主要有石灰、草筋、纸筋、红糖、糯米粉、铜丝和多种矿物质颜料。

师生们走进广州(花都)灰塑文化产业研究院,刚踏进门就能看到多位灰塑艺人忙碌的身影,她们专心致志地画着手上的灰塑,画的是中国共产党1921—2021年纪念图案(如图3-3所示)。

图 3-3 现场制作灰塑

灰塑工艺制作的劳动工具主要有:灰匙、线匙、毛笔/水粉笔、陶缸、搅拌机、刀/瓦刀、枋条。灰塑的工艺流程为:构图—制造骨架—塑形—上色灰—灰塑着色。跟着讲解员,师生们来到了灰塑展示中心,一幅幅精美作品映入眼帘。这些作品的立体感强,造型层次丰富,整体玲珑通透,层次分明,主题突出、简洁,线条粗劲,色彩以大色块表现为主，强烈清晰，色彩丰富，自然色运用较多，体现浓厚的民间装饰风格。

随后大家围绕广州灰塑产业研究院与我校劳动教育等方面的深度合作进行讨论（如图3-4所示）。劳动教育协会筹备组的师生和非遗传承学社代表纷纷为灰塑艺人的工匠精神发出由衷的赞叹。时临云副教授和徐登科教授表示，作为花都高校应当积极服务当地经济、文化建设，文化瑰宝进校园，劳动精神沁人心。劳动教育教研室刘强老师表示，"劳动教育+非遗传承"既能服务区域经济社会发展，增强学生动手能力，又能普及传承非遗的中华传统文化，可探索打造"劳育+美育"的亮点。辅导员工作室王伟江老师表示，高校辅导员中华优秀传统文化的传播者，通过非遗文化传承基地，引领学生领悟传统文化内涵，促使其自觉传承中华优秀传统文化，有助于辅导员有效开展立德树人的实践工作。

图3-4 现场学习与讨论

走进广州花都瀛悦生态园

广州花都瀛悦生态园园区发展名特优新农产品，已形成了精品甜瓜、高档蔬菜、优质葡萄、山地图集等特色种养业，其中又以集种植、观光等功能于一体的田园特色最为明显。瀛悦教研基地还有党建主题广场和书画创作交流工作室。

在瀛悦生态园中，师生们参观葡萄种植园区，并品尝了新鲜采摘的果子。得益于园区便利的水利条件和富含锌、硼、硒等微量元素的土壤以及辛勤劳动，果子味香汁浓、果肉软嫩，大家赞不绝口。在参观园区的过程中，园区领导黄崇立总经理和农业专家们为大家展示了劳动的细节，介绍了活动场地和宿舍。

种植园区大门

为贯彻落实《中共中央国务院关于全面加强新时代大中小学劳动教育的意见》、教育部《大中小学劳动教育指导纲要（试行）》等文件精神，学校将依托以劳动实践为主的校内外教育基地，通过理论教育和劳动实践，在广大学生中弘扬新时代的劳动精神，教育引导学生崇尚劳动、尊重劳动，懂得劳动最光荣、劳动最崇高、劳动最伟大、劳动最美丽的道理。时临云教授和徐登科教授认为，学生在校应加强自身专业本领的学习，进社会要多实践、勤思考、乐请教。

校长助理、学生处处长黄鹏表示，通过聆听农业专家讲述农产品制作的过程，大家了解到劳动的不易，感受到宝贵的园丁精神。教师作为培育学生的园丁，应牢记初心使命，践行"德学·五进"，用辛勤汗水和知识智慧为学生们编织梦想的光环。

资料来源：广州工商学院劳动教研室。

总的来说，高等学校要注重围绕创新创业，结合学科和专业积极开展实习实训、专业服务、社会实践、勤工助学等，重视新知识、新技术、新工艺、新方法应用，创造性地解决实际问题，使学生增强诚实劳动意识，积累职业经验，提升就业创业能力，树立正确择业观，具有到艰苦地区和行业工作的奋斗精神，懂得空谈误国、实干兴邦的深刻道理；要注重培育公共服务意识，使学生具有面对重大疫情、灾害等危机主动作为的奉献精神。鼓励大学生学习劳动精神，这对大学生劳动教育也起着至关重要的作用。劳动是大学生教育的关键所在，为此，要好好把握劳动节的劳动机会，努力成为劳动模范，不断向劳动的楷模靠近。

劳动素养是新时代人才必备素养，是个体在生活实践和劳动教育中的劳动心态和劳动技能的综合概括，是衡量劳动者能完成某项工作的最基本的能力指标。人既是劳动教育的施教者，也是劳动教育的学习者。

当前已进入传统劳动与数字劳动并存的时代，劳动者可通过数字或数据参与劳动，劳动教育要根据时代要求更新教育内容和教育方式。信息时代的劳动呈现知识化、技能化和数字化等特点，重视劳动成本与效率。随着 AI 技术的发展，未来相当一部分工作会按照既定的计算机程序指令完成，编程技术在未来教育中将愈加重要。青年学生须自觉地把握时代和适应时代，才能在未来生存。"青年发展在不同发展阶段有不同的主要任务，相应地对青年发展要素和发展方面有不同的要求，从而形成青年发展不同阶段的要素配置、发展策略的差异性局面。"新的劳动知识和劳动方式为青年学生发展的差异性增添了可能性，在劳动升级的同时，需要与之相匹配的劳动教育的伦理要求越来越高，青年学生所要应对的劳动要素更为复杂。新时代背景下的劳动教育不再是传统意义上的劳动教育，体力劳动与脑力劳动的界限有了新拓展，劳动教育的边界得以扩大，具有时代性的劳动形式越来越多。例如，数字时代的劳动教育，数字网络将体力劳动与脑力劳动进行了有机结合，打破了时间和空间对劳动教育的限制，让劳动主体有了更多的劳动自由和自主选择的机会。数字化的劳动教育打破了原有的知识结构和学科体系，文化多元、自律自觉等更胜以往，劳动者平等参与知识创新和知识共享。同时，劳动教育方式能结合信息技术，利用互联网创设劳动教育的模拟情境，紧密结合青年学生的生活世界，考虑其需求层次。不管外在因素怎样变化，劳动教育的本质没有变。生活为本，实践为核，劳动为形，这是不变的。不论是劳动教育的课程设计，还是施教过程，以当前生活实践为背景，糅合新型知识元和信息技术，在教育场域中构建生活情境，培养学生的生活力、学习力和创造力。

第四章
新时代大学生劳动教育的实施体系

大学生是祖国的未来,是民族的希望。这一特殊群体肩负着中华民族自立于世界民族之林和实现中华民族伟大复兴的梦想。立德树人是高等学校的根本任务。培养德智体美劳全面发展的社会主义事业建设者和接班人,是高等学校义不容辞的责任。劳动教育是中国特色社会主义教育制度的重要内容,它直接决定社会主义建设者和接班人的劳动精神面貌、劳动价值取向和劳动技能水平。习近平总书记在全国教育大会上强调:"要在学生中弘扬劳动精神,教育引导学生崇尚劳动、尊重劳动,懂得劳动最光荣、劳动最崇高、劳动最伟大、劳动最美丽的道理,长大后能够辛勤劳动、诚实劳动、创造性劳动。"新时代大学生劳动教育的实施,要以体系的建构、措施的完善,以及方式方法的创新为抓手,形成劳动教育与实践的完整系统。在劳动教育的途径上,要强化家庭教育、学校教育和社会教育的结合。在劳动教育的方式上,首先要结合日常生活培养劳动工作习惯,造就隽永悠长的劳动品性;其次要结合专业发展参与创新创业实践,磨炼劳动意志、锤炼劳动意识、秉承劳动精神;最后要通过社会实践提升专业发展技能,根据社会实践的劳动特点,寻求专业认同、体验专业情感、磨砺专业意志、掌握专业技能、强化专业发展,形成劳动最光荣的价值观。在劳动教育的组织实施上,要以组织落实和政策落地促进劳动教育的开展,要以课程安排和专业实践融入劳动教育内容,要以明确职责和岗位分工落实劳动教育措施。

第一节 新时代大学生劳动教育的途径

大学生劳动教育的重点旨在培养其劳动观念、劳动品质与劳动精神,形成热爱劳动、崇尚劳动、珍惜劳动成果、尊重劳动人民的劳动价值观,通过劳动教育锤炼俭朴的学习工作作风。大学生劳动教育的途径主要包括家庭教育、学校教育和社会教育。家庭教育对大学生的影响已基本形成,但通过家庭教育的回顾,大学生可了解自身教育的长短所获,针对不足加以弥补。学校教育是主要途径,基础教育的系统性、阶段性为大学生奠定了较好的基础,但不同地域不同学校的教育差异也会给大学生的劳动教育留下遗憾。高等学校的教育是主渠道,大学生要珍惜来之不易的学习机会,结合专业发展努力锤炼自己。社会教育是大学生不可回避的教育阶段,在高校其教育形式主要是专业实践、实习和社会服务性工作,以及寒暑假勤工俭学。新时代大学生一定要明确,劳动教育是五育并举教育体系中极为重要的一门课程。劳动教育的途径具有实践性，它包括家庭、学校和社会，即人生处处是劳动教育的场域，唯有劳动最为光荣。

一、家庭教育是大学生劳动教育的起点

家庭教育是人生教育的基础和起点，是终身教育的重要组成部分。通常，其教育活动发生在家庭生活中，一般以血缘关系为中心，以亲缘关系为纽带，以培养社会需要的人为目的，通过父母和家庭成员的影响产生作用。家庭教育是一个人在社会化过程中接受教育最为深刻、最为重要的阶段。大学生的劳动教育与家庭教育密切相关，良好的家庭教育能奠定大学生的劳动品性，不良的教育则给大学生带来负面影响。了解家庭教育的价值与意义、方式与方法，回顾家庭教育的现状，对大学生加强劳动教育有重要意义。

（一）家庭教育的价值与意义

1. 家庭教育的概念

家庭教育是大教育的组成部分，是学校教育的基础，是终身教育的起点。家庭教育始于孩子出生之日，婴幼儿时期的家庭教育是"人之初"的教育，在人的一生中起着基础的作用。孩子上了幼儿园、小学、中学后，家庭教育既是学校教育的基础，又是学校教育的补充和延伸。其教育目的是确保孩子进入社会教育之前，其身心能健康地发展，为接受学前教育、学校教育打好基础。有学者认为，家庭教育是家长在日常生活中，通过言传身教、耳濡目染、情感交流等方式，对子女施以一定教育影响，继而家庭成员相互影响终生的一种社会活动。著名心理学家郝滨认为，家庭教育是人生整个教育的基础和起点。

2. 家庭教育的价值

家庭教育是对人一生影响最深的教育，它直接或者间接地影响着个体人生目标的实现。良好的家庭教育对子女的成长、成才都具有十分重要的影响价值。教育心理学认为，人的成长受遗传、环境、教育和个体主观能动性的影响。其中遗传是先天的因素，个体主观能动性是人后天的自觉，而环境和教育则是人成长的重要因素。家庭教育在儿童成长过程中具有环境和教育的双重意蕴，在人生发展中具有导向价值。家庭是环境与教育的相互融合与统一，具有耳濡目染的人生影响。有研究认为，教育就是影响，特别是婴幼儿时期，这种影响尤为突出。家庭教育环境的氛围直接影响孩子的成长。俗话说"虎父无犬子""将门出良才""溺爱无孝子""放纵无人才"，这些都是中国传统文化对家庭教育价值导向的归结。

3. 家庭教育的意义

一般来说，家庭教育是人生教育的起点和基点。父母是孩子的第一任教师，家庭教育从孩子出生就已开始。良好的家庭教育对孩子的成长具有重要的意义。通常，家庭教育具有起始性、早期性、及时性、连续性、陪伴性、感染性和权威性的特点，并通过家长言传身教，以及孩子在家庭环境中耳濡目染，熏陶人的秉性，从而影响孩子的人生。有研究认为，良好的家庭教育是优化孩子心灵的催化剂。由于社会上存在着较为复杂的内容，难免给孩子带来一些不良的影响。随着年龄的增长，孩子对社会的接触了解也会越来越多，如果家庭教育不能及时跟上孩子发展的步伐，不能及时优化孩子的认知，就

可能导致孩子形成认知偏见。另外，家庭教育还是造就新时代人才的必备条件。青少年儿童的健康成长关系到国家的前途与命运。提高全民素质，造就具有创新能力的人才，必须从儿童抓起，让青少年儿童从小树立远大的理想，确立远大的奋斗目标。

(二) 家庭教育的原则与方法

1. 家庭教育的原则

一般来说，家庭教育的原则主要包括陪伴性、平等性、尊重性、交流性和一致性原则。

(1) 陪伴性原则。从狭义的家庭教育出发，通常认为教育就是陪伴，教育就是在陪伴中影响孩子。家长要陪伴孩子长大、陪伴孩子发展。有研究认为，家长的陪伴是儿童心理的依赖与慰藉，是儿童心理发展的一种渴望与期盼。陪着孩子玩耍，陪着孩子做作业，陪着孩子做家务，陪着孩子做公益是家长应尽的职责。

(2) 平等性原则。平等是家庭教育中家长应遵循的重要原则，只有平等才能对话，只有平等才能尊重孩子的主观认知。家长在陪伴中要有与孩子平等的思想，不要以大人或长者的权威压制孩子的天性。在家庭活动中尽可能让孩子参与，让孩子充分发表自己的意见，不要压制孩子的想法，要在平等交流中引导孩子分析事情的对错，逐步提升孩子对事物认识的水平。

(3) 尊重性原则。尊重是社会和谐发展的前提，是人类这个主体应有的本质属性。家长需要尊重，孩子也需要尊重。互相尊重是遵循平等原则的前提。以打压恐吓威逼的方法迫使孩子服从家长的做法严重违反了家庭教育的尊重性原则。尊重孩子，放手让孩子做自己的事，事后再进行评价引导，孩子会树立自信，逐步形成自主创新的独立人格。

(4) 交流性原则。交流是交往的前提条件，没有交流就没有交往。通常，交往反映了人的另一种本质。青少年儿童在成长中，不仅仅有物质满足身体生长的需要，还有精神成长、情感交流与寄托的需要。家庭教育中的交流是十分重要的。如果家长忽略孩子在精神、情感方面的需求，孩子和家长无话可说，长此以往，孩子和家长的相处会变得越来越尴尬，孩子的性格就会越来越孤僻。

(5) 一致性原则。家庭教育的一致性，是指家庭成员之间、家庭与学校之间、家庭与社会之间，以及家长前后的教育都要保持一致，否则孩子就会无所适从。在教育孩子的过程中，家长切忌指责学校、诋毁教师、攻击社会，给孩子造成不良的影响。要正确引导孩子看待社会问题，分析学校的做法，纠正对社会的偏见。

2. 家庭教育的方法

一般来说，家庭教育的方法主要有榜样示范、宽容信任、严爱适度、规矩规划和自由创新。

(1) 榜样示范。榜样的力量是无穷的，榜样是一种无声的影响。父母是孩子最值得信赖、最为崇敬的人。父母的一言一行对子女的影响都极其深刻。父母是孩子的第一任教师，孩子是父母形象的缩影。家长一定要做好榜样，做好表率。当孩子做作业时，父母陪伴在身边看书学习，孩子就会认真。如果孩子在做作业，家长却在边上玩游戏，试想其教育效果又会如何？

(2) 宽容信任。在家庭教育中，宽容与信任对孩子来说是最佳的心理安慰与引导。

宽容可以让孩子树立成功的信心，指责可能让孩子无所适从。孩子在成长中可能会说错话、办错事，这些都是正常现象。人非圣人，孰能无过？何况还是孩子。信任是一种鼓励，也是一种无形的力量。在信任中鼓励孩子前行，在宽容中理解孩子的苦衷，在活动中多一些陪伴，孩子就会茁壮成长。

（3）严爱适度。爱是父母的天性，没有哪个家长不爱自己的孩子，但爱这种情感的表露可分为内在的爱和外在的爱。以爱为出发点的家庭教育要与严格要求相结合，做到严爱有度，严爱有加。如果一味强调爱而放松了管束，导致溺爱，则不利于孩子的成长。反之，如果一味地严格要求，甚至于苛求孩子，缺乏爱的滋润，也不能让孩子健康成长。只有严爱适度、准确拿捏，该严则严，该爱则爱，这才是家庭教育的艺术。

（4）规矩规划。对孩子来说，规矩意味着服从，规划意味着安排。家庭教育要使孩子从小树立规矩意识，哪些是可以做的，哪些是不能做的，如果不遵守规矩就要受到相应的惩戒。另外，要让孩子养成规划的习惯，做事要有计划和安排，要从点滴做起，先做什么，再做什么，要引导孩子做小的规划，形成规划意识。特别是在做作业的时候，一定要先完成预定的任务，再去玩耍。

（5）自由创新。很多家长把孩子管得很严，却往往吃力不讨好，甚至引起悲剧。应相信孩子的能力，给孩子一个自由发展的空间。在规定时间内，如果是自由活动，就不要干涉孩子的自由，任其安排自己的时间和活动内容。思想和行动的自由可以产生创新思维的火花，孩子具有创新的天性，只要不加限制地给孩子时间和空间，他们就会产生新的奇想，会形成创新的习惯。

（三）大学生家庭教育的回顾

告别中学时代，离开温馨的家庭，进入高等学府深造，这是每个学生的梦想。梦想一旦实现，追梦的脚步将永不停歇，远方还有诗一样的梦想在等待起航。劳动教育是五育的重要组成部分，劳动可以创造世界，劳动可以实现人生的梦想。大学生的劳动教育与家庭教育密不可分，通过家庭教育的回顾，可以帮助大学生树立正确的劳动价值观，坚定参加劳动的决心，形成劳动光荣的信念。

1. 家庭教育原则回顾

如前所述，家庭教育的原则主要包括陪伴性原则、平等性原则、尊重性原则、交流性原则和一致性原则。家庭教育原则的遵循对父母教育子女具有重要的指导意义。首先，原则是教育主观意愿与客观规律相结合的产物，它遵循了教育规律，具有普遍指导的意义，按照原则施以教育可以收到事半功倍的效果。其次，原则是方法的上位概念，对方法具有指导意义。如运用榜样示范法教育孩子就得遵循陪伴性、平等性、尊重性、交流性和一致性原则，如若不然，榜样示范法就不会收到好的效果。最后，大学生可结合自身的情感体验和儿时的情景回顾家庭教育原则在运用上的情形，特别是劳动教育的场景，讲述或撰写教育原则运用的效果。

2. 家庭教育方法回顾

家庭教育方法主要包括榜样示范、宽容信任、严爱适度、规矩规划和自由创新等。家庭教育方法是根据家庭教育规律和儿童成长的规律，以及家庭教育的原则，结合父母教育孩子的经验提出来的，它虽具有主观的特性，但也是切实可行的。方法是多样的，它随着社会的发展而发展。本书提出的教育方法对提高家长的教育效果、促进青少年儿童健康成长具有积极的意义。首先，方法具有法则的意蕴。在家庭教育中，方法运用得当可收到预期的效果，否则将会适得其反。例如，运用榜样示范法教育孩子，家长就是无声地影响，不需要说教。在对人对事的态度上，家长怎么做，孩子就会怎么做，一味地说教比不上家长长期的示范。其次，方法提供了教育的路径。怎样教育孩子，从哪些方面教育孩子，这是一些家长感到头痛的问题。针对孩子教育中出现的问题，采用适当的教育方法就会收到较好的效果。最后，大学生可结合儿时的体验回顾自己接受父母教育的经验，反思父母的教育方法，特别是劳动教育方法对自己成长的影响，以期形成正确的教育价值观。

3. 家庭劳动教育回顾

有研究认为，一个人劳动习惯的形成、劳动精神的铸就与家庭劳动教育密切相关。从小做力所能及的家务、收拾好自己的日常生活用品、培养热爱劳动的精神，对青少年的成长是十分有益的。家庭劳动教育的范围较为广泛，它包括青少年儿童不离开家的教育阶段，如学前教育、小学教育和中学教育阶段。家庭劳动教育具有起点教育的意义，学前教育和九年义务教育时期是家庭劳动教育的最佳时期，引导孩子养成劳动习惯、培养劳动光荣的意识，鼓励孩子自己能做的事自己做，奖励孩子获得的劳动成效，这些都是好的教育方法。大学生可以通过对家庭劳动教育的回顾，反思自己的劳动观念、劳动意识、劳动价值，以及劳动技能的形成过程，将自己体会最深、感受最强烈的劳动教育及实践过程进行总结，撰写成家庭劳动教育的经验或困惑的文章，鞭策自己热爱劳动、参与劳动，树立劳动光荣的价值观，从而铸就优良的劳动品质和劳动精神。

二、学校教育是大学生劳动教育的基石

学校教育是指国家教育机构委托承担教育的专职人员，有目的、有组织地对受教育者实施教育的活动。学校是教育制度的重要组成部分，它以影响受教育者的身心发展为目的，并最终促使受教育者的身心发展达到社会预定的目标，从而为社会发展培养后备力量和专门人才。当前，我国学校教育分为学前教育、初等教育、中等教育和高等教育。学前教育对应的学校为幼儿园，初等教育对应的学校为小学，中等教育对应的学校为初中和高中，高等教育对应的学校为大学和研究生院。2020年，我国高等教育已进入普及化阶段，以学校为基础，加强大学生的劳动教育已显得十分重要。

（一）学校教育的重要意义

学校教育是社会发展与分工的结果，它承担着为社会培养专门人才的重要任务。其重要意义在于人的社会化，即将自然的人培育成社会所需要的人。学校教育的目的、特点与功能体现着学校教育的重要意义。

1. 学校教育的目的

通常，教育目的受社会政治经济技术与文化的影响，不同社会时期有不同的教育目的。国际21世纪教育委员会于1996年向联合国教科文组织提交了《教育——财富蕴藏其中》的报告，其核心思想就体现在教育目的上，即教育要使受教育者"学会认知""学会做事""学会共同生活""学会生存"。学会认知包括了解一切认识对象，掌握认知

的方法与手段，具备实事求是的科学态度与精神，形成完整的认知体系。学会做事包括具备劳动者技能、劳动者的综合素养，以及在社会行为中的行事能力、应变能力和创新能力。学会共同生活包括了解自身、发现他人、尊重他人，以及尊重自然规律，在社会体验中形成人与人、人与自然和谐共处的关系。学会生存包括对个体生命的珍惜与尊重，对社会中人与人之间所需要的情感、精神、交际、亲和、合作、审美、体能、想象、创造、独立判断、批评精神等方面的呵护与全面发展。

2. 学校教育的特点

学校教育相对于家庭教育和社会教育具有如下特点：一是职能的专门性。学校是教育人的场所，学校的教育职能是培养普通劳动者和专业技术人才，与其他行业和机构相比，具有人才培养的专门性。二是组织的严密性。学校教育具有严密的组织机构和制度，教育行为具有规范性的要求。三是影响的全面性。学校教育对人的影响是全面的，在教育过程中，教师不仅要关心学生的知识、智力与智慧的增长，还要关心学生思想品德的形成与发展，同时还要根据学生的个性心理特征，促进其身心健康的成长。四是内容的系统性。立德树人是学校的根本任务，促进学生德智体美劳全面发展是学校的培养目标。围绕教育目标，注重教育内容的连续性、系统性、完整性和创新性，是学校教育的重要特征。五是手段的有效性。学校具有从事教育的完备的教育设施和专门的教学仪器设备、多功能智慧教室以及仿真模拟实验室、实践教学基地等，这些都是学校保证教育质量的有效手段。六是形式的稳定性。以教学为中心，突出教学的中心地位是各级各类学校办教育的基本要求。具有稳定的教育场所、稳定的教育者、稳定的教育对象和稳定的教育内容，以及稳定的教育秩序等，是学校保障教育质量、提升教育水平的重要特点。

3. 学校教育的功能

学校教育是社会行为的重要组成部分，其教育质量的高低直接影响社会的发展。有研究认为，学校与社会发展之间是相互促进的关系。一般来说，学校教育具有两大功能：一是促进社会的发展；二是促进个人的发展。学校教育在促进社会发展的功能上主要体现在如下方面：（1）稳定社会秩序。随着学校教育发展的延伸、教育普及化程度的提高，其对社会发展的稳定性越来越强。当今，我国学校教育承担着稳定社会秩序的重要任务。（2）有序分流社会所需要的人才或劳动者。社会发展需要职业的分工，而职业分工又来自学校教育的分流，普通教育、职业教育、专业教育为社会发展源源不断地输送了大量的劳动者。（3）促进社会政治经济和文化的发展。在我国，教育的根本目的是培养全面发展的社会主义事业建设者和接班人。学校通过对人的培养为社会输送人才，从而促进社会政治、经济、科学和文化的发展。学校教育在促进个人发展的功能上主要体现在如下方面：（1）促进个体认识能力的发展。学校教育的目的性、系统性、全面性与科学性，为各级各类学校确立了培养目标，对促进学生认识能力的发展、将知识转换为智慧、由知识中生成精神，都起到了重要作用。（2）促进个体道德规范的发展。学校教育通过设立不同阶段的德育课程，分阶段、分层次、分专业对学生进行公共职业道德教育，从而促进学生的发展。（3）促进个体身心全面发展。德智体美劳的并重发展，为我国培养社会主义事业的建设者和接班人提供了教育路径。学校教育的课程设置以德育、智育、体育、美育和劳动教育的全面展开为依据，对促进学生身心的发展具有重要的作用。

（二）学校劳动教育的人生价值

劳动是人类的本质特征，是创造社会物质财富和精神财富的源泉，是推动社会进步的根本力量。学校劳动教育对新时代大学生理解劳动的创造性价值、明确劳动的时代内涵、体现人生的劳动价值都具有重要意义。

1. 劳动的创造性价值

"人类社会的发展历程由低到高，从野蛮到文明，从蒙昧到进步，没有劳动，没有劳动创造出来的驱动力，一切皆不可能。"① 劳动作为人的自身确认与人类历史发展的推动力量，其创造性价值主要体现在两方面：一是劳动创造了人本身。马克思主义认为，一旦人开始生产自己的生活资料，就把自己和动物区别开来，人们生产自己的生活资料的同时也间接生产着自己的物质生活本身，劳动成了区分人与动物的决定性因素。另外，劳动确认了人的"类本质"和"类存在"，这种基于劳动而自我生成的"类存在"，是一种超越有限性而指向无限性的"类"，在劳动实践中生成的"类意识"将个体的有限生命存在提升为真正超越个体的"人类意识"。由于劳动的现实展开，人类的生命过程才从自在物质循环过程转变为自觉创造生命的自由过程。二是劳动创造了世界与历史。马克思认为："作为确定的人，现实的人，你就有规定，就有使命，就有任务……这个任务是由于你的需要及其与现存世界的联系而产生的"②。由于人类最基本的实践活动是劳动，世界的创造就从"解释世界"转变为"改造世界"，人类创造历史的过程就成了劳动过程。马克思主义认为，劳动首先是人和自然之间的过程，是人以自身的活动为中介来调整和控制人和自然之间的物质变换的过程。马克思强调，"人们为了能够'创造历史'，必须能够生活。但是为了生活，首先就需要吃喝住穿以及其他一些东西。因此第一个历史活动就是生产满足这些需要的资料，即生产物质生活本身"③。从一定意义上讲，是劳动创造了历史。

2. 劳动教育的时代价值

新时代大学生劳动教育关系到中国特色社会主义教育体系的完善和社会主义时代新人的塑造与培养，具有划时代的教育意义。首先，劳动教育奠基中国梦。马克思曾说："任何一个民族，如果停止劳动，不用说一年，就是几个星期，也要灭亡，这是每一个小孩子都知道的。"④ 新时代大学生与"两个一百年"奋斗目标同向同行，强化正确的劳动价值观、坚持劳动教育是马克思主义劳动观的继承和发展，是植根于中国人内心的民族基因。劳动教育直接决定社会主义建设者和接班人的劳动价值取向、劳动精神风貌和劳动素养水平，是实现中华民族伟大复兴的教育保障。其次，劳动教育能解决时代发展出现的新问题。随着社会的跃迁，劳动教育有所弱化、淡化、畸变，在部分大学生中存在

---

① 马唯杰. 劳动伦理研究 [M]. 苏州：苏州大学出版社，2017：59.

② 中共中央马克思恩格斯列宁斯大林著作编译局. 马克思恩格斯全集：第三卷 [M]. 北京：人民出版社，1960：329.

③ 中共中央马克思恩格斯列宁斯大林著作编译局. 马克思恩格斯选集：第一卷 [M]. 北京：人民出版社，2012：158.

④ 中共中央马克思恩格斯列宁斯大林著作编译局. 马克思恩格斯选集：第四卷 [M]. 北京：人民出版社，2012：473.

不爱劳动、不会劳动、不珍惜劳动成果、不尊重底层劳动者的现象，长此以往可能引发社会问题，阻碍社会主义事业的持续发展和中华民族的伟大复兴。新时代党和国家把劳动教育纳入人才培养过程，积极引导大学生成为懂劳动、会劳动、爱劳动的时代新人是十分必要的。伴随生产力的发展和社会的进步，产业门类多元化、社会分工细化、劳动样态复杂化，既为大学生施展才华提供了广阔的空间，也对全面提高大学生的劳动素质提出了更高要求。只有通过劳动练就过硬本领，成为知识型、技能型、创新型的高素质劳动者，大学生才能担当起社会主义建设重任。

3. 劳动教育的人生价值

新时代社会主义核心价值观是当代大学生应追求的人生价值。社会主义核心价值观从国家、社会、公民三个层面倡导建设富强、民主、文明、和谐的国家，倡导建设自由、平等、公正、法制的社会，倡导塑造爱国、敬业、诚信、友善的公民，为新时代大学生的劳动教育提供了人生价值追求的目标。大学生是国家未来的栋梁，国家富强需要大学生具有强烈的劳动意识。回望国家走过的历程，从中华人民共和国成立之初的站起来，到改革开放的富起来，再到新时代走中国特色社会主义道路强起来的辉煌成就，背后都凝结了几代劳动者的艰辛汗水，他们是大学生创业学习的劳动榜样。研究表明，劳动教育是培育大学生自由、平等、公正、法治思想的基石，是大学生参与社会、了解社会、实现社会化的桥梁，是大学生实现自我价值的载体。劳动，也只有劳动才能促进大学生实现人生的社会价值。劳动教育是大学生形成爱国、敬业、诚信、友善品质的有效途径。当前，工匠精神重新回归我们的视野，成为各行各业追求卓越的替代，彰显了时代的人生价值。以劳动为载体的工匠精神，强调效法自然、天人合一，以达到劳动的至高境界。这是细的态度，也是专的选择，更是慢的境界。最重要的是，细节的磨砺折射的是劳动的精神和态度。身处日新月异新时代的大学生，理应形成劳动的更高品质，锤炼劳动精神，实现人生价值。

（三）学校劳动教育的实践路径

劳动教育是学校全面贯彻党的教育方针、培养社会主义建设者和接班人的重要举措。新时代大学生的劳动教育要通过理论课程的学习、校园文化的参与、社会实践的锻炼，强化大学生的劳动价值观，创造大学生参与劳动的机会，让大学生通过劳动实践形成劳动品格，锤炼劳动精神。

1. 建立课程体系，强化劳动教育

为培养新时代大学生的劳动精神，高校要通过增设劳动教育课程，创新劳动教育体系，构建完善的劳动教育评价制度，让劳动教育真正落到实处。要防止劳动教育出现"理论上抽象、实际上虚化、口头上重视、课程中淡化"的现象。关于劳动教育问题，列宁曾指出："没有年轻一代的教育和生产劳动的结合，未来社会的理想是不能想象的，无论是脱离生产劳动的教学和教育，或是没有同时进行教学和教育的生产劳动，都不能达到现代技术水平和科学知识现状所要求的高度。"① 可见，劳动教育在人才培养上具有多么重要的地位。为强化劳动教育的有效性，学校要充分利用课堂教学的优势，在课堂

---

① 列宁. 列宁全集：第 2 卷 [M]. 北京：人民出版社，1984：413-414.

中讲授劳动教育的内容,将劳动知识系统化,帮助大学生建立完整的劳动知识体系,从而形成正确的劳动价值观。在课程体系建设方面,要做到四个结合:一是第一课堂与第二课堂结合。在强调劳动教育课程建设与学习时要考虑第一课堂与第二课堂的关系,使第一、第二课堂的教学有机结合。二是理论教学与实践操作结合。劳动教育课程不仅要强调理论讲解与理念的把握,还要安排劳动技能的实践操作。三是课程教学与学分考核结合。要把劳动教育课程的考核纳入正常的评价渠道,并安排适当的学分。四是劳动教育课与思政理论课结合。在劳动教育课中渗透思政教育的元素,进而达到课程思政的目的。

2. 注重文化建设,强化劳动认同

学校文化建设是高校实施劳动教育的重要组成部分,是新时代大学生通过劳动文化熏陶强化劳动观点、形成劳动品格、生成劳动精神的重要举措。劳动文化主要体现在校园文化建设中。高等学校要紧紧围绕大学师生的思想观念、心理素质、价值取向、思维方式,充分利用报刊、讲座、社团、沙龙及其他文化活动和各类文化设施,营造正能量的精神文化和环境气氛;用大学生喜闻乐见的话语体系解读劳动理念,用朋辈教育的优势传导劳动精神,用"润物细无声"的生活场域建设校园劳动文化,让大学生参与日常学校、社区、班级的管理,逐步形成劳动观念,达到劳动认同的目的。有研究认为,校园文化蕴含着高校的管理制度、校风、学风,以及建校传统等。良好的校园文化既是高校实现立德树人的隐性资源,也是高校精神文明建设的重要载体。学校领导要将劳动教育渗透到校园文化中,通过整合劳动教育资源、传播劳动知识、发扬劳动传统,形成崇尚劳动的校园文化。新时代的大学生要积极参与校园文化建设,努力塑造劳动文化;要通过参加以劳动教育为主题的文化宣传活动,提高劳动意识,增强劳动观念,形成劳动作风;要通过参加内容丰富的校园劳动教育活动,以及劳动体验,培养劳动品格和劳动精神。

3. 创新劳动实践,强化劳动精神

新时代大学生的劳动教育是一个从理论到实践的过程,但最终的落脚点应该是劳动实践。因为只有通过劳动实践才能形成正确的劳动观、劳动品格和劳动精神。研究表明,社会实践是落实劳动教育的有效途径,创新劳动实践,构建多元协同育人的机制,对加强大学生的劳动教育具有重要意义。在社会实践中,首先,要创新劳动教育的运行机制,通过校校、校企、校行、校政的融合协同,提供社会实践平台,强化劳动教育的效果,让大学生真正深入到社会基层从事劳动实践,获得真实感受。其次,要引导大学生将理论知识运用到实践活动中,通过实践了解自身理论学习的现状,寻找理论与实践结合中出现的问题,形成"一切从实际出发"的劳动实践观,从而巩固劳动理论知识,提高劳动实践技能。同时也要引导大学生在实践中内化理论知识,能将劳动教育的感性认识上升到理性认识,确保劳动教育的实效性。最后,要强化对大学生劳动实践的坚持性、艰难性、刻苦性、奋斗性的教育,引导大学生在社会实践中铸就劳动精神。

三、社会教育是大学生劳动教育的延伸

社会教育是人生教育的重要组成部分,是人接触社会所领悟的影响。社会教育就其形式和性质而言,与家庭教育、学校教育还是有很大差别的。家庭教育主要是父母长辈

对子女晚辈的教育。学校教育是有组织、有计划地对受教育者施以专门的教育，学校是从事教育的专门机构。社会教育从狭义而言，其教育形式是多样的，其教育影响也是多样的，但社会教育对人的影响却是深刻的。社会劳动教育包括的范围较为广泛，它涉及一切生产和服务性的劳动及其教育。大学生所涉及的社会劳动教育是参与社会实践、实习和志愿服务等，它是在校学生接受劳动教育的延伸。社会劳动教育对培养大学生的劳动价值观、劳动品质和劳动精神都具有重要意义，是大学生劳动教育不可缺少的重要环节。

（一）社会教育的人生意蕴

社会教育是人生教育不可回避的内容，它对人的影响是长期的、多变的、复杂的，甚至有可预测或不可预测的特性。新时代大学生受社会教育的影响，往往处于认识水平的独立期，有时也会处于叛逆期。社会教育对大学生人生的影响具有多重意蕴。

1. 社会教育的概念

通常，社会教育（society education）有广义和狭义之分。广义的社会教育是指学校教育与家庭教育并行的影响个人身心发展的社会教育活动。狭义的社会教育是指社会文化教育机构对青少年和人民群众开展的各种文化和生活知识的教育活动。在清光绪二十九年（1903）《游学译编》第九期《教育泛论》一文中就曾把教育划分为家庭教育、学校教育和社会教育三大类，并提出"家庭教育势力小，而学校教育与社会教育之势力大"的观念。1912年，中华民国临时政府教育部设社会教育司，开始正式使用"社会教育"一词。[①] 随着新时代的进程，社会教育显得越发重要。尽管社会教育在整个教育体系中还处于辅助和补偿地位，但却越来越显示出了不可替代的作用。研究表明，良好的社会教育有利于大学生的思想品德教育，有利于大学生知识、智慧与能力的增长，有利于丰富大学生的劳动精神。社会教育是学校教育的补充与完善，因为学校教育很难适应同一班级中不同兴趣爱好和发展水平学生的个别需要，社会教育刚好弥补了这些方面的不足。

2. 社会教育的特点

社会教育与学校教育和家庭教育相比，有其自身的特点：一是终身性。社会教育对任何人而言都具有终身性。活到老，学到老，这对任何人来说都是不以意志为转移的，无论你有意还是无意，都必须接受终身受教育这个现实。二是广阔性。社会教育涉及社会生活的方方面面。凡是有人的地方，就有社会教育，这是任何其他教育所不具备也不可能实现的。三是层次性。从接受教育的年龄来划分，通常一个人的教育要经过幼儿、小学、中学、大学和成人教育的阶段。从地区行政等级来划分，有中央级、省部级、市级、县级，社会教育也有相对应的层次。四是多样性。多样性是社会教育最清楚、最明显的特点，却是最容易被忽视的特点。由于行业不同、地位不同、党群社团等的不同，相应的工作、职责、任务也不同，形成了多样性。五是多变性。社会教育的多变性是影响社会教育质量的主要因素，对社会成员健康思想和良好品德的形成具有一定的影响。六是复杂性。社会教育的多变性体现了社会教育的复杂性。从本质上说，社会教育的复杂性是由教育对象的人是复杂的这一根本原因所决定的，即人的复杂性决定了社会教育的复杂性。

---

① 顾明远. 教育大辞典 [M]. 上海：上海教育出版社，1998.

3. 社会教育对大学生的影响

社会教育对新时代大学生的影响主要体现在两个方面：一方面是多变性的影响。社会教育的多变性直接影响大学生的世界观、人生观和价值观。宽泛的社会教育是一种接触型的影响，同时也具有潜移默化的效应。由于大学生仍处在成长期，难免会遇到社会上的一些负面信息或所谓"榜样"的唆使，一旦放松心理戒备就容易滑入负面影响的窠臼。大学生一定要在学校教育的引导下，回避因社会多变性引起的不良言行。要牢记"以德为行，以学为上"的教诲，做一名能抵御诱惑的新时代有使命担当的大学生。二是复杂性的影响。社会教育的复杂性同样来自社会教育的多变性。所谓社会教育的复杂性是指社会的复杂性对教育的影响。大学生步入社会参与实践，会接触到各种各样的人群，有积极向上的群体，有消极腐败的群体，还有得过且过的伪"佛系"群体。大学生如何交往，与谁交往，这是社会复杂性给出的交往选择。当然，与正能量群体的交往获得的社会教育影响是值得肯定的，如果与负能量群体交往就会适得其反。社会教育的复杂性对大学生来说，既是必需的也是危险的。要回避负能量的影响，唯一的选择就是心中有正能量。

（二）社会劳动教育的本质

社会劳动教育有广义和狭义之分。广义的社会劳动教育泛指一切社会劳动、实践、活动与工作对受教育者的影响。从组织类型看，它既包括家庭劳动教育，又包括学校劳动教育，还包括参与社会活动的所有劳动教育。狭义的社会劳动教育特指受教育者参加社会活动所接受的教育。社会劳动教育对人的影响是重大的，它对受教育者认识自我的存在与发展、人类的生存与发展，以及社会实践创造财富、推动社会发展都具有十分重要的意义。

1. 人类主体的生存性

马克思主义认为，劳动是人类创造物质财富和精神财富的活动。"劳动既创造了人，又创造了社会。劳动是社会从简单到复杂发展过程的'机制'，劳动对社会的发展具有内在逻辑的有机联系。"① 马克思认为，劳动是区分人与动物的决定性因素，劳动实现了自在意义的自然世界跃迁为自为意义的人类世界。作为人类最基本实践活动形式的劳动，也从"解释世界"转变为"改造世界"的现实社会活动。马克思强调，劳动首先是人和自然之间的过程，是人以自身的活动来连接、调整和控制人和自然之间的物质变换的过程。恩格斯指出，马克思"在劳动发展史中找到了理解全部社会史的锁钥"②。"劳动发展史是与社会、人的发展史相一致的，前者正是后者的基础和原因，劳动的辨证本性及其矛盾发展，是一切社会矛盾的源泉"③。马克思强调："人们为了能够'创造历史'，必须能够生活。但是为了生活，首先就需要吃喝住穿以及其他一些东西。因此，第一个历

---

① 景天魁. 打开社会奥秘的钥匙：历史唯物主义逻辑结构初探 [M]. 太原：山西人民出版社，1981：15.

② 中共中央马克思恩格斯列宁斯大林著作编译局. 马克思恩格斯全集：第四卷 [M]. 北京：人民出版社，1972：254.

③ 景天魁. 打开社会奥秘的钥匙：历史唯物主义逻辑结构初探 [M]. 太原：山西人民出版社，1981：132.

史活动就是生产满足这些需要的资料，即生产物质生活本身。"①

正如马尔库塞所说："要得到任何可能的满足都必须工作，必须为获得满足需要的手段而从事颇为痛苦的劳动。"② 在马克思历史唯物主义视野中，劳动被看作是人类历史发展的事实起点，亦是整个历史唯物主义建构的逻辑起点。如上所述，劳动是人类区别于动物、突显人类本质的进化过程，劳动也是人类生存的必然条件。

2. 实践活动的唯一性

劳动是马克思主义劳动观、劳动价值观的逻辑起点，是马克思主义的理论基石。马克思在他的鸿篇巨制《资本论》中创立了劳动二重性理论，这成为理解马克思主义政治经济学的枢纽。劳动是人的本质活动。人的本质是劳动的，人的本质也是通过劳动实现的。劳动本身就是实践，劳动产生了教育，劳动是教育的起源，教育的本质是劳动，"劳动"与"实践"通常是通用的，由此，我们也可以把劳动看成实践。劳动就是工作，工作就是劳动，劳动也具有职业性。③ 劳动是人类认识世界和改造世界的唯一活动，这一活动就是实践，没有实践人类不可能认识和改造世界。我们通常所说的工作是劳动，做事是劳动，开展各种各样的活动也是劳动，只是变换了劳动的形式和内容。在某种意义上，可以说劳动具有人类实践活动的唯一属性。没有人类的劳动就不可能有人类的实践，没有人类的实践就不可能有社会的发展。新时代的大学生要积极参与社会实践，要牢牢树立劳动创造世界、劳动创造财富的思想，以热爱劳动、参与劳动、刻苦劳动促进自身发展，得到社会的认同，从而为祖国的振兴做出自己的贡献。

3. 个体伴随的终身性

教育是按一定要求培养人的工作。劳动教育本身就是生存教育、实践教育、永恒教育、全民教育、创造教育、幸福教育、未来教育、全人教育。劳动教育属性的丰富性在整个教育体系中的机制作用，以及对人类社会发展的历史作用是不言自明的。新时代中国特色社会主义教育发展道路，需要劳动教育的奠基。劳动教育是国民教育体系建设的出发点和落脚点，劳动教育也是德智体美劳全面培养的教育体系建设的出发点和落脚点，改革开放以来的教育实践已经有了许多见证。劳动教育能够使青少年学生获得正确劳动观念、劳动习惯、劳动情感、劳动精神，了解和懂得生产技术知识，掌握生活和劳动技能，在劳动创造中追求自己的幸福生活。劳动教育能够连通教育世界、生活世界和职业世界。劳动教育具有经验性、先进性、前置性的人生核心素养培育活动的鲜明特点，具有教育全属性机制，是人生第一教育，④ 也是终身教育。劳动教育的终身性是由社会发展的推动力量与劳动的属性所决定的。劳动是推动社会发展的根本力量，也是唯一力量，只有经过劳动才能认识世界和改造世界，离开劳动，世界将不复存在。社会劳动教育的终身伴随性，要求大学生守望初心，回归本位，以终身不懈的努力去实践、去追求人生存在的意义与价值。

（三）社会劳动教育的范式

社会劳动教育是每个人都不可回避的教育，它是人生发展的必然经历。一般来说，

---

① 马克思，恩格斯. 马克思恩格斯全集：第一卷 [M]. 北京：人民出版社，2012：57.
② 赫伯特·马尔库塞. 爱欲与文明 [M]. 黄勇，薛民，译. 上海：上海译文出版社，2005：7.
③④ 徐长发. 新时代劳动教育再发展的逻辑 [J]. 教育研究，2018（11）：12-13.

教育是一种影响，当人们在社会中生产、生活或工作时，总会受到周围人们劳动的影响，这种影响就是教育。社会劳动的影响因受劳动范式的影响而不同。

通常，我们所处的社会是复杂多变的，它充满了复杂的人际关系。人与人之间因生产劳动、物质交换、生活需要而相互联系。由于社会分工的不同，形成了不同的职业，而不同的职业又有不同的劳动状态。劳动范式的描述可谓千差万别、林林总总，不同的劳动其表现方式是不一样的，所体现的教育也是有差异的。社会劳动教育根据其形式、性质和类型的不同，其表现的范式也不尽相同。从组织类型划分，社会劳动教育可分为家庭劳动教育、学校劳动教育和社会组织劳动教育；从劳动教育的目的划分，可分为有目的的教育和泛目的的教育或影响；从劳动教育的形式划分，可分为集体劳动教育、小组劳动教育和个体劳动教育；从人生发展的阶段划分，可分为幼儿劳动教育、少年劳动教育、青年劳动教育和终身劳动教育。总之，社会劳动教育是影响人生发展的教育，是奠定人生活动基础，创造社会价值，获得人生幸福，报效祖国、振兴民族，为人类做贡献不可或缺的教育。

[案例4-1]

以劳动"抗疫"的雕塑艺人

2020年春节，一场突如其来的新冠肺炎疫情笼罩着祖国大地。随着疫情的快速传播，乡村雕塑艺人刘进潮所在的自然村也实施了封闭管理，村口有专人把守。村里的大喇叭，每天都传来村干部宣传防疫知识的声音，提醒人们无事不要外出，村里还安排专人骑着三轮车、载着小喇叭沿街宣传。村干部没日没夜的坚守让刘进潮感触颇深，他下决心要以这些可爱的身边人物为主题，创作一组抗疫雕塑作品。由于疫情影响，在外打工的孩子都窝在家里，人多嘈杂，无法专心创作，刘进潮不顾天寒地冻，抱着被褥，拎着锅碗，一个人扎进山上的工作室，夜以继日地创作。山上的工作室是传统的民居，门窗都是木板的，虽然用塑料布封上了，但仍然漏风。室内没有取暖设备，创作时刘进潮只好把棉被披在身上。由于山上只有他一个人，室内昏暗又要24小时亮着灯，他慢慢地失去了时间概念，累了就休息一会儿，困了就上床睡一会儿，饿了烧点开水，就着啃干馒头。从正月初五上山构思，确定主题、画草图、做草稿，直至全部创作，他用了不到10天的时间，完成了《我村抗疫一线》《俺给武汉人民送点菜》各一组三个场景和《老村长喊话》《丈人来了也要撵》《保家卫国》等抗疫作品。刘进潮事后回忆，作品创作后期，自己已经与外面的世界隔绝了，完全进入了忘我的境界。最早是自己的颈椎病复发，头昏脑涨。慢慢地，胃也出了问题，疼起来倒在床上打滚。就在他实在坚持不住的时候，作品终于完工了。由于连续十几天吃不好休息不好，在系列作品基本创作完成的时候，他累倒住进了医院。

因为创作"抗疫"雕塑而累倒的刘进潮，经过打针吃药休息，身体刚刚好一些，就又一头扎进工作室。在休息的这几天里，他被媒体广泛宣传的钟南山院士的事迹感动了，特别是那张钟院士在高铁餐车上坐着休息的照片，深深震撼了他。一位80多岁的老人，在世人面对疫情惊恐茫然的时候，毅然挺身而出、逆流而上，并向全国人民传递了抗疫必胜的信心。病床上的刘进潮下定决心，要用自己的艺术创作向钟南山院士致敬，把钟院士面对疫情时的自信和坚毅传递给社会。又是五天五夜，在最寒冷的日子里，刘进潮被钟南山院士的人格魅力感动得热血沸腾。创作过程中他经常打开手机，从即时新闻中寻找钟院士的形象，捕捉老人最传神的表情，随时对作品进行修改微调。刘进潮仿佛是在与疫情抢时间，又像是承担着代表大家致敬钟院士的责任。他再一次忘记了时空，忘记了自我，甚至忘记了自己因为过度劳累病倒过，刚刚离开医院。曙光初现，新的一天来临。望着刚刚完成的钟南山院士塑像，刘进潮压抑不住内心的激动，一边向当地文旅局、文联汇报，一边自己发布抖音。他希望借助自己的作品，把钟院士面对疫情的果敢、自信和牺牲精神传递出去，鼓舞人们的抗疫斗志，争取早日获得抗疫的胜利。

刘进潮创作的抗疫系列作品，成为枣庄甚至山东表现抗疫题材文艺作品最早也是最优秀的一批，得到了山东省文联、山东省文旅厅以及各种媒体的广泛宣传，在社会上产生了积极影响。

本案例根据《文艺报》（2020年8月26日）汪柏青《一个乡村雕塑艺人的"抗疫"叙事》改编。

[案例分析]　　以职业劳动创造价值，以顽强奋斗的精神服务社会。刘进潮是山东省枣庄市台儿庄非遗泥塑传人，出生于1967年。当然，他以一位农民泥塑艺人的身份走进人们的视野，还是在2010年枣庄市台儿庄古城复建的日子。这次他以泥塑艺术家的身份创作的"抗疫"组雕充分展现了一代艺人报效祖国的奋斗情怀。他以职业劳动创造社会价值的博大胸怀，以及以顽强奋斗拼搏的劳动精神为社会贡献一己之力的行为，以实践劳动的观点，践行了一位知识分子在大灾大难面前不辞劳苦、勇往直前的劳动精神。新时代大学生要以刘进潮为榜样，结合职业劳动特点主动为社会服务，要把国家的振兴，民族的希望时刻放在心上，要以刻苦耐劳的奋斗精神实践自己的职业梦想。

第二节　新时代大学生劳动教育的方式

大学生劳动教育的方式由学生在校期间的生活规律、学习内容，以及教育活动的特点所决定，只有方式方法与内容相一致才能取得劳动教育的良好效果。日常生活起居、专业学习探讨、社会实践锻炼，这是大学生在校期间的主要活动范畴。大学生的劳动教育要围绕这些活动展开，要从日常生活着手培养学生的劳动工作习惯，把劳动教育与日常生活起居结合起来，促使学生养成爱劳动的行为习惯；要从专业发展着手引导学生参与创新创业实践，把劳动教育与专业学习结合起来，通过专业实践探讨专业发展与创新创业的关系，从而培养学生的专业情感、专业意识与专业发展的意志；要从社会实践着手提升学生在专业发展上的技能；要通过劳动教育引导学生将专业知识、技能与社会发展紧密结合，在劳动中形成献身祖国的专业精神。

一、从日常生活着手培养劳动工作习惯

新时代的大学生已完成基础教育的学习，开启了人生奋斗的更高更大更远的航程。劳动是人类生存发展与财富累积的基础，是推动社会发展创新的永恒动力。大学生的劳

动教育分为理论学习与实践锻炼,在理论学习上,要把握劳动教育的本质、劳动操作的技术,牢记伟人对劳动教育的谆谆教导;在实践锻炼方面,要结合自己的学习生活,从身边小事做起,养成良好的劳动行为习惯。

(一) 养成良好的起居卫生习惯

习惯是一种顽强而巨大的力量,它可以影响人的一生。习惯是后天培养的力量,它可以创造人的天性,影响人的禀赋,改变人的个性。通常,习惯是指一个人习以为常的、不经过太多思考所产生的惯性行为,是思维定式引发的行为举动或举措。习惯一旦形成一般很难改变。习惯有良好的行为习惯和不良行为习惯之分。良好的行为习惯一旦形成将产生有益于个人与社会的影响。而不良行为习惯一旦形成,对个人和社会都不会带来正能量。大学生良好行为习惯的养成,对促进个人素质的全面提升具有重要意义。

从劳动教育实践的角度谈行为习惯,大学生在校期间首先必须养成良好的起居卫生习惯,把劳动教育与日常行为紧密结合起来。良好起居卫生习惯的养成包括理念的形成、实践的运作,以及阶段性反思等。

1. 规律起居,整洁卫生

有规律地起居,保持整洁的个人卫生与环境卫生,是大学生培养良好行为习惯的开始。大学生活从起居卫生开始,然后是学习锻炼,以及社会实践活动等。定时作息,有规律地起居,是一个人特别是成年人应该具备的良好品质。因为生命具有自然属性,其身心需要生活节律的调控,累了困了要休息,渴了饿了要补充,有规律的起居饮食、有节奏的生活步伐,能给人带来生活、学习与工作的愉悦感,能提高人的工作、学习效率。而无节制、无规律的生活,给人带来的是精神萎靡恍惚,以及无效率的工作学习结果,长此以往,甚至会导致精神疾病。另外,整洁卫生的个人起居环境是大学生愉悦心情形成的基础。有研究表明,个人卫生和起居环境卫生是保障一个人拥有健康体质,远离疾病,焕发奋斗精神,形成良好工作学习习惯的基本条件。

2. 动手实践,劳动光荣

个人起居卫生的良好习惯要靠勤劳的双手来实现,要靠严密的逻辑思维来鞭策。早起、早睡要靠周密的学习工作计划来安排,要靠严密的逻辑思维推导来保障。个人卫生、起居环境卫生要靠勤奋的劳作来实践。床铺的整洁、铺盖行李的清洗、宿舍的卫生、个人的洗漱习惯、衣帽鞋袜的定期清洗、个人穿着打扮的适度,这些都应该按时间、按规律、合情理地动手去做。古人云:"一屋不扫,何以扫天下。"这是对宿舍卫生清洁的理性反思与追问,这也充分说明,做事理应从身边和自我做起。当今大学生要以报效祖国、报效社会的胸怀,从我做起,从小事做起,勤动手劳作,勤整理宿舍,勤打扫个人卫生,在长期劳作的过程中培养良好的起居卫生习惯。

3. 阶段反思,强化劳作

良好起居卫生习惯的形成,既需要理性认识的支撑、勤奋动手的劳作,还需要不断的反思强化。要形成良好的起居卫生习惯,要有"吾日三省吾身"的阶段性反思。睡觉前想一想今天的起居卫生情况、动手劳作情况、身边还需要改进的情况。每周花一点时间思考一下劳动的情况:做得如何?是否能做得更好?还有哪些需要改进?一个月下来,要考虑一下自己的个人卫生、宿舍卫生、起居卫生,哪些还可以通过自己的劳动做得更好。一学期下来，要有自己的文字小结，总结一下自己的行为习惯表现方式，为来年或下学期的良好起居卫生习惯的形成奠定基础。

（二）形成俭朴的学习生活作风

俭朴的学习生活是新时代大学生应具备的基本素养，也是当代大学生走向成功的最基本诉求。俭朴的学习生活蕴含着勤奋、勤俭、勤劳的奋斗意味和朴素、朴实、简朴的工作作风。俭朴是一种精神、一种作风，更是一种高尚的品质。当代大学生要通过劳动、勤奋，践行节俭，体现勤俭节约的良好风尚，形成朴素、朴实、简朴的学习生活作风。毛泽东同志曾说，人是要有一点精神的。我们认为，这种精神就源于人的工作、学习和生活作风。俭朴的工作作风会给人一种力量，不矫揉造作，不粉饰，不奢华。俭朴的学习生活作风能给人一种清新愉悦的感觉，彰显朴实无华的品格，展露简朴素雅的风骨，体现隽永悠长的品性。从劳动教育的角度考察俭朴的学习生活，其形成过程主要包括价值认同、劳动创造，以及涵养秉性。

1. 俭朴的价值认同

学习生活的俭朴，是指不追求学习生活方式的浮躁与华丽，以朴实节俭为生活学习的第一准则，既不追求形式的奢华，也不贪图虚无的安逸，更不接受嗟来之食，是以勤奋的劳作、勤俭的心态、脚踏实地的稳健作风，体现敦厚朴实的生活，以及创造性的学习和工作。中华民族是具有五千年光辉灿烂文化的民族，节俭朴素、勤奋劳作的优良品质在炎黄子孙的血液里将永远流淌。弘扬勤俭节约的光荣传统，倡导艰苦奋斗、厉行节约，反对铺张浪费，珍惜劳动成果，生活花费有节制，这是党和国家对公序良俗的基本要求，它体现了社会主义的核心价值观。新时代大学生是祖国的未来、民族的希望、新社会新风尚的创造者、中国特色社会主义事业的建设者和接班人，要把形成俭朴的生活学习作风作为人生追求的目标，以实际行动践行"劳动光荣""奢侈可耻"的价值理念，要有"以俭为德，以侈为恶"的行事风格，要通过劳动的参与创造幸福美好的明天。

2. 俭朴的劳动本色

一般来说，俭朴的工作生活作风伴随的是艰苦奋斗、勤俭节约、辛勤耕耘、善于生活，以及热爱劳动的高尚品质。一个人能否热爱劳动，是否对劳动人民有同情心，是能否形成俭朴生活、学习和工作作风的基础。只有从事劳动才知道幸福来之不易，只有参与劳动才会珍惜来之不易的劳动成果。大学生要形成俭朴的学习生活作风，就必须参与劳动，到实践中去锻炼，体验劳动的艰辛，流一身劳动的汗水，铸就劳动人民的本色。俭朴的学习生活作风是大学生成人成才应具备的基本品质。在大学四年的学习生涯中，新时代的大学生要从身边的小事做起，从自身整洁朴实的衣着做起，从周边环境的美化、优化、净化做起。总之，要参与力所能及的体力劳动、刻苦钻研的脑力劳动，永葆劳动的本色，以劳动创造美好的生活，以俭朴铸就良好的品质，以劳动追求人类的幸福。

（三）凝练勤奋打拼的刻苦精神

刻苦精神是中华民族自立于世界民族之林的魂，是中华民族厚德载物、自强不息、奋发向上优良传统的根。新时代大学生劳动教育要围绕勤奋打拼的劳动内容，凝练艰苦奋斗、勤俭节约、奋发向上的刻苦精神。随着国家的富强、人民的富裕、社会生活水平的提升，有些大学生受不良风气的影响，刻苦精神在逐步淡化，工作怕困难，劳动怕吃亏，学习怕艰辛，生活怕吃苦，创业怕失败。这些表现存在的最终原因是缺乏勤奋打拼的刻苦精神。有研究认为，自强、刻苦、创造、竞争这四种精神是未来社会发展所需人才最为显著的特征。自强是一种责任，刻苦是一种精神，创造是一种能力，竞争是一种动力。新时代的大学生要以实现中华民族的伟大复兴为己任，为"两个一百年"奋斗目标贡献自己的力量，要有刻苦学习的精神攻克专业难关，要有创新创业的能力和敢于胜利的竞争意识走向社会。从劳动教育的角度考察勤奋打拼的刻苦精神，我们应该从如下三个方面去努力。

1. 在劳动中理解刻苦精神的内涵

《辞源》对"刻苦"的解释是"下苦功钻研"，即下苦功夫去钻研学问，下苦功夫去解决问题。"苦"是一个形容词，有程度之分。刻苦则是一种精神，是指为达到奋斗目标而做出的努力。首先，刻苦精神体现的是社会主义核心价值观，传递的是正能量，表达的是高尚职业道德。作为一种精神，刻苦反映的是人们对改造自然和改造社会的根本态度，是一种表现人类文明状态的先进思想和正确的道德观。历史已经证明，人类在认识和改造客观世界的过程中不断创造物质文明，积淀精神文明的积极成果，从而推动人类社会不断向前发展。而这一进程需要人类付出巨大的劳动代价和艰苦卓绝的努力。因此，刻苦精神是创造人类历史和社会文化的必然要求和精神动力，也是人类文明状态的先进思想的体现，它集中反映了社会主义的核心价值观。其次，刻苦精神是创造社会文化的动力，也是促进个体修身养性、形成健康人格的核心内容。刻苦精神是一种精神资源，它包括自力更生、艰苦创业、努力开拓、无私奉献、生活俭朴等多元打拼创业的奋斗意识。当前，弘扬刻苦精神有利于大学生理解和明确自己的历史责任，有利于大学生增强抗腐蚀能力、克服享乐主义思想。弘扬刻苦精神可以有效抵制不良生活方式、腐朽作风的侵蚀，避免陷入享乐主义的价值观误区。

2. 在劳动中锤炼勤奋打拼的刻苦精神

大学生勤奋打拼的刻苦精神应体现在生活与工作、专业学习、创新意识和实践能力的形成和发展上。在生活工作中，要有不怕困难、勇往直前、一心奔向目标的意识，要以大无畏的精神战胜一切困难，要以不达目标誓不罢休的意志训练自己的刻苦精神。在专业学习与实践中，要有努力学好各门课程的思想准备，要通过掌握正确的学习方法积极创新探索，在探索中激发自身的学习兴趣和潜能。要通过创新思维的运用，寻找学习的创新点、智慧的生成点、精神的生长点，从而养成刻苦学习的良好习惯。

首先，大学生要有刻苦学习精神的自我凝练，要把训练刻苦学习精神作为一种动力。要树立正确的学习目的观，要明确学习的真正目标。只有这样，才能产生刻苦学习的动力，才会把学习目的和学习目标作为自身的需要和生活的重要部分，才会以极大的热情忘我地投入到学习活动中。其次，刻苦学习精神的锤炼，要坚持严格要求自己，要有严格的自我管理措施，不能随心所欲，要有目的有计划，在规定的时间范围内完成预定的任务，以任务的完成、目标的到达激励自己，从而形成勤奋努力、积极向上的良好作风。再次，大学生要给自己提供克服困难、接受磨炼的机会，争取获得一些必须经过努力、付出辛勤劳动才能完成的学习工作任务，以此培养自己刻苦学习的精神。在创新意识和实践能力的发展上，要通过刻苦精神的凝练，强化自身的独立思考能力，要敢于质疑，要努力把学得的知识运用于实践,在实际生活中提高自己的实践能力。

3. 以马克思刻苦治学的精神为鞭策

以马克思刻苦治学的精神为鞭策,努力钻研学问,刻苦学习专业,为建设繁荣富强的国家做出自己的贡献。

[案例4-2]

马克思的刻苦治学精神

马克思非常喜欢书,他一生收藏了一千多部书,而他读过的书更是不计其数。对于马克思来说,书籍不是装饰品,而是工具。他常常说:"书籍是我的奴隶,一定要服从我的意志。"

马克思的学习态度是惊人的。他在英国读书的时候,常常情不自禁地在座位下用脚来回擦地。经过长年累月之后,在他的座位下,坚硬的水泥地竟被磨去了一层,在那里留下了他的足迹。马克思写《资本论》整整花了四十年的功夫。在写作《资本论》这本书的过程中,他读过和摘录过的书就有一千五百种以上,他阅读了大约七十多个经济学家的名著,他写的笔记包括提纲、札记、摘录至少有一百本以上,凡是和这本著作有关的学科,例如农学、农业化学、实用工艺学、实用经济学、科学技术甚至解剖学、"复式"簿记等,他都细心研究过。在写作《资本论》时,他所遇到的困难是难以想象的。

马克思对科学研究工作的态度是十分严肃认真、一丝不苟的。他的《资本论》第一卷总共写了十多年,但总是迟迟不肯拿出去付印,认真进行反复修改。马克思说:"如果我们贡献给劳动者的东西有一点不够尽善尽美的话,那就是一种罪过。"

马克思的生活是非常困难的。为了坚持学习和工作,他牺牲了健康、幸福和家庭,丝毫不为困难挫折所压倒。他在给恩格斯的信中说:"哪怕是整个房子塌下来压在我的头上,我也要完成这部著作。"马克思的一生是伟大的一生,是勤奋拼搏、刻苦奋斗的一生。他的刻苦治学精神是我们的宝贵精神财富,他是我们永远追求和学习的榜样。

二、从专业发展着手参与创新创业实践

专业发展为大学生的人生发展奠定了基础。大学生在校学习的专业是根据社会职业分工所划分的,专业是大学通过类别对学生进行教育的依据。不同专业的学生学习不同的内容,不同的专业内容也就确定了大学生未来不同的人生。通过专业发展参与创新创业实践,走教育与生产劳动相结合的道路,这是党和国家对高校人才培养的要求。以专业实践参与社会劳动,我们一定要明确学科、专业、课程、教材与教学方法之间的关系,弄清专业发展对人才培养的作用,将人才培养过程的环节与劳动教育紧密相连,通过专业发展与劳动实践的结合,强化劳动意向,磨炼劳动意志,锤炼劳动意识。

(一)在学科发展中体现劳动意蕴

1. 学科概念辨析

"学科"一词译自英文的 discipline,其词义本身具有多重含义。从其本源理解,学科一方面指知识的分类和学习的科目,另一方面又指对人进行的培育,尤其侧重于带有

强力性质的规范和塑造。美国学者伯顿·克拉克在他的《高等教育新论》一书中提出，学科包含两种含义：一是作为知识的"学科"；二是围绕这些"学科"而建立起来的组织。一般认为，从创造知识和科学研究的角度来看，学科是一种学术的分类，指一定科学领域或一门科学的分支，是相对独立的知识体系；从传递知识和教学的角度看，学科就是教学的科目；从大学里承担教学科研的人员来看，学科就是学术的组织，即从事科学与研究的机构。有研究表明，学科在不同的场合和时间体现不同的内涵。但学科水平对大学能否培养优秀人才、产生丰硕的科研成果、提供优质的社会服务等具有直接的影响。学科水平既体现在推动学科发展的贡献上，也体现在应用学科发展的成果培养人才和研究、解决社会现实问题的贡献上。每一所大学都能够通过不断提升学科水平，进而提高人才培养的质量，产生更多的科研成果，为社会发展提供更优质的服务。

2. 学科的学习意义

学科对于大学生学习的意义主要体现在三个方面：一是在学科大类的指导下学习专业知识。大学招生是按学科和专业来划分的，学生报考的专业一般都对应着上位的学科。如国际经济贸易、投资学、市场营销专业对应的上位学科是经济学。其课程设置与知识体系就属于经济类，其毕业生的知识范畴就框定在经济学领域。二是在学科知识体系的学习中领悟社会发展的需要。学科的分类，专业知识的安排，以及课程教材的拟定，对学生来说是有组织、有计划、有方案设置的。学科专业知识的基础性、前沿性，以及发展创新性，对学生的影响是巨大的。社会需要什么，专业发展要解决什么，对学生而言就是社会发展需要的定向。三是在学科学习研究中寻找人生发展的方向。大学生在校学习有两个任务：一是学好专业知识，毕业后走向社会，在对应的职业岗位上从事自己喜爱的工作。二是在专业学习中奠定基础，通过考研、读硕、读博，为学术研究做贡献。四年的本科学习，对有志于从事学科专业研究的大学生而言，就有寻求学科发展的人生意味。

3. 学科学习的劳动意蕴

学科是人类活动产生的经验积累，通过劳动消化形成的认识，再通过思考、归纳、理解、抽象才逐步上升为系统知识。知识在劳动的反复运用中得到验证后，进一步发展到科学层面，最终形成知识体系。知识体系在不断发展和演进中，由劳动者根据某些共性特征进行划分进而形成学科。从劳动的角度考察学科，它是人类劳动经验的提升与优化，是劳动创造世界的知识总结，是人类通过劳动将成果上升为智慧的行为。从某种意义上说，没有劳动，没有智慧型的创造性劳动，就没有今天的学科和知识的分类。新时代大学生要在学科发展中体现劳动的意蕴，要珍惜几千年劳动人民创造的成果，并以劳动观念、劳动行为、劳动操守为学科专业的发展而努力刻苦学习，为振兴民族的事业、为"两个一百年"奋斗目标的实现做出自己的贡献。

（二）在专业研讨中强化劳动意向

1. 专业与学科的关系

专业是学科的下属概念，如工学的计算机专业、电子信息技术专业等。学科是知识体系的划分，专业是职业技术分工的划分，专业与学科之间有对应的关系。在大学教育中，学科通过专业承担人才培养的职能。通常比较一致的看法是：专业是"高等教育培养学生的各个专门领域",是大学为了满足社会分工的需要而进行的活动。这在一定程度上揭示了专业的本质内涵,表明了专业的范围、对象和功能。而"专门领域"是大学区别于其他层次教育的特征之一。大学中的专业是依据社会的专业化分工确定的,具有明确的培养目标。社会分工的需要作为一种外在刺激促成了专业的产生。有学者提出,专业处在学科体系与社会职业需求的交叉点上。这一观点基本反映了专业这一概念的本质。因此专业的定义中有两个关键概念:社会需求与学科基础。一个专业要完成培养人才的任务,必须根据社会对人才的需求,依托与它相关的学科来组织课程体系,然后实施教学过程,获得教学效果。

2. 专业的学习意义

专业对大学生的学习意义主要体现在三方面:一是明确专业对社会发展的意义。专业是根据社会发展以及劳动分工所确定的职业类型,如美术设计专业、音乐表演专业、商务英语专业、人力资源专业等。我们除了要了解专业知识源于学科知识体系外,还要了解社会对专业的需求,以及专业的对口适应度。二是要了解专业发展对知识体系的要求。大学生学习专业知识的目的无非是两个,要么为就业做准备,毕业后能找到一份好工作,实现人生发展的理想;要么是自己的喜爱与兴趣,学习专业就是为了自己的爱好与追求。这两种目的都不可否认,但无论哪一种目的都应该认真了解专业所需知识体系,通过辛勤的劳动、刻苦的钻研,把专业知识内化为个人的知识结构,形成专业的个性化。三是奠定个人发展的基础。专业知识的学习只是证明了个体学习的知识范畴与起点,但专业的发展会随社会的进步而进步,发展是无限的。专业发展的个性化来源于个体知识的差异化,不同的知识构成了不同的发展前景。专业奠定的是发展基础,而可持续的发展得靠个人的不断努力与奋斗。

3. 专业学习的劳动意味

从劳动教育的意义考察专业学习,大学生要牢记如下三点,并在实践中不断探索。一是要树立学好专业的思想。专业是大学生学习的基本内容,是构成大学生知识体系的要求,是大学生走向社会获取职业职位的必备条件。学好专业知识,掌握专业技能应该成为大学生的明确目标。二是要通过刻苦钻研专业知识形成自己的知识体系。专业知识体系是共性的要求,个性化的知识结构才是大学生所具备的通往社会发展的能力。刻苦钻研专业知识,有创造性地学习,不断拓展专业知识结构,这些都是大学生形成自己个性的必然要求。当然,刻苦钻研是融会贯通知识的前提条件。三是要用顽强拼搏的劳动精神创新专业知识,为人类发展做贡献。进大学选择了专业,大学生就要立志为专业发展、为人类的幸福做贡献。袁隆平院士是学农业的,他以顽强拼搏的精神为解决中国人乃至世界人民的吃饭问题做出了杰出贡献。顽强拼搏是一种高尚、勇敢的劳动精神。新时代的大学生应该也必须抛弃贪图安逸的思想,树立吃苦耐劳的意识,从专业学习做起,从为人民服务做起,为社会发展努力做出贡献。

(三)在课程钻研中磨炼劳动意志

1. 关于课程的探讨

通常我们所说的课程有广义与狭义之分。广义的课程观认为,课程的本质是一种教育性经验,是对教育主体产生积极影响的各种因素或资源的总和。狭义的课程观认为,课程指学校场域中存在和生成的有助于学生积极健康发展的教育性因素，以及学生获得的教育性经验。大学课程根据形式和性质，可分为理论课程和实践课程，学科课程和活动课程，显性课程和隐性课程，基础型课程、拓展性课程和研究型（探究型）课程，国家课程、地方课程与校本课程，核心课程与外围课程等。一般来说，课程即教材，课程内容在传统意义上被当作学生学习的知识来对待，其重点是向学生传递系统知识，而知识的传递要以教材为依据。所以，课程内容被理解为是上课所用的教材。这是一种以学科为中心的教育目的观，教材取向以知识体系为基点，以学生学习的学科知识为内容，而知识的载体就是教材，其代表人物是夸美纽斯。随着社会发展对人才的要求，高校教育改革正处于如火如荼的状态，课程改革也被推到了风口浪尖上。我们认为，课程是教育的内容，课程是专业知识的体系，课程是学生获得学业成绩的衡量标准，课程是培养学生全面发展的必备内容。大学教育离开了课程是不可想象的，学生学习离开了课程也是无法用质量标准来衡量的。

2. 课程学习的意义

课程对大学生的学习意义主要体现在如下三方面：一是专业学习的基础。学科以专业为支撑，专业以课程为支撑，课程以教材为载体，学生以学习专业课程为己任，这是大学生教育的理论设计，也是大学教育衡量学生学习的依据。在大学四年中，学生必须抓住课程这个关键点，使每门功课都达到合格以上的水平，争取获得优秀。二是知识生长的依据。学习是专业知识的个性化建构，是以个性为特征的全面素质修养，是个体知识、智慧与精神的再塑造过程。大学生要获得专业知识，必须通过课程学习的积累，根据人才培养方案安排的学习进度一步一步地走向知识的殿堂。从一定意义上讲，课程就是学生知识生长与建构的依据。三是全面发展与个性锤炼的基本路径。全面发展是大学生基本素养形成的要求，个性锤炼则是大学生专长或特长发展的基本要求。全面发展以课程为依托，个性发展以课程的拓展、延伸为起点，通过阅读相关书籍与资料，或开展以课程为依托的课题研究，形成知识的个性化。

3. 课程学习的劳动价值

从劳动教育的角度考察课程学习，大学生必须从"下苦功夫"和"耗时间，花精力"两个方面磨炼自己的劳动意志，为提升自己的专业素养、形成具有个性化的专业知识而刻苦努力学习。俗话说，"下得苦功夫，求得真学问"。课程是学问的重要组成部分，要求得真学问，首先就得下苦功夫学习功课。下苦功夫是指学习态度的执着、追求真理的干劲以及不怕吃苦的精神。其次是要讲究学习方法，要在磨炼意志的前提下寻找适合自己特点的学习方法，要学会摸索、总结与反思，要学会模仿，要建立自己的思维模式，把刻苦学习与方法结合起来。舍得"耗时间，花精力"学习专业课程，对大学生来说是难能可贵的。但劳动创造世界，劳动创造未来，劳动获得社会的尊重和认可，这是毋庸置疑的真理。在专业课程学习中磨炼劳动意志，就是要"耗时间，花精力"，以学习时间的延长获取知识的积累、智慧的启迪、精神的滋润，以舍得花时间、花精力换取对专业文化课程知识的理解、学术问题的解决、课题探讨的研究，这是学生应具备的优秀品质。

（四）在实验探索中锤炼劳动意识

1. 实验探索的劳动内涵

为提高大学教育质量，培养社会所需要的专业人才，各大学都建有与学科课程相适应的配套实验室，如计算机实验室、物理实验室、物流实验室、化学实验室、光电实验室等。尽管实验室以理科、工科为主，但随着社会的发展，文科也建立了多媒体实验室、智慧教室、市场营销实验室、仿真模拟实验室、经济运营沙盘演练等。建实验室的目的是提高学生动手的能力，让学生结合专业知识验证自然科学的原理、寻找科学规律，或获得对事物的感性认识，从而巩固书本知识。还有就是创造性实验，学生通过书本知识所提供的原理实施创新研究，从而发现真理，探索规律，寻找解决问题的方法。总之，实验室为学生提供了参与实验实训操作的动手动脑条件，是学生学习的实践场所。

2. 实验探索的劳动意义

实验探索对大学生劳动教育的意义主要体现在劳动意识的锤炼上。实验实训课属于实践教学的范畴，实践主要是动手操作，实训则是动手训练。学校实验一般分为验证性实验和创新性实验。在验证性实验中，学生要根据理论或原理进行科学实验，一步一步走向真理的彼岸，从而更好地掌握理论知识，体验科学发明创造的真谛，学会如何分析问题和解决问题。创新性实验，是学生为解决社会生产生活中的问题，通过设计策划，再进行实验论证的过程。创新性实验需要创新思维的指引，更需要大胆的设想和反复的验证。科学家在发明创造中，通过反复试验、探索、失败、再试验探索，直到成功的案例不胜枚举，这为大学生提供了锤炼劳动意识与意志的榜样。新时代的大学生要通过实验实训，努力培养自己的劳动精神，在实验中要做到不怕吃苦、不怕失败、不怕反复、不怕寂寞，要在磨炼中成长，要有坚强的劳动意志，不畏艰难困苦，勇往直前，达到创新实验与实训的目标。

[案例4-3]

缅怀袁隆平院士　弘扬科学家精神

2021年5月22日13时07分，"杂交水稻之父"、中国工程院院士、"共和国勋章"获得者袁隆平在湖南长沙逝世，享年91岁。作为世界上第一位成功地利用水稻杂种优势的科学家，他发明了"三系法"籼型杂交水稻，成功研究出了"两系法"杂交水稻，创建了超级杂交稻技术体系，从根本上解决了中国人的吃饭问题。如今，杂交水稻已推广到印度、孟加拉、印度尼西亚、越南、美国、巴西等国家和地区，年种植面积达800万公顷，平均每公顷产量比当地优良品种高出2吨左右。2021年11月，袁隆平团队的杂交水稻双季亩产突破了1 500公斤大关。作为中国工程院院士、美国国家科学院院士，他曾获得首届国家最高科学技术奖、国家发明特等奖、世界粮食奖等20多项国际国内大奖，一颗行星曾以他的名字进行命名。两年前，国家主席习近平曾签署主席令，授予他"共和国勋章"。但种种褒扬之外，袁隆平最关心的是，"一粒粮食可以救一个国家，也可以绊倒一个国家"，"我毕生追求就是让所有人远离饥饿"。

……

从家国情怀到造福世界人民

发展杂交水稻,造福世界人民,这是袁隆平终生的梦想,也是他奋斗的动力。然而,袁隆平知道,这个梦实现起来并不容易。要让人能乘凉,稻子就必须长得比人还高。如果按照亩产来说,至少要达到1 500公斤以上。为了农民利益,为了天下人有饱饭吃,袁隆平始终奋战在田野一线,越是打雷、刮大风、下大雨,越要到田里面去看看,看禾苗倒伏不倒伏,看哪些品种能够经得起几级风。从参加工作到现在,只要田里有稻子,他每天都坚持下试验田。"我们搞育种的就是要坚持在第一线,这样才会发现新品种,才会产生灵感,'灵感=知识+汗水'。我想,搞科学研究是这样,从事其他任何工作也是一样的。"袁隆平最大的心愿就是让中国杂交稻为世界尤其是发展中国家解决粮食短缺问题。于是,无论走到哪里,只要有机会,他就会郑重而不遗余力地向全世界推广"中国种子",令人感染、感动。中国科技评奖委员会也曾为他写下这样的颁奖辞:"袁隆平是一位真正的耕耘者。当他还是一个乡村教师的时候,已经具有颠覆世界权威的胆识;当他名满天下的时候,却仍然只是专注于田畴。淡泊名利,一介农夫,播撒智慧,收获富足。他毕生的梦想,就是让所有人远离饥饿。""山外青山楼外楼,自然探秘永无休。成功易使人陶醉,莫把百尺当尽头。"在袁隆平书房内挂有自己写的一首七绝诗,以激励自己不断进取。一位共和国的脊梁就此离我们而去,我们深切缅怀袁隆平院士,感激他所做的努力和贡献,我们为国家痛失国宝感到无比沉痛。斯人已去,其精神永存!

资料来源:孙洁. 缅怀袁隆平院士弘扬科学家精神[J]. 中国农村科技杂志,2021(6).

三、从社会实践着手提升专业发展技能

社会实践是大学教育的重要组成部分,是大学培养创新创业人才、提升专业发展水平、走教育与生产劳动相结合道路的重要举措。社会实践是大学生走向社会、了解社会,将所学专业用于社会,从而提高专业思想、专业知识、专业技能,培养专业情感,磨炼专业意志,强化专业发展的重要教育过程。社会实践具有重要的劳动教育价值。大学生通过社会实践,可以体验社会劳动创造、艰辛磨砺的过程,也可以体验到劳动的幸福与快乐。对大学生而言,社会实践还意味着专业理想、专业知识、专业技能与劳动结合所形成的情感与智慧、能力与精神的较量与升华。

(一)社会实践的劳动价值

1. 社会实践的界定

社会实践是国内外大学教育的重要组成部分,其目的是通过社会实践促进大学生学以致用,走理论与实践相结合的道路,培养能为社会服务的人才。社会实践在国外叫作社会服务,即通过社会服务活动促进学生的学习,培养学生的社会观点。我国大学教育对社会实践的理解与运用,随着新时代对教育的要求,其内涵越来越深刻。起初,社会实践是指大学生利用课余时间走进社会基层,发挥自身所学知识,接触社会、了解社会、回馈社会的活动。2019年3月,习近平总书记在主持召开学校思想政治理论课教师座谈会上强调,"教育同生产劳动和社会实践相结合",广泛开展各类社会实践,让学生在亲身参与中认识国情、了解社会,受教育、长才干。习近平总书记强调:"要坚持学以致

用,深入基层、深入群众,在改革开放和社会主义现代化建设的大熔炉中,在社会的大学校里,掌握真才实学,增益其所不能,努力成为可堪大用、能担重任的栋梁之材。""要不怕困难、攻坚克难,勇于到条件艰苦的基层、国家建设的一线、项目攻关的前沿,经受锻炼,增长才干。"① 可见,大学生社会实践活动是新时代高等教育人才培养不可或缺的重要组成部分和重要环节,是大学生树立正确的劳动价值观、增强社会责任感、形成创新精神和劳动观念的重要载体,是促进大学生提高综合素质、提高实践能力、增长自身才干的必修课堂。

2. 社会实践的价值

从劳动教育的角度考虑,社会实践既具有劳动价值,又具有教育价值。社会实践的劳动价值是指社会实践的劳动属性。实践的本质是与理论相对应的,它是接触实际、接触社会的体验活动。我们说劳动创造了人本身,劳动改造了自然、改造了社会,这本身就是人的一种实践。关于社会实践的劳动价值问题,在马克思主义的经典论述中已有很多表述。社会实践是宽泛的劳动范畴,对大学生的劳动教育具有重要意义。社会实践的教育价值主要体现在对人才培养的路径确认上。大学教育是人生发展的重要阶段,大学传播的是促进社会发展的先进思想、先进文化与先进技术,特别是专业思想、学术理念和科学技术手段,对大学生理想信念的形成、三观的确立以及学术知识技能的提升都起着重要的作用。如何促进学生全面发展,根据学生的个性心理特征,塑造具有创新意识、批判精神,勤奋努力、热爱劳动,而且善于与人沟通的专业人才,这是党和国家认真思考的重大路径问题。通过社会实践的参与,让大学生走向社会,在劳动实践中改造自己,凝练专业知识,培养劳动精神,形成艰苦奋斗、勤俭朴实的工作作风。

(二)社会实践的劳动意蕴

社会实践是新时代大学生培育劳动精神、树立坚定理想、确立社会主义核心价值观、提高责任意识、传承勤劳品质、提升就业能力和淬炼心智体质的重要举措。大学生在社会实践中如何结合所学专业,真正体现劳动教育的意蕴,通过劳动寻求专业认同、体验专业情感、磨砺专业意志、掌握专业技能、强化专业发展,对促进自身成长成才具有重要的意义。

1. 寻求专业认同

专业是大学根据学科与社会发展的需要设置的人才培养目标与类型,不同专业有不同的人才培养方案。专业也是大学生在校学习的依据,专业知识结构与专业技能的掌握是否符合社会的发展、是否适用于个体成长、是否有利于创新创业,其检验的标准一定是社会实践。实践是检验真理的唯一标准。大学生所学的专业知识只有到社会实践中去检验运用才能知道真伪、发现不足,才能补充营养,形成解决问题的创新点。从某种意义上讲,社会实践就是通过劳动来寻求专业认同。劳动不仅具有创造性,还具有检验性,具有专业知识的大学生要通过参与社会实践检验自己的专业,校正自己的发展目标。要达到专业认同的目的,大学生一是要积极参与社会实践,投身于专业劳动中,以亲身劳动检验专业学习成效,确认专业的符合度。二是要在社会实践实习中寻找专业的创新点。

---

① 习近平. 习近平谈治国理政:第 1 卷 [M]. 北京:外文出版社,2014.

专业通常随着社会的发展而发展，专业课程的学习和知识的运用往往具有一定的滞后性。通过在实践中发现问题，寻找专业知识的创新点，从而扩大专业学习的认同，这是值得我们提倡的。

2. 体验专业情感

大学生参与社会实践、通过劳动获得的最直接的感受应该是专业情感的体验。这也是每个大学生或专业技术人员走向社会、走向岗位所获得的直接体验。情感体验是指个体对自身情感状态的一种意识，一般反映情绪的生理变化，如愤怒时能觉察到心跳加快、肌肉紧张和四肢发颤等。这些变化因自主神经系统的交感神经被激活而引起，再由副交感神经恢复正常。有意识的情感体验由刺激因素、生理因素和认知因素的信息输入整合而成，其中认知因素起决定作用。在社会实践活动中，人的认知因素主导人的情感。雨果说，逻辑只是理智，感情往往是良心，前者是从人类本身来的，后者是从天上来的。狄德罗认为，只有情感，而且只有大的情感，才能使灵魂达到伟大的成就。人是有情感的，而且是天生的。认知是理智和逻辑的，来自人的后天学习。没有情感的倾注、激情的向往，人很难做成大事。没有正确认知的情感生发，往往会偏离人生发展方向。大学生的社会实践是在专业学习基础上的实践，在校学习为大学生的专业认知提供了理论支撑。当理论与实践相结合时，当专业认知与社会实践存在矛盾时，如何认识专业、如何倾注情感、如何为社会解决问题，将是大学生面临的专业情感体验问题。只有参与劳动才能体验专业情感，只有参与劳动才能认识专业的不足，只有接触社会才能有情感的生发。袁隆平院士在校学习的是农作物专业，当他接触社会，发现"能吃饱饭"是中国乃至世界的大问题时，立志解决这一难题，最终他以自己的专业情感为人类做出了贡献。

3. 磨砺专业意志

意志是人自觉地确定目的，并根据目的调节支配自身的行动、克服困难，去实现预定目标的心理倾向。无意识的本能活动、盲目的冲动或一些习惯动作都不含有或很少有意志的成分。意志是决策心理活动过程中重要的心理因素，是人的意识能动性的集中表现，在人主动地变革现实的行动中表现出来，对行为有发动、坚持和制止、改变等方面的控制调节作用。意志过程包括决定和执行两个阶段。决定是意志行动的准备阶段，即准备做什么，此时要解决的是动机斗争问题；执行是意志行动的坚持阶段，要解决的问题是克服主观上和客观上存在的困难，即意志的本质是克服困难。没有问题或困难就不需要意志的参与。大学生对专业的学习与热爱是意志决定阶段的表现；参与社会实践，通过专业实习或工作处理专业方面的具体事务，是意志执行阶段的表现。当美好的专业愿望与现实问题相联系时，就会出现主观与客观上的困难，克服困难、走出专业困境，需要大学生在社会实践中磨砺自我。"宝剑锋从磨砺出，梅花香自苦寒来"，这是对意志力的赞赏。新时代大学生要将自己的专业知识应用于社会实践，通过专业劳动的磨砺铸就坚韧的专业意志，为祖国和人民做出自己的贡献。

4. 掌握专业技能

专业技能指从事某一专业应当具备的技术和能力，它包括专业知识、专业技术和专业能力。其中，专业知识是指从事专业所需要的理论知识；专业技术是指从事专业所必须掌握的方式、方法、技巧和操作原理；专业能力是指从事专业所必须具备的能量与力度，是从事专业所要求的可能性预测。专业技能水平的高低是安排从业人员职业岗位的重要依据，按国家职业技能标准来衡量。一般来说，国家职业技能标准是在职业分类基础上，根据职业的活动内容，对从业人员工作能力水平的规范性要求。它是从业人员从事职业活动、接受职业教育培训和职业技能鉴定的主要依据，也是衡量劳动者从业资格和能力的重要尺度。21世纪是知识经济发展的世纪，世界各国综合国力的竞争主要是经济和科技实力的竞争，市场竞争将更加激烈、更加残酷，职业技能教育在提高劳动者素质、促进就业、实现经济增长方式转变、促进地方经济社会发展、增进社会和谐稳定方面所起的作用日益显著。大学生通过社会实践掌握专业技能，一是要提高对专业技能在人才培养中的重要性的认识，把专业技能的掌握当成自己的职业需求；二是要通过社会实践的操作提升自己的专业技能，珍惜劳动时间，刻苦钻研技术；三是要培养专业劳动精神，以专业的眼光、开阔的视野、发展的目标审视专业劳动，寻找专业技能发展的增长点。

5. 强化专业发展

专业发展是指专业人员在专业思想、专业知识、专业能力等方面不断发展和完善的过程，即从新手型专业人员到专家型专业人员转变的过程。专业发展的内涵主要包括四个方面：一是专业的认识水平，如对专业的认识越来越高，以及对专业的热爱程度的提升等；二是专业知识、专业技能的掌握程度，如由开始的新手上路到知识技能的娴熟等；三是专业知识技能发展前景的预测与把控，如对专业发展的前景预判等；四是专业发展主体的自主性、能动性，即专业人员个体具有较强的专业发展意识。一般来说，专业发展包括专业理念、专业知识、专业能力、专业态度与专业动机等主要内容。多样性、自主性、持续性是专业发展的个性特征。大学生是未来社会的建设者和接班人，是未来职业的接棒手。高校划分专业的依据就是社会职业的分工，今天学习的专业就是明天的职业，这是大学学科专业分类教育的结果。大学生要通过社会实践参与专业劳动并充分认识专业的发展前景，了解并预判专业发展趋势，以良好的专业心态、发展的专业眼光、娴熟的专业技能、自主创新的思路迎接社会对专业的挑战。要在劳动锻炼中分析专业发展的内涵，在知识结构、理论修养、动手操作方面积累经验，以热爱专业、奉献专业的思想从事专业学习，使社会实践的劳动教育成为锻造自己的熔炉，让专业发展的理念扎根于心，让人生所从事的专业持续发展。

第三节　新时代大学生劳动教育的组织实施

习近平总书记指出，要崇尚劳动、弘扬劳动精神，要从国家战略发展的高度重视劳动的价值。实现中华民族伟大复兴的中国梦归根到底要靠辛勤劳动、诚实劳动、科学劳动。[①] 新时代大学生肩负着实现中华民族伟大复兴的重任，是民族复兴伟大进程的见证者、参与者和中流砥柱，是中国特色社会主义事业的建设者和接班人。高等学校肩负着大学生的劳动教育使命，这是党和国家在新时代赋予的光荣重任。高校要把劳动教育纳

---

① 习近平在乌鲁木齐接见劳动模范和先进工作者、先进人物代表向全国广大劳动者致以"五一"节问候 [N]．人民日报，2014－05－01（1）．

入人才培养方案,设立专门课程,采用切实可行的措施,将立德树人落到实处,要明确新时代大学生劳动教育的意义,把握劳动教育的原则,抓好劳动教育的实施。

一、明确新时代大学生劳动教育的意义

劳动教育是新时代大学生成长成才的必然之路,是党和国家对大学生全面发展的基本要求,也是时代赋予高校的历史使命。新时代劳动教育对大学生树立坚定理想信念、强化责任担当、传承劳动品质,为人生逐梦导航,为事业成功护航,为幸福人生奠基具有重要意义。

(一)坚定理想信念,为人生逐梦导航

1. 理想信念的诠释

理想信念是人们在一定的认识基础上,对某种思想、理论和事业所持有的坚定不移的观念以及身体力行的心理态度和精神状态,也是人们的世界观、人生观、价值观在奋斗目标上的集中体现。理想信念是人的精神世界的核心,大学生作为接力奋进的青年一代,其成长离不开充满激情的青春理想。如果没有理想信念,就如同失去航向和动力的小船,摇摆不定,甚至有可能淹没于激流之中,国家的前途、民族的希望就会无所依存。作为新时代青年,只有树立崇高的理想信念,才能回答好人生的意义是什么、奋斗的价值在哪里等青春之问,才能将个人理想融入社会理想,立足当下,放眼长远,将国家的前途和民族的命运整合在自己的事业追求和生命之中。可以说,理想信念是引领青年大学生成长成才的灵魂所在。理想指引方向,信念决定成败。志不立,天下无可成之事。理想信念是战胜一切困难、始终阔步前进的力量源泉,是我国不断走向富强、实现中华民族伟大复兴中国梦的重要保证。我们一定要自觉坚定理想信念,始终保持正确的政治方向。中国共产党的理想信念是为共产主义而奋斗,这是当代大学生的立身之本、力量之源、正气之魂。无论时代如何变迁,社会如何发展,新时代大学生都必须始终坚定理想信念,绝不能有丝毫的放松和动摇。

2. 理想信念的力量

坚定的理想信念具有无比强大的力量。这种力量体现在四个方面:一是信仰的力量。如中国共产党从诞生之日起就把马克思主义写在自己的旗帜上,把实现共产主义确立为最高理想。中国共产党之所以能够从胜利走向胜利,靠的就是信仰,为的就是理想。邓小平同志说过:"为什么我们过去能在非常困难的情况下奋斗出来,战胜千难万险使革命胜利呢?就是因为我们有理想,有马克思主义信念,有共产主义信念。"二是真理的力量。坚定的信念源于对真理的追求、对真理的坚信、对真理的运用。这是无产阶级政党区别于其他一切政党的本质特征。共产党是一个敢于坚持真理的党,更是一个善于发展真理的党。习近平总书记指出,社会主义显示出的生命力是强大的,这种力量,归根结底是真理的力量,因为它符合社会运动发展的客观规律。三是精神的力量。与信念密切相连的,是精神,是精神状态。中国共产党是富有强大精神力量的伟大政党。迎着困难前进,在战胜困难中实现和完成自己的精神成长,是中国共产党最显著的特征和最鲜明的标志。四是忠诚的力量。忠诚,意为尽心尽力、没有二心,既是一种境界,又是一种行动。忠诚是共产党人最为宝贵的品格。共产党人的忠诚,是基于马克思主义信仰和党

性原则的政治忠诚，是对党和人民的伟大事业高度热爱的朴素情怀。

3. 劳动教育为理想信念导航

青年大学生的精神状态是一个国家、民族精神状态的缩影。当前，大学生群体中出现的"佛系青年""一切随缘""伪奋斗"的现象，以及"只想出彩，不想出力""三天打鱼，两天晒网"的错误思想和劳动态度，是道德感弱化、成就观扭曲、文化品位庸俗的精神状态的表现，这在一定程度上折射出大学生劳动精神层面出现的问题。劳动精神的培育，有利于青年大学生通过劳动实践发现和把握世界的内在规律，并体悟世界的真正价值，进而从深层次夯实理想信念的基础；有利于激发青年大学生的激情斗志，在思想与实践的碰撞中，触发他们去思考、回溯"书本里""课堂上"的理想信念，从而进一步升华理想信念的定力，保持对理想信念的执着与追求；有利于拉近青年大学生与劳动人民的情感距离，使大学生通过体验劳动人民的艰辛疾苦，感受劳动人民的聪明才智，确立用所知、所学服务于劳动人民的理想信念，在实现社会理想的过程中实现个人理想，达到个人理想与社会理想的统一。

（二）强化责任担当，为事业成功护航

1. 责任担当的理念

从范仲淹的"先天下之忧而忧，后天下之乐而乐"，到顾炎武的"天下兴亡，匹夫有责"，等等，古人先贤的嘉言懿行都生动诠释了中华民族敢于责任担当的内在禀赋。今天，责任与担当显得尤为重要，因为这是中国继续前行的必然要求和内在动力。习近平总书记在党的十九大报告中强调："同志们！使命呼唤担当，使命引领未来。我们要不负人民重托、无愧历史选择，在新时代中国特色社会主义的伟大实践中，以党的坚强领导和顽强奋斗，激励全体中华儿女不断奋进，凝聚起同心共筑中国梦的磅礴力量！"责任担当是伟大民族精神的重要内容。中国是有着悠久文明的国家。中国人独特而悠久的精神世界，让中国人具有很强的民族自信心，也培育了以爱国主义为核心的民族精神。敢于担当作为民族精神的重要内容，深深植根于中华民族优秀文化传统。时至今日，伟大的民族精神又融入了黄河精神、长征精神、工匠精神和航天精神等内容，这其中包含了敢于担当的强烈责任感，这种精神正激励着中华民族取得一个又一个的瞩目成就。大学生的责任与担当是和国家民族的命运紧密相连的。习近平总书记在党的十九大报告中指出："经过长期努力，中国特色社会主义进入了新时代，这是我国发展新的历史方位。"围绕新时代的社会主义建设，大学生要突出责任担当的意识，强化责任担当的信念，为振兴中华，为国家富强做出自己的贡献。

2. 责任担当的意义

民族圆梦，人人有责！新时代大学生更是义不容辞。今天，历史的接力棒已经传到了我们手中，每个人都应当坚定信念，担当责任，彰显价值，为实现中华民族伟大复兴的中国梦贡献智慧和力量。责任担当是全面推进社会主义建设的迫切需要。当前，国内外环境发生着广泛而深刻的变化，我国发展面临一系列突出的矛盾和挑战。社会发展中存在的不平衡、不协调、不可持续的问题依然突出；城乡区域发展差距和居民收入分配差距依然较大；一些领域消极腐败现象易发多发，反腐败斗争形势依然严峻；等等。解决这些突出矛盾和问题，迫切需要我们以直面困难的勇气、履职尽责的意识、敢于担当

的精神，乘势而为，迎难而上，深化改革，锐意创新，扎扎实实地做好经济社会发展各项工作，确保中国特色社会主义宏伟建设目标如期实现。责任担当是实现中华民族伟大复兴中国梦的必然要求。习近平总书记指出，空谈误国，实干兴邦。我们这一代青年人一定要承前启后、继往开来，团结全体中华儿女把我们的党建设好，把我们国家建设好，把我们民族发展好，继续朝着中华民族伟大复兴的目标奋勇前进。实现中华民族伟大复兴的中国梦，就是要实现国家富强、民族振兴、人民幸福的百年奋斗目标。

3. 劳动教育为责任担当护航

大学生是青年群体中的优秀分子，经过多年的系统学习训练，应该具备成熟的心智和良好的素养，认清自己的社会责任、使命担当，认识到自身知识结构、能力水平、劳动素养与承担社会责任需要之间存在的现实差距。然而，当下大学生缺乏脚踏实地的劳动精神和主动担当的责任意识已日益成为不可忽视的普遍现象，具体表现为动手能力不强、吃苦耐劳精神薄弱、自我责任意识弱化、家庭责任意识淡漠、社会责任意识践行的程度不高等。对国家、集体以及对他人的责任意识和担当精神，是青年大学生应具备的重要品质和素养。《中华人民共和国高等教育法》明确规定，高等教育的任务是培养具有社会责任感、创新精神和实践能力的高级专门人才。党的十九大报告也多次提到"责任"一词，习近平总书记进一步强调了青年大学生责任意识的重要性，"青年一代有理想、有本领、有担当，国家就有前途，民族就有希望"。高校人才培养的首要任务是培养学生社会责任感和担当精神，这种责任担当不是坐而论道、空品清谈就能得到的，而是形成于踏踏实实的劳动实践。研究表明，通过劳动强化劳动精神，有助于大学生端正学习态度、激发学习热情和创新精神，形成勇挑重担、力争上游、任劳任怨的自我责任意识，造就责任情怀、担当精神和履行责任的本领，从而提高自我责任感。

（三）传承劳动品质，为幸福人生奠基

1. 劳动品质的内涵

劳动品质指人们在劳动中体现的认识、行为、思想、品性等，是衡量劳动表现的质性评价。优秀劳动品质往往与艰苦奋斗、勤劳朴实、勤俭节约、踏实肯干、吃苦耐劳、埋头苦干、不怕苦不怕累、不怕困难、勇往直前、顽强拼搏等相联系。在中国古代，有很多经典著作都记载了中华民族崇尚劳动的优秀品质，如《周易》的"天行健，君子以自强不息"，《左传》的"民生在勤，勤则不匮"等。这些都体现了中华传统文化中对劳动的尊崇，以及中华民族热爱劳动的优秀品质。李大钊曾说："凡是劳作的人，都是高尚的，都是神圣的。"李大钊作为中国共产主义运动的先驱，尊重社会底层的劳动者，认为劳作的人是高尚神圣的，劳动可以带来快乐，摆脱困境。习近平总书记曾多次强调，广大劳动者无论从事什么职业，都要勤于学习、善于实践、踏实劳动、勤勉劳动。可见，劳动品质对人的影响是非常重要的。

2. 劳动品质的传承

有研究认为，劳动品质的教育与传承对当代大学生的影响是非常重要的。它既能引导青年形成看待劳动、对待劳动者的正确态度与情感，也能引导青年塑造自身的劳动价值观，将劳动品质内化于心、外化于行，通过劳动实践形成优秀的劳动品质。今天的大学生成长在经济崛起的中华人民共和国，许多人都生活在优越的家庭环境中，不曾有过缺吃少穿的体验。在学习上，家长总是尽力为其提供最好的学习条件，生怕自己的孩子输在起跑线上。在生活上，家长能代劳的绝不让孩子动手，生怕孩子吃苦受累。在这样的成长背景下，孩子很少有参与劳动实践尤其是体力劳动的体验。久而久之，缺乏独立自理能力、抗挫能力差、自我调节能力差、挑三拣四、拈轻怕重等问题日益凸显，严重影响青年大学生的学习生活。劳动品质的教育与传承有助于青年大学生形成真挚的劳动情怀。点燃劳动的火花，让劳动成为快乐的活动，让青年大学生在劳动中学会学习、学会理解、学会生活、学会创造，明白一个人的价值只有在诚实的劳动中才能真正得到体现的道理，在感受劳动带来的幸福感和成就感的过程中，爱上劳动、尊重劳动，为幸福人生奠定基础。

3. 劳动品质的打造

劳动品质的培育，有助于青年大学生形成高尚的精神品格，促进大学生全面发展。劳动可以立德。劳动教育可以培养大学生勤劳俭朴、吃苦耐劳的精神品质，养成艰苦奋斗、团结合作的奋斗精神，形成尊重劳动、热爱生活的优秀品格，这是中华民族的传统美德，也是社会主义核心价值观的重要内容。劳动可以增智。劳动教育可以促进学生全面吸收人类优秀的文明成果，掌握基本的专业技能，形成初步的职业意向，这是大学生基本的生存本领，也是促进大学生全面成长的必修课程。劳动可以健体。劳动教育可以促进学生强健体魄，健康身心，形成健全人格，锤炼意志品质，这是大学生的基础素质，也是大学生成才创业的根基。劳动可以育美。劳动教育可以促进学生树立"幸福是奋斗出来的"劳动价值观，以劳育美、以美育人、以文化人，促进学生陶冶性格情操，提高人文素养。在大学生中开展劳动教育，可以锻炼青年大学生主动克服困难、自觉承受压力、逐步磨炼意志的能力，形成自力更生、坚忍不拔、有始有终的意志品格。劳动品质的培育，有助于青年大学生养成宝贵的个性品质。新时代是青年大学生追逐梦想的时代，是青年大学生实现梦想并为之劳动、奋斗的时代。一切幸福都需要靠辛勤的劳动来创造，伟大的时代需要伟大的精神作为支撑，伟大的事业需要与之同心同向的劳动者为之奉献。

二、把握新时代大学生劳动教育的原则

新时代劳动教育是全面贯彻党的教育方针，培养中国特色社会主义事业建设者和接班人的重要举措，是实施素质教育、铸就大学生劳动品格、生成劳动精神、培养健全人格的重要内容。高等学校要牢牢抓住立德树人这一根本任务，将劳动教育落到实处，在劳动教育实施过程中，要遵循教育发展的规律，把握理论与实践结合、统一性与差异性结合、主体性与主导性结合的原则。

（一）理论与实践结合

1. 理论与实践结合的原则

当今，劳动教育已成为各级各类学校教育的重要内容。在我国教育序列中，各教育阶段实施的劳动教育是有侧重点的。小学劳动教育重在使学生体验劳动，中学劳动教育重在使学生认识劳动，大学劳动教育则重在使学生理解劳动、参与劳动，形成劳动品质和劳动精神。为了实现这一教育目标，高校劳动教育必须处理好理论教育与劳动实践的关系。研究表明，系统化、理论性的劳动理论教育是大学生形成正确的劳动价值观的有

效途径。大学生思维敏捷且判断力日趋成熟,只有将马克思主义劳动理论讲透才能真正使大学生认同劳动教育,从而更好地开展劳动实践。

2. 注重劳动理论教育

高校开展劳动理论教育应以马克思主义劳动理论教育为根本遵循和主要内容。马克思主义劳动理论是科学的、基础性的理论,深刻地揭示了劳动的本质与属性,深刻地批判了资本主义条件下的异化劳动,并预测了劳动解放人类的美好前景。在中国特色社会主义进入新时代的今天,习近平总书记关于劳动的重要论述是马克思主义劳动思想的最新成果,坚守了人民的立场,总体把握了劳动与推动中华民族伟大复兴的关系、劳动与解决社会主要矛盾的关系。劳动理论教育要结合时代发展的新变化,及时解答学生的理论困惑。劳动理论教育要讲清楚,无论当前经济形态发生什么样的变化,劳动依然是创造财富的根本动力;无论虚拟经济怎样发展,都无法摆脱对实体经济的依赖;无论资本主义社会出现什么新变化,都无法改变其阶级剥削的属性,无法彻底解决异化劳动的问题。

3. 强化劳动实践教育

劳动教育具有很强的实践性,单纯依靠劳动理论教育不足以使大学生形成正确劳动价值观,必须与劳动实践相结合,注重发挥劳动实践的道德养成作用。只有在劳动实践中,大学生才能形成正确的劳动观和幸福观,承担起应有的社会责任和使命。

高校开展劳动实践教育要做到两点:一是结合学科和专业积极开展生产劳动与服务性劳动实践教育。高校与社会各方搭建劳动实践平台,积极开展专业实习、实训、创新创业等实践活动,发挥专业优势与企事业单位、地方政府合作建立大学生创新创业孵化基地,培养大学生创新劳动思维和实践能力,推动产学研融合高质量发展,同时也推动劳动实践教育的完善和发展。针对服务性劳动的实践教育,高校应组织学生走向社会,以校外锻炼为主,积极开展志愿服务、毕业实习、社会实践等活动,促进大学生树立服务意识,强化社会责任感。二是通过学生管理落实日常生活劳动教育。辅导员、班主任等学生工作队伍要从学生的日常生活着手,开辟日常生活劳动实践基地,实行勤工助学有偿服务与义务劳动相结合,让学生从日常的劳动做起,养成良好劳动习惯。劳动实践结束后,教师应积极引导学生,开展劳动实践的反思交流,分享劳动的体验与收获,体验劳动的幸福感、愉悦感,使理论教育在实践中得到检验,帮助学生在劳动中不断成长。①

(二)统一性与差异性结合

1. 统一性与差异性结合的原则

劳动教育的统一性指两方面的内容:一是教育培养目标的统一性,即各高等学校必须遵循党和国家人才培养的统一要求,把劳动教育置于立德树人的根本任务之中;二是指受教育者的统一性,即新时代的大学生无论在哪所学校哪个专业都必须接受劳动教育,这是党和国家对人才培养的最基本要求。统一性是硬性指标,任何学校和个人都不得超越和例外。劳动教育的差异性也包括两个方面:一是学校的类型层次与办学条件的不同导致的差异;二是学生个体差异对实施劳动教育的影响。劳动教育的统一性与差异性的结合对劳动教育提出了具体的更高的要求。

---

① 贾丽辉. 新时代高校劳动教育的价值意蕴、实施原则及策略 [J]. 现代教育管理,2021 (6).

2. 劳动教育的因校制宜

高校实施教育的统一性要求高校劳动教育既要贯彻党中央的整体部署，又要坚持灵活多样的教育方式。首先，高校必须贯彻党中央关于劳动教育的统一部署，坚持把立德树人、育人为本的教育理念贯穿到劳动教育的全过程。为确保大学生劳动教育的系统性、科学性，高校必须科学把握劳动教育的重点内容、运行机制等，从劳动教育的师资配比、环境优化、评价机制、保障体系等方面着力构建系统的劳动教育体系。贯彻党中央的总体部署，高校还要实现劳动教育与创新创业教育、思想政治教育、志愿服务、各类型专业教育等有机融合，系统推进与完善高校劳动教育的协同育人机制，推动高校与社会、家庭等各方主体协同配合，形成教育合力。其次，高校需要因地制宜地开展灵活多样的劳动教育。我国地区之间的发展存在着很大差异，开展劳动教育客观条件的差异性决定了高校需要依据地区的实际情况，结合当地的经济、文化、自然等条件，充分挖掘并利用企业、事业等单位的资源，做到因地制宜地开展劳动教育。另外，各高校在办学特色、专业设置、办学规模、办学定位等方面也存在差异，因此，高校要结合学校的实际情况，推进适合本校特点的劳动教育。如职业技术型院校应围绕专业技能训练开展劳动教育，注重培养大学生敬业和诚信的职业精神；普通本科院校应围绕知识的更新与技术的革新开展劳动教育，注重培养大学生创造性解决问题的能力，提升就业创业的能力，树立正确的就业与择业观；研究型院校应围绕创新、创造能力的提升开展劳动教育，注重培养大学生形成创新劳动思维。

3. 劳动教育的因人制宜

高校劳动教育既要针对大学生存在的共性问题开展教育，也要针对大学生存在的个性问题开展教育。就共性问题而言，当前高校开展劳动教育主要是围绕大学生的职业发展开展专业训练，涉及劳动技能教育的内容较多，常常忽视职业观、职业情感的教育，对非职业性的劳动，如日常生活劳动与服务性劳动的关注度低，造成当代大学生劳动技能、劳动态度和观念的弱化，易产生职业歧视的问题。针对高校劳动教育普遍存在的共性问题，我们不能也不应将劳动教育的范围限定在职业技能训练的范围内，而应当拓展高校劳动教育的范围，使之符合新时代劳动教育的要求。根据《中共中央 国务院关于全面加强新时代大中小学劳动教育的意见》的要求，高校应开展以日常生活劳动、生产劳动以及服务性劳动为主要内容的劳动教育，注重全方位提升大学生的劳动素养。同时，高校也应该注重劳动教育的层次性，针对不同年级、不同阶段的大学生，开展有针对性的劳动教育，统筹推进劳动教育。由于每位学生的家庭环境、成长环境和自身阅历不同，其对劳动的认知、情感和内在诉求都不尽相同。因此，只有在整体性把握新时代大学生劳动教育的同时，关注每位学生的成长和内在需求，才能使劳动教育有的放矢，增强针对性，提高实效性。①

（三）主体性与主导性结合

1. 主体性与主导性结合的原则

劳动教育的主体性是指受教育的主体——学生，主导性是指实施劳动教育的部

---

① 贾丽辉. 新时代高校劳动教育的价值意蕴、实施原则及策略［J］. 现代教育管理，2021（6）.

门——学校。正确认识劳动教育的学生主体地位和学校的主导作用可以提高劳动教育的实效性。学生主体与学校主导相结合的劳动教育原则既符合教育规律，也符合教育目的，是促进大学生全面发展的要求。当前，大学生的劳动教育要充分发挥两个作用：一是学生的主体作用；二是学校的主导作用。

2. 学生是劳动教育的主体

实施劳动教育首先要充分肯定学生的主体地位。学生是受教育的主体，学生学习的主动性和积极性是否得到发挥关系到教育是否取得成效。以学生为主体是现代教育的普遍共识，是教育获得成功的有效方法。大学生不是被动接受教育的客体，而是不断地进行自我教育的主体。新时代大学生具有个性独立、思维敏捷、接受新鲜事物能力强等特点，劳动教育只有通过他们的主动内化，才能真正取得理想的效果。主体性教育要求教育工作者在开展教育时，必须从尊重受教育者的主体地位出发，想办法提高受教育者自我教育的主动性、积极性。劳动教育是新设立的课程，要想获得良好的教育效果，我们一定要在教育中充分发挥学生的主体性作用，注重调动大学生的积极性。

3. 学校是劳动教育的主导

实施劳动教育还要充分发挥高校的主导作用。新时代劳动教育突出学生的主体地位，激发学生的主体意识，并不是否认高校劳动教育的主导作用。高校的主导作用发挥得好，学生的主体地位才能得到更充分的体现。为调动学生的主体性，高校应承担起劳动教育的主导责任，确保开足、开好劳动教育课程，科学设计课内外劳动项目，协调组织好大学生的校内、校外劳动实践；应采取多种措施对教师进行培训，提高教师的劳动教育理论和实践素养；加强教师师德师风教育，提倡教师以身作则，率先垂范，在劳动过程中做出表率，为学生树立榜样；着重建立正向的激励机制。同时，高校应建立起全方位的评价体系，包括大学生的劳动认知、情感、意识、实践、创新等方面的评价指标，紧紧围绕劳动教育规划，着力分阶段多维度构建各领域的劳动教育指标。对于劳动表现突出、取得优秀和创新成果的学生给予物质上和精神上的激励，形成人人争先的劳动氛围。①

三、抓好新时代大学生劳动教育的实施

大学生劳动教育的实施，要根据大学教育的规律，针对大学生成长成才教育的特点，重点抓好劳动理论教育、学科专业实践，以及校园劳动文化的建设等。通过劳动理论的深化，提升大学生对劳动的认识，从而树立正确的劳动价值观。通过学科专业实践的强化，促进大学生把专业学习与劳动实践紧密结合起来，形成专业劳动为人民服务、为社会服务的劳动价值观。通过校园劳动文化的建设加强学生劳动实践，通过劳动文化影响和实践锻炼让大学生形成崇尚劳动、热爱劳动、喜欢劳动、愿意劳动的观念，从而具备良好的劳动品质，为走向社会奠定劳动基础。

（一）深化劳动理论教育

1. 劳动理论教育的意义

劳动理论教育是促进大学生树立劳动观念、提高劳动认识、形成劳动价值观，引导

---

① 贾丽辉. 新时代高校劳动教育的价值意蕴、实施原则及策略［J］. 现代教育管理，2021（6）.

大学生参与劳动实践、锤炼劳动品性、铸就劳动精神的重要内容。理论是行为的指导，理论对实践具有重要的指导意义。马克思认为："理论只要说服人，就能掌握群众；而理论只要彻底，就能说服人。"① 可见，劳动理论对大学生劳动教育所起的作用是巨大的。

2. 劳动理论教育的内容

劳动理论教育的内容主要包括两个方面：一是马克思主义关于劳动理论的学说；二是党和国家对劳动教育的要求，特别是习近平总书记关于劳动教育的重要论述。另外，中国传统文化中关于劳动的优秀故事，以及中国当代劳动模范的案例等都是劳动理论教育的素材。马克思主义的劳动理论教育不仅有助于大学生坚定"四个自信"，还有助于大学生养成积极的劳动态度，培养尊重劳动和劳动人民的情感。深化劳动理论教育，应以马克思主义基本理论为主，教育大学生深入理解劳动的价值与作用，特别是"劳动创造世界，劳动创造人自身"的论述，让学生形成正确的劳动观。劳动理论教育的重点内容是习近平总书记关于劳动教育的重要论述。习近平新时代中国特色社会主义思想蕴含着丰富的劳动思想。只有在深刻领会习近平新时代中国特色社会主义思想的基础上，才能深刻领会"四个最"的劳动价值观的深刻内涵，并且理解新时代开展劳动教育的重要意义。习近平总书记从实现中华民族伟大复兴中国梦的视角阐述了劳动的重要意义，从人民立场和人民主体性的角度阐述了劳动人民的历史地位，从"实现美好生活"的角度阐述了劳动的价值，从青年人的使命和担当的角度鼓励青年人艰苦奋斗。因此，高校劳动理论教育只有从习近平新时代中国特色社会主义思想出发，才能将新时代劳动教育的重大意义讲深、讲透。

3. 劳动理论教育的载体

开展劳动理论教育的主渠道是思想政治理论课教学，因此要将劳动理论教育贯穿于思想政治理论课教学的始终，建立系统化、理论化的课程教育体系，形成层层递进的教育方式。思政课教学要讲好中国共产党团结全国各族人民艰苦奋斗、自力更生，实现中华民族从积贫积弱到屹立于世界民族之林的故事。在历史和现实的讲授中，大学生能够深刻理解"不干，半点马克思主义都没有"以及"实干兴邦，空谈误国"的深刻道理，理解"撸起袖子加油干"的丰富内涵。此外，各高校可以根据区域特色或学校特色开设劳动教育通识课、选修课，结合专业特点开展劳动理论教育，使学生了解本专业的发展趋势，熟悉劳动权益、劳动法规、职业规范等。

（二）强化学科专业实践

1. 学科专业实践的意义

学科专业实践是指大学生在校期间根据学业安排和自主选择到政府、企业、行业等社会机构进行的与本学科专业相近的职业岗位实习劳动。其实践意义主要有三个方面：一是了解社会对学科专业的需求，加深对专业学习的认识。大学生到社会参与专业实践，要结合政府、企业、行业等社会机构对专业的需求，了解专业发展的情况，了解社会对专业的要求，了解自身对专业的把握，加深对专业的认识，培养专业情怀。二是通过学

---

① 中共中央马克思恩格斯列宁斯大林著作编译局. 马克思恩格斯选集：第一卷 [M]. 北京：人民出版社，1972：9.

科专业实践开拓学术视野,对所学专业的发展做到心中有数,回到学校补充新知识。在社会实践中认识专业、了解专业,展望专业的发展与未来,通过实践拓展学术视野,发现专业理论的不足,生发创造性思维,为解决专业在实践中存在的问题奠定基础。三是通过学科专业实践得到劳动锻炼,获得对劳动教育的认识,形成劳动品格,铸就劳动精神。学科专业实践有体力劳动,也有脑力劳动,无论哪种劳动都能促进大学生劳动认识的形成与发展。大学生要在学科专业实践中努力锻炼自己,形成吃苦耐劳的精神,为专业发展贡献力量。

2. 学科专业实践的途径

劳动教育具有实践性特点,只有在实践锻炼中才能培养大学生形成正确的劳动价值观和劳动品质。学科专业实践的途径主要有两条:一是与社会实践结合,参与政府、企业、行业等社会机构组织的专业实习。专业实习与社会实践的结合是大学生走向社会检验专业发展前景、了解专业的具体行为、走理论与实践相结合道路的劳动性选择,对培养大学生的劳动观具有深刻意义。大学生必须用四分之一左右的时间参与学科专业实践,在实践中认识专业、了解自己、校正专业发展前进的方向,通过专业实践性的劳动,培养良好的专业劳动品质。二是安排日常的生产性、服务性劳动。校内日常性的劳动包括学校集中性劳动和学生个体的分散性劳动。高等学校要根据学科专业特点和时代特征集中安排适合实习实训的"劳动周""劳动月"或"劳动日"活动,让学生在校内就感受到学科专业的社会需要,以及专业发展与实践操作的需求,达到巩固专业思想、寻找专业差距、培养专业情感的目的。另外,日常性专业实习还包括开展勤工助学、有偿服务和义务劳动等生产与服务性劳动。高等学校要让学生从日常劳动做起,形成良好的劳动习惯。总之,结合学科和专业特点开展形式多样的劳动实践教育,可以有效地促进大学生创新劳动思维的形成和实践能力的提升。

(三)建设校园劳动文化

1. 校园劳动文化建设的意义

劳动文化是建立在劳动基础上的效应、影响及其传承,它以物化形式、符号标志和语言体现劳动精神,传递劳动创造世界、劳动创造人类、劳动创造财富、劳动无上光荣等正能量。校园劳动文化建设具有重大意义:一是有利于营造劳动光荣的文化氛围。当一所学校充满劳动光荣的文化氛围时,学生、教师员工就会形成劳动创造美好未来的行为憧憬,进而对劳动教育起到潜移默化的促进作用。二是有利于促进劳动教育的顺利展开。学校创建劳动文化的过程,就是师生培育形成崇尚劳动、热爱劳动的劳动精神,探索劳动创造人类与世界的过程,即劳动文化创建的过程就是大学生参与劳动活动的过程。劳动文化的力量,体现在影响上,是一种劳动光荣的理念;体现在行为上,是一种对劳动的热爱;体现在思想上,是一种劳动价值;体现在精神上,是一种劳动创造。

2. 校园劳动文化建设的途径

一是把劳动思想融入校园文化建设之中。高校要充分挖掘校园文化的育人因素,形成人人热爱劳动的校园文化。校园劳动文化的创设,可以从校规校纪、奖惩措施、劳动宣传等方面入手,逐步形成"以辛勤劳动为荣、以好逸恶劳为耻"的文化氛围。学校还可以通过设立劳模工作室、技能大师工作室等方式弘扬"劳模精神""工匠精神";利用

"五一"劳动节等与劳动有关的节假日进行劳动教育宣传，挖掘节日背后的深层意义，促进大学生思考劳动的意义、自觉参加劳动实践。高校还应该注重志愿劳动文化的建设。大学生志愿劳动是伴随我国改革开放不断深入而形成的以"奉献、友爱、互助、进步"为主要内容的志愿活动。目前，大学生志愿劳动遍布各个行业和领域，在保护生态环境、参与社会救助、参与重大自然灾害的救助、扶贫支教、学生互助与帮扶等方面发挥着重要作用，显示了我国大学生的精神风貌和使命担当。二是占领网络阵地，塑造崇尚劳动的网络文化。学校可以通过现代化信息技术手段，重现中国共产党百年奋斗历程，宣传先进劳动者事迹，让学生重温历史，坚定共产主义远大理想，培养崇尚劳动的精神，并积极投身到中国特色社会主义建设伟大事业之中。新时代赋予高校培养担当民族复兴大任的时代新人的新使命。面对第四次工业革命的蓬勃发展，面对互联网、人工智能、大数据等新技术的广泛应用，劳动教育无论是在内容还是方法上，既要继承优良传统，又要不断开拓创新。高校劳动教育既要教育大学生认识劳动的本质和基本规律，也要针对劳动形态的新变化，培养大学生的创新性劳动思维和创造性劳动能力。高校需要坚守立德树人的育人导向，着重解决劳动教育面临的关键问题，引导新时代大学生树立马克思主义劳动观，激发大学生劳动创造的热情，为建设中国特色社会主义现代化强国培养有用人才。

第五章
新时代大学生劳动教育的保障体系

第一节 新时代大学生劳动教育的条件保障

一、组建多元化劳动教育师资队伍

2018年5月2日,习近平总书记在同北京大学师生座谈时强调,"人才培养,关键在教师。教师队伍素质直接决定着大学办学能力和水平",要"建设政治素质过硬、业务能力精湛、育人水平高超的高素质教师队伍"。新时代高校加强大学生劳动教育,需要多渠道建设一支执着于教书育人、有热爱教育定力、带干劲闯劲钻劲的高水平劳动教育师资队伍,要多措并举推进高校劳动教育师资队伍多元化,以师德师风建设为根本,强化理想信念的思想引领作用,以创新体制机制为抓手,强化劳动教育师资队伍的规范化。

(一)以服务国家战略需求为导向,多措并举组建多元化高校劳动教育师资队伍

当前,我国经济发展正处于由高速发展向高质量发展转型的关键时期。新时代高校肩负着培养社会主义建设者和接班人的重大任务,建设一支综合素质过硬、教学水平高超的高校劳动教育师资队伍是关键一环。

一是着力培养一支劳动教育专业师资队伍。劳动教育作为一门课程,需要配备专业从事劳动教育的教师。教师的培养需要构建科学的劳动教育理论体系和学科体系。新时代培养一批劳动教育专业师资队伍,要从建立并完善中国特色劳动科学理论体系和学科体系着手,切实加强劳动哲学、劳动文化学、劳动经济学、劳动管理学等一系列与劳动问题高度关联的学科建设,强化擅长劳动教育的师范类专业人才培养,为劳动教育专业化奠定基础,逐步形成"劳动学科建设—劳动师范人才培养—劳动教育专业师资队伍建设"的良性循环,为劳动教育的开展持续输送专业教师。

二是着力打造一支劳动教育复合型师资队伍。劳动教育可以与高校专业课、思政课等德育、智育、体育、美育课程有机结合,充分发挥劳育对其他教育的促进作用。首先,把劳动教育纳入教师培训内容中,开展全员培训。通过"请进来"与"走出去"、线下与线上相结合的方式,强化教师的劳动意识、劳动观念,提升其实施劳动教育的自觉性,加强教师专项培训,以开阔视野、创新思维、更新教育理念,切实提升劳动教育专任教

师的理论素养和专业化水平。其次，广搭平台，经常性地组织开展集体教研活动、教学技能竞赛、阅读活动、教学沙龙活动等，提高教师的执教能力，促进劳动教育教师专业化发展。最后，注重教师综合实践能力的提升。在扎实的学科专业能力基础上，鼓励教师向复合型教师发展，积极参加社会实践，掌握几项学科外的技能和本领，加强专业知识与实践技能的融合，潜移默化地将劳动教育渗透到教育教学的各个环节中，渗透到各专业课程教学中。

三是着力构建一支"双师型"师资队伍。与传统高校教师不同，"双师型"教师不仅具有一般教师的特质，能够传道授业解惑，还具备对学生进行实践技能培养的能力。"双师型"教师在传授专业技能的同时，还强化对学生具体劳动实践的指导，通过理论与实践的结合，增强学生对劳动的责任感、使命感和荣誉感，为引导学生树立正确的劳动价值观奠定基础。高校可以通过挂职、进修等方式鼓励教师参加与其专业研究领域相关的基层社会实践，提升实践技能，不断壮大"双师型"师资队伍。

四是着力凝聚一支社会型劳动教育师资队伍。教育的价值体现为其培养的人才能够为推动社会发展贡献力量。首先，高校可以充分利用社会资源，聘请优秀社会人士，诸如劳动模范、大国工匠、老手艺人、非遗传承人等技能人才加入劳动教育兼职教师队伍，让其成为劳动教育的传道者。通过他们讲述劳模故事、传承劳动文化、展示精湛技艺、分享工匠情怀，让劳模精神、劳动精神、工匠精神入脑入心。其次，高校要通过展示精湛技艺，强化实践体验，让大学生亲历劳动过程，切实增强劳动教育的感染力。最后，高校还可以利用家长对大学生劳动教育的影响，强化正确的家庭劳动教育对大学生劳动习惯的影响力。

（二）以师德师风建设为根本，强化理想信念的思想引领作用

新时代推进教育现代化、建设教育强国、办好人民满意的教育，从高校的立场来说，首先要建设好高校师资队伍。师德师风建设是高校师资队伍建设中的重要组成部分。师德师风建设是加强高校师资队伍建设和提高教学质量的基本要义，也是全面贯彻党的教育方针、坚持中国特色社会主义教育发展道路、培养德智体美劳全面发展的社会主义建设者和接班人的重要措施。新时代高校加强劳动教育师资队伍建设是劳动教育取得实效的根本保障。建设劳动教育师资队伍应当着力将劳动精神和劳模精神纳入师德师风建设，提高教师的个人劳动素养，将新时代劳动教育的内涵要求内化为教师的价值追求、外化为教师的行为自觉，以高水平劳动素养的师资队伍引领劳动教育理论知识研究、学生成才培养、文化传承等使命。具体来讲，可以从以下五个方面入手：一是组织教师深入学习习近平新时代中国特色社会主义思想和习近平总书记关于劳动精神、劳模精神、师德师风的重要论述，把劳动精神、劳模精神与师德师风建设相结合，把提高教师劳动素养与加强劳动教育相结合。二是要把师德师风建设与劳动教育师资队伍建设有机结合，根据劳动教育师资多元化情况，把握特点，分类施策。强化师德师风制度建设，将师德师风建设纳入高校劳动教育师资队伍考核评价体系，建立正确的教育评价导向和反馈机制，对师德师风实行"一票否决"。三是加强劳动教育理论教育。在教师培训中增加或者注重劳动教育理论教育，帮助教师掌握劳动教育理论知识。四是开展劳动教育主题教育。通过开展专题讲座、参观劳动教育基地、参加调研等形式的教育和实践活动，让教师在

潜移默化中提高其劳动素养。五是强化正向引领，选立一批劳动教育教师楷模，分享他们的劳动教育成果，形成一批可复制可推广的劳动教育经验，着力建设一支有理想信念、有道德情操、有扎实学识、有仁爱之心的高校劳动教育师资队伍。

（三）完善体制机制，强化高校劳动教育师资队伍建设的规范化

一是管活管好多元化的劳动教育师资队伍。劳动教育是内涵式教育。劳动教育的目标是引导大学生树立正确的劳动价值观，使其在走上社会后能够勤奋劳动、诚实劳动、创造性劳动。高校加强劳动教育师资队伍建设不能好高骛远，要结合自身实际，以现有平台为基础，坚持目标导向，充分发掘影响新时代高校劳动教育师资队伍建设的短板，深入分析问题产生的体制机制原因。加强对国家宏观劳动教育形势的研判，精准分析高校自身发展定位，遵循教师成长发展规律，在创新体制机制上下功夫，打破固有的编制束缚和薪酬约束，运用科学的人事管理方法，管活管好多元化的劳动教育师资队伍。二是建立劳动教育师资激励机制，加强科研工作的引领作用，增强教师教育的科研意识，引导教师在劳动教育教学中经常性地开展教学反思，提高发现问题、分析问题、解决问题的能力，鼓励教师通过开展教科研工作深化劳动教育教学改革、创新劳动教育模式、加强劳动教育特色课程体系建设、提升劳动教育理论研究和实践水平、促进劳动教育的发展，让更多教师把劳动教育的理念带进课堂，使更多优秀教师成长为"双师型"教师，让更多社会精英走进校园传播劳动故事。三是加大投入，维护劳动教育师资队伍的稳定性。为保障劳动教育的顺利推进，学校应加大对劳动教育研究课题和劳动教育特色实践基地的建设投入，完善劳动教育软硬件配置，创新劳动教育教学模式，为教师的专业化发展搭建平台、创造条件，并着力保障教师待遇，维护师资队伍的稳定性。

[案例 5-1]

河套学院开展"劳动教育"课程教学能力提升专项培训工作

为进一步落实全国教育大会精神，构建德智体美劳全面培养的教育体系，进一步强化"劳动教育"任课教师的劳动意识、劳动观念，提高劳动教育专业化水平，2020 年 7 月 4 日至 7 月 5 日，学院开展了"劳动教育"课程教师教学能力提升线上培训工作，共有来自部门、院系的"劳动教育"拟任课教师 50 人通过腾讯会议直播形式参加了培训。

学院邀请中国劳动关系学院的李珂、赵鑫全、曲霞三位专家开展了此次培训。中国劳动关系学院党委委员、党委宣传部部长，劳动教育中心主任、大国工匠与劳动模范研究所副所长李珂研究员在培训中全面阐释了习近平总书记关于劳动和教育的重要论述，精准解读了《中共中央 国务院关于全面加强新时代大中小学劳动教育的意见》（以下简称《意见》），从理论维度、历史维度、实践维度阐释了新时代劳动教育的内涵要求与精神实质，阐释了劳动教育的五个目的。具体分析了基于"劳动教育"课程，与思想政治教育相结合、与专业教育相结合、与实习实训相结合、与社会实践和志愿服务相结合、与创新创业教育相结合、与产教融合相结合、与职业生涯教育及就业指导相结合、与校园文化相结合的"1+8"劳动教育体系。

中国劳动关系学院经济管理学院副院长赵鑫全教授，全面分析了专业教育与劳动教育的融合路径，从理论和实践两个层面疏通专业教育和劳动教育互融互促的渠道，指出

"创造性劳动"是大学劳动教育有别于基础教育阶段劳动教育的核心特征；并通过互动交流与案例分析，细致讲解了劳动与工作效率管理、劳动与激励管理问题，分析了创造性劳动与双创教育、劳动教育与产教的实例。

中国劳动关系学院劳动教育中心副主任、《劳动教育评论》副主编、曲霞研究员，深入剖析了《意见》，提出把劳动教育纳入人才培养全过程、整体优化学校课程设置、形成劳动教育课程体系、系统加强劳动教育，其他课程结合学科、专业特点，有机融入劳动教育内容等劳动教育课程建设内在要求。通过中国劳动关系学院的多元化劳动教育课程案例分析，指出在建构高校劳动教育课程体系的实践中要实现劳动教育精神与学校教育精神的相融，找到劳动教育与人才培养目标的结合点，突出劳动教育课程的制度化、规范化管理，在落实《意见》要求的同时注意打造自身品牌。

本次培训活动在教师中进一步弘扬了劳动精神，为教师们将劳动教育与德育、智育、体育、美育相融合，创新劳动教育模式提供了新思路、新路径，极大地推动了劳动课程体系建设与课程教育改革。

资料来源：何伟超. 学院开展"劳动教育"课程教学能力提升专项培训工作［EB/OL］.（2020-07-08）［2022-07-01］. http://www.hetaodaxue.com/jwc/info/1047/3216.htm.

二、拓展多样性劳动教育实践场所

《中共中央 国务院关于全面加强新时代大中小学劳动教育的意见》（以下简称《意见》），强调"高等学校要注重围绕创新创业，结合学科和专业积极开展实习实训、专业服务、社会实践、勤工助学等"，"使学生增强诚实劳动意识，积累职业经验，提升就业创业能力"，为新时代高校劳动教育指明了前进方向。我们要通过"劳动教育+专业课程""劳动教育+第二课堂""劳动教育+社会实践""劳动教育+志愿服务""劳动教育+创业实践""劳动教育+居家生活"等途径，将专业实习和劳动教育相结合，联合地方政府、科研院所、企事业单位共同搭建劳动教育实践平台，努力拓展多样性劳动教育实践场所，扩大实践活动的覆盖面，满足多样化的劳动实践需求和专业实习需求，提升实践活动的内涵与层次，加强大学生参与实践的程度，使大学生在参与的过程中、在劳动的过程中实现对知识的消化与吸收。

（一）拓展校园勤工助学岗

新时代高校应进一步扩展勤工助学岗，比如一些校内实习岗位，这是通过让学生利用课余时间参与劳动来获取合法的报酬，以此来帮助家庭条件相对较差的大学生减轻生活的压力、改善学习及生活条件的一项劳动实践活动。勤工助学岗的种类有很多，比如行政岗位助理岗、教学单位办公室和辅导员助理岗以及图书馆管理员助理岗等，这些都应该作为新时代高校勤工助学岗的重要形式。对于家庭经济条件一般或较差的学生而言，通过体力劳动来获得一定的劳动报酬，既可以获得物质层面的回报，还能够获得精神层面的收获，更加深刻地体会到劳动创造价值的含义，同时还能够对自身劳动价值观、劳动精神与习惯以及生活作风等方面产生一定的教育作用，最终使劳动教育的目的及作用得以有效实现。

（二）设立"校园劳动日"

"校园劳动日"设置的目的在于组织和号召全校师生一起参与到劳动实践中，以此来创设与营造一种良好而积极的校园劳动氛围。对此，新时代高校应从自身实际情况出发，选择一个固定的时间来作为"校园劳动日"。具体来讲，就运行方式而言，可实行公共区域分片负责制，同时应尽可能地扩大活动的范围以覆盖全校师生；就活动的内容及形式而言，各教学单位及学生社团可结合感恩教育、道德实践以及志愿服务等主题内容，以主题班会、展板以及比赛及结合艺术表演等形式来加强宣传与教育，引导大学生参与到"校园劳动日"活动当中。当然，最终成效的实现还依赖于高校对"校园劳动日"活动的常抓不懈、务求实效与大力推进。只有这样，才能够达到培养大学生劳动观念，提升大学生劳动素养，增强大学生思想道德素质以及美化校园环境的目的。

（三）定期开展校内外公益活动

校内外公益活动不论是对于思政课实践教学而言，还是对于劳动教育实践活动而言，都是一种较为常见的形式。与此同时，组织与开展各种公益活动，也是大学生思想教育的一项重要且必要的途径。对此，新时代高校应组织大学生定期开展校内外公益活动。总体来讲，新时代高校应结合自身条件，统筹各类社会优质资源，鼓励各教学单位利用社会大课堂，给学生安排一定时间的农业生产、工业体验、商业服务等劳动实践，建立"农业+""工业+""旅游+""商务+""互联网+"等各行业劳动实践教育基地，因地制宜，建设一个规模适度、运行规范的劳动实践教育基地，为大学生创造与开展一些校内外公益活动，以此来向大学生宣传正确的人生价值观，同时培养大学生的社会责任感，提升大学生的思想认知，激发他们参与劳动实践活动的积极性。具体来讲，校内外公益活动要落实到明确而有效的专题义务劳动活动上，比如"三下乡"活动、"社会实践周"或"学习践行雷锋精神"的专题义务劳动活动等。活动开始之前要做好宣传与动员工作，使大学生在思想上获得认知与准备，另外还需要做具体的活动策划，充分考虑活动的各个细节要素及处理方案，最终使大学生基于参与社会实践、专题义务劳动活动的过程，真正实现劳动教育的目的，在参与劳动的过程当中获得思想与能力的提升。

（四）建立大学生劳动教育实践基地

大学生劳动实践基地是开展大学生劳动教育与专业实践教育的重要载体和平台，也是大学生思想素质、劳动素养得以提升与发展的重要物质基础。对此，新时代高校应注重建立大学生劳动实践基地，以切实促进教学实效的实现。具体来讲，首先，要做到统一认知与全面规划。现阶段高校在劳动教育方面的投入比较不足，实践场地也较为缺乏，对此应加强认知，提高重视的程度，把劳动教育实践基地的建设作为全面推进劳动教育与思政实践教育的重要环节。同时要相应地制定长远规划并提出各阶段目标。其次，要整合相应资源并实现规范化管理，校内要加强土地利用率以扩充基地资源，校外要与相关企业单位合作，争取一定程度的资金、设备等方面的赞助，为实践基地建设打下扎实的物质基础。最后，要将实践基地打造成为劳动教育与思政实践教育的鲜活教材，要定期组织学生到实践基地开展劳动实践锻炼活动，使学生感知与体验劳动的艰辛，品味劳动成果的喜悦。同时还需要伴有系列主题活动，比如"劳动最光荣"以及"我们周围的环境调查"等活动，以此来充分利用基地条件、发挥学生特长，使实践基地切实成为大学生课余生活的乐园,丰富大学生的课余文化生活。

(五)积极对接就业和创新创业教育

劳动本身就是创造性的实践活动,蕴含创新精神。劳动教育的主体虽然是传统体力劳动,但也要提高创造性劳动能力,即基于知识的创新劳动。所谓创新劳动就是"能够做出创新的劳动,即能够做出知识创新、技术创新、制度创新及其他创新的劳动"[①]。因此,新时代高校在开展劳动教育的过程中,要结合学科和专业积极开展就业和创新创业教育,积极引导学生学习新知识、新技能、新方法,并以所学知识解决实际问题。在培养学生诚实劳动意识、提高就业创业能力的同时,要着重树立大学生正确的择业观,培养大学生艰苦奋斗的劳动精神,使他们将来能够积极投身到祖国最需要的地方参与工作;要注重培养大学生的公共服务意识和使命担当,使他们具有面对重大疫情、灾害等情形主动作为的奉献精神。新时代高校可以探索以构建差异化、融合式的劳动教育与就业创业教育内容体系为主体的综合实践训练平台。差异化体现在劳动教育的普及化和创业教育的层级化。应充分融合两者的基础性内容,在大学低年级面向全体学生开设劳动通论类课程,其中包括劳动技能基础知识和创业基础知识;在高年级重点面向有创业意向和创业需求的学生开展高阶式创造性劳动教育,将开放性思维和挑战性实践、工匠精神与企业家精神培养等内容融入劳动教育。新时代高校的劳动教育与专业教育实践活动,应统筹融入现有的人才培养全过程和全领域。在纵向上,大学一年级重点开展课程学习、专题讲座等校内认识类实践活动;二年级重点开展勤工助学、创业项目等校内模拟类实践活动;三年级重点开展志愿服务、专业服务等校外体验类实践活动;四年级重点开展顶岗实践、创业企划等岗位创新类实践活动。在横向上,劳动教育与创业教育要和高校思想政治教育、职业生涯教育、学科专业教育等不同领域相结合,根据各学科课程内容特点,有机互融,形成综合化、多样化、一体化的教育方式。

(六)建立产教融合的互联网实践平台

《意见》指出,要"适应科技发展和产业变革,针对劳动新形态,注重新兴技术支撑和社会服务新变化","鼓励高新企业为学生体验现代科技条件下劳动实践新形态、新方式提供支持"。因此,新时代高校劳动教育在用好常规性教育方式的同时,要紧跟时代步伐,围绕当代大学生伴随互联网长大的特点,以及当前人工智能、机器人技术、量子信息技术、虚拟现实、生物技术等新兴战略性产业发展等趋势,不断加大对劳动教育手段的创新力度,与时俱进地调整教育内容,积极导入和整合社会资源,为学生参与人机协同、智慧劳动等具有社会价值的劳动搭建平台,大力培养学生创造性、创新性劳动的意识和能力。

[案例5-2]

东华大学首个沪上"大学生劳动教育实践基地"揭牌

为进一步落实习近平总书记在全国教育大会的重要讲话精神,贯彻落实《中共中央

---

① 董振华. 创新劳动论[M]. 北京:中共中央党校出版社,2003.

国务院关于全面加强新时代大中小学劳动教育的意见》精神，推进学校劳动教育纵深发展，10月18日上午，东华大学大学生劳动教育实践基地在奉贤四团镇正式挂牌，马克思主义学院学生劳动教育实践基地、机械学院党建育人共建基地、四团镇青年文创工作室同步揭牌。马克思主义学院党总支书记戴××，东华大学团委书记沈×、四团镇党委副书记胡××、奉贤团区委副书记郑××、奉贤区四团镇渔墩村书记方×出席本次揭牌仪式，东华大学华英苑、机械学院、马克思主义学院等师生骨干参与本次实践活动。

活动中，学校师生在渔墩村方书记引导下参观村史馆，了解渔墩村发展历史，感受乡村文化魅力。值得一提的是，学生代表还前往农田进行劳动。在村民的指导下，学生们学会了用锄头、钉耙、铁铲等农具刨地，参与了清理农田杂草、挖红薯等实践活动，收获满满的劳动喜悦。蒋××同学表示："通过这次实践活动，我也明白了劳动的艰辛与实践的重要性，劳动可以磨炼人的韧性，希望未来在实践中不断锤炼本领，提升自我，砥砺前行。"

校团委书记表示，学校搭建全方位平台，实现多渠道实践，帮助学生树立正确劳动观念，提升志愿服务意识，培养吃苦耐劳的精神，引导学生将劳动的成就感转化为责任与担当，希望通过本次合作，加强沟通联系，利用学生的专业优势，助力乡镇美好发展，持续推动劳动育人工作走深走实，探索可持续的劳动教育模式。奉贤区四团镇渔墩村书记表示，很高兴能和东华大学团委深入合作，给学生提供发挥优势、施展才能的平台，也希望借助学生的才能给四团镇建设增添光彩。

据悉，东华大学团委将继续推进劳动教育实践基地的建设，鼓励学生积极参与社区的治理、志愿服务和相关劳动实践中，在提升劳动技能的同时培养正确的劳动价值观，形成崇尚劳动、尊重劳动的校园氛围，从而培养学生的家国情怀和社会责任感。未来，马克思主义学院研究生将继续深入探索大中小学劳动教育一体化推进方案。机械工程学院也将与奉贤区四团镇渔墩村持续深入开展共建，以联合党建为引领，创建党建育人基地，进一步发挥劳动教育的育人功能，用专业所长在文创产业开发、农产品包装设计等反哺乡村建设，助力乡村振兴。

资料来源：东华大学首个沪上"大学生劳动教育实践基地"揭牌［EB/OL］. (2020-10-18)[2022-07-01]. https://xxgk.dhu.edu.cn/00/c3/c1484a262339/page.psp.

三、健全多层次劳动教育条件保障机制

劳动教育不仅具有很强的思想性，还具有很强的实践性，需要强有力的条件保障来支撑。条件保障是劳动教育实践的基础，不管是校内劳动实践还是校外劳动实践、服务性劳动实践还是生产劳动实践、学农劳动实践还是高新企业的创造性劳动实践，都离不开实践场所、劳动工具以及它们的科学管理。但在具体实践中，劳动教育的条件保障整体还比较弱，具体表现为缺少实践场所、师资力量不足、经费没有保障、学生劳动缺少保障等问题。《意见》中提出，为了解决劳动教育无处劳动、无人指导、经费不足、不敢劳动等条件保障问题，从实践场所拓展、师资队伍建设、经费投入、安全保障等方面要求着力提升劳动教育支撑保障能力。

（一）组织保障

习近平总书记在全国教育大会上深刻指出，教育必须把培养社会主义建设者和接班

人作为根本任务，强调加强党对教育工作的全面领导是办好教育的根本保证。高校要把全面从严治党要求落实到每个工作人员，把党的政治建设摆在首位，用习近平新时代中国特色社会主义思想武装头脑，充分发挥党对教育事业的监督管理和宣传引导凝聚师生的战斗堡垒作用。

高校需要贯彻党和国家的方针，做好劳动教育工作，制定符合校情的中长期发展规划，确立短期、中长期发展目标及具体实施步骤，把劳动教育列入年度工作计划当中；成立专门的学科建设、管理小组，把劳动教育的建设发展摆到整个学校发展的突出位置，结合学科发展建设、专业建设和现有人员的具体情况，制订符合劳动教育发展的学科、科研、师资队伍建设规划，并组织重点实施。另外，劳动教育发展的坚实组织保障不仅仅来自高校内部建设，同时也要发挥学术团体、行业协会的优势，组建学术委员会，建立有效的评估机制，定期对学校劳动教学的组织、实施进行有效的评估，不断完善与优化学科发展和育人体系。

（二）投入保障

提升软硬件水平是劳动教育发展的根本保障。新时代高校应加大对劳动教育的投入比重，努力完善劳动教育发展的投入保障措施。就目前我国高校开展劳动教育的实际情况来看，投入保障主要包括三个部分，即人、财、物的保障。

首先，师资队伍的投入是劳动教育发展的核心保障。通过"走出去，请进来"的方式打造一支"双师型"的高精尖师资队伍。一是在校内遴选具有一定背景的教师担任劳动教育课程教师；二是加大对教师队伍教学能力的培训；三是聘请具有一定实践经验和职业素养较高的劳模、企业家、杰出校友等，建立学校劳动教育专家库，以提高人才培养质量。

其次，经费是开展劳动教育的基础保障。为此，高校应加大对劳动教育的资金投入，做到资金合理高效使用；将劳动教育相关的活动列入每年的经费预算当中，设立专门的教学科研经费和专项经费，确保劳动教育的有效开展。同时，应积极拓宽教育资金的筹措渠道，比如联合政府、行业企业、知名校友等组织和个人，要吸引企业社会团体的捐赠，建立持续投入和经费单列的运行机制，为劳动教学设施设备的日常更新保养和维护提供保障。

最后，物质保障也是劳动教育发展的重要保障。主要包括为学科发展提供相应的教学设施、器材、设备、场地，为教师、学生等提供充足的相关书籍资料和音像资料，为教师提供相应的短期培训以及劳动教育科学研究支持等。

（三）时间保障

开展教育的过程也是一个学习的过程，以时间和空间为纽带，实现师生之间的教学相长。开展劳动教育面临的首要问题就是时间问题。在过去的发展中，我们不难发现，劳动教育作为一门特色教育，在很多学校受重视的程度远远不够，从时间保障上来看，存在课程安排总量较少、课程时间较短、时间的有效利用率不高等问题。

开展劳动特色教育，必须在有限的时间中实现课程的创新发展。一方面，高校要加强对劳动教育的学科体系建设，从课程安排和课程设计上与其他专业课同向同行，规划相应课时与学分，保障每学期教师有32课时的授课时间，就每周的授课安排来说，可以搭建线上学习交流平台，确保教师和学生有一定的时间可以了解关注劳动教育内容。另一方面，在尽量保障课程时间的同时，将劳动教育充分纳入通识课体系的建设当中，开展劳动教育第二课堂，并且把通识课内容和第二课堂教育纳入教师教学工作量的统计范围，把劳动相关课程纳入学生期末的综合考评中。此外，高校应充分发挥劳动教育顶层设计、规划、指导的作用，鼓励教师利用寒暑假时间开展劳动教育的特色小学期和劳动特色实践学习，开展多样化教学，引导学生主动参与讨论和实践，创造复合时间价值，将课堂从教师单向度的传授知识转变为学生多向度的主动获取知识。

（四）空间保障

高校要贯彻落实新时代德智体美劳全面发展的教育方针，就要根据高等教育人才培养的特点，努力构建更加全面的人才培养体系。① 要探索更加有效的途径方式，就要实现教育空间的不断升级与拓展。在信息化背景下，多功能、智慧化教室已出现，大学生学习的场所也不再局限于课堂，教学的空间已经从教室内延伸到教室外，从实体空间延伸到虚拟空间。具体到劳动教育，其空间保障主要包括学习办公场所保障、实践教学平台与学习基地建设、网络平台的延伸、交流空间的拓展。

首先，在校内建立劳动教育研究基地，为专题调研、历史研究、开展研讨提供保障；其次，鼓励劳动教育走出校园，大力推动学校与行业部门、企业、社会共建育人基地，为教师提供实践教学平台、实验教学中心，为大学生提供实习基地、实践基地；再次，劳动教育是一门抽象化的学科教育，将教学空间延伸至网络空间，有助于教师通过情景模拟的方式吸引大学生的关注，进而激发大学生的学习兴趣；最后，拓宽交流空间，每年选定一批优秀教师和学生代表到国内外高校进行访学交流，为教师、学生的发展从物质空间和精神空间上提高层次和保障，实现产学研合作教育和嵌入式协同育人。

（五）技术保障

技术保障是开展劳动教育条件保障的一个重要组成部分，旨在为促进劳动教育现代化，为教学和科研提供技术支撑。做好技术保障工作对于学科发展有着极其重要的作用。当前劳动教育的技术保障主要包括劳动教育教师资源库建设、数字化教学资源建设、网络教学环境建设、多媒体设备管理等。

一方面，运用现代信息技术创建区域性高校共享型劳动教育教师资源库，构筑开放式资源环境，搭建开放型、共享型公共服务平台，整合区域高校劳动教育教师资源以及各种社会人才资源，为教师更新知识结构、丰富教学经验、增强业务能力提供有力支撑。另一方面，无论是数字化教学资源还是网络教学环境的建设，都需要依托成熟的网络平台，通过网络技术解决当前教育发展中面临的诸多问题，比如实现教学资源共享化、实现师生在线一对一或者一对多互动、实现学生个性化学习、延伸课堂内容等。保障多媒体设备的正常运行也是技术保障的重要内容之一。

上述五个方面涵盖了劳动教育发展所需要的条件保障的基本内容。劳动教育发展的三大使命是立足于问题研究、着眼于学科发展、致力于实践服务。当前我们的劳动教育也需要适应时代发展的要求，着眼于不同学校劳动教育发展的具体情况，具体问题具体分析，为劳动教育的开展提供长效保障机制。

---

① 林蕙青．努力实现新时代高校人才培养新作为［N］．中国教育报，2018－10－26（1）．

[案例 5-3]

广西：学校可安排公用经费用于劳动教育

日前，广西印发《关于全面加强新时代大中小学劳动教育的实施意见》，就中小学校开展劳动教育，以及扩充劳动教育资源、保障经费投入、加强劳动教师队伍建设、开展劳动教育研究等方面提出意见。其中提出，学校要将劳动教育经费纳入年度经费计划，可按规定统筹安排公用经费等资金用于劳动教育。

广西提出，各地要健全劳动教育经费投入机制，多渠道筹措资金，为学生劳动教育提供可持续的经费保障。积极争取中央补助资金，统筹自有财力，加快建设校内劳动教育场所和校外劳动教育实践基地，补充学校劳动教育器材、耗材，加强学校劳动教育设施标准化建设。加强经费监管，确保专款专用，提高经费使用效益。可采取政府购买服务方式，吸引社会力量提供劳动教育服务。

根据意见，广西将加强劳动教育督导督查，将各级政府和有关部门履行劳动教育职责、保障劳动教育情况，以及学校劳动教育开课率、劳动实践组织、教学指导等实施劳动教育情况纳入督导范围，作为衡量区域教育质量和水平的重要指标，并作为地区、部门和学校及其主要负责人考核奖惩的依据。

资料来源：广西：学校可安排公用经费用于劳动教育［EB/OL］.（2020-09-30）［2022-07-01］. https://chuzhong.eol.cn/gx/gxcz/202009/t20200930_2018371.shtml.

[案例 5-4]

重庆工业职业技术学院三举措保障学生劳动教育全面落实落地

一是强化组织领导。强化党委统一领导，定期研究解决学校劳动教育实施过程中的重大问题。成立学校劳动教育领导小组，由书记、院长任组长，其他校领导任副组长，各有关部门负责人为成员，并下设办公室确保具体工作推进落实。成立劳动教育指导小组，由分管教学副院长任组长，成员由教务处、学生处、团委负责人和相关专家组成，并下设办公室。建立多部门协同机制，明确各单位劳动教育职责分工，建立沟通协调反馈机制，切实指导做好劳动教育。

二是强化经费投入。健全以自筹经费为主体、争取政府和社会资金投入为补充的经费投入机制。每年在人才培养经费中安排约 200 万元用于劳动教育，主要用于建设校内劳动教育场所和校外劳动教育实践基地，加强学校劳动教育设施标准化建设，建立学校劳动教育器材、耗材补充机制，为学校劳动教育提供充足保障。

三是强化宣传引导。强化家校共育，引导家长树立正确劳动观念，支持配合学校开展劳动教育。积极宣传推广学校劳动教育典型经验和系列活动，组织相关人员建设高职院校劳动育人理论与实践研究网站、微信公众号，积极宣传企事业单位和社会机构提供劳动教育服务的先进事迹。《一次特殊的"迟到"——20 名大学生志愿者在机场参与抗疫志愿服务延迟到校》被《重庆日报》、新华网、中青网等报道。鼓励和支持创作以《盼归》为代表的一批以歌颂普通劳动者为主题的优秀作品，大力弘扬劳动光荣、创造伟大的主旋律，营造关心和支持劳动教育的良好氛围。

资料来源：重庆工业职业技术学院网站。

第二节　新时代大学生劳动教育的评价督导

一、建立大学生劳动教育责任制与激励机制

建立健全劳动教育责任制与激励机制是新时代高校劳动教育得以顺利实施的重要保障。教育部 2020 年 7 月颁布的《大中小学劳动教育指导纲要（试行）》提出，学校要通过建立健全劳动教育规章制度，对劳动教育进行整体设计、系统规划，形成劳动教育可持续开展的体制机制。针对高校劳动教育责任制与激励机制的现状，新时代高校应构建良好的领导、教师和学生责任与激励制度，建立健全运行保障制度及劳动教育与实践表彰奖励机制，从这五个方面着力，充分调动高校劳动教育与实践的积极性。

（一）构建良好的领导责任与激励制度

充分调动地方党委政府和高校的积极性是构建大学生劳动教育责任制与激励机制的前提。第一，应切实加强对大学生劳动教育与实践的领导。各级党委政府应为高校实施劳动教育创造条件，提供便利。一是各级政府应在党委统一领导下，把劳动教育提上重要议事日程，出台相关政策措施，建立由教育行政部门牵头的高校劳动教育专班工作制度，统筹协调、切实解决劳动教育实施过程中的重大问题，对大学生劳动教育实施工作督导。二是高校应成立由分管领导牵头的劳动教育工作领导小组，统筹安排好高校相关职能部门的劳动教育与实践活动，抓好落实。只有形成在党委统一领导下的高校劳动教育专班工作制度，才能形成强有力的领导组织机构，使地方和高校相关职能部门协调一致，形成社会各界支持大学生劳动教育与实践的工作合力。第二，应把大学生劳动教育作为考核地方和高校的重要指标。把劳动教育作为对高校办学质量和水平评估考核的重要指标，纳入高校党建和教育教学评估体系。同时，上级教育行政部门和党委政府应把劳动教育作为高校和地方领导政绩考核的重要指标，促使他们提高认识，自觉认识到劳动教育对大学生成才成长以及服务地方经济文化发展等方面的重大意义，加强对大学生劳动教育的重视。

（二）构建良好的教师责任与激励制度

根据《大中小学劳动教育指导纲要（试行）》精神，良好的教师责任与激励制度是构建大学生劳动教育责任制与激励机制的基础。第一，制定鼓励教师参与劳动教育的优惠政策。把教师参加和指导大学生劳动教育与实践计入工作量，给予相应的报酬和相关补助，同时在晋升、评优和评职称等方面优先倾斜。对表现突出的指导教师，高校和地方政府进行褒奖，新闻媒体加以宣传，对他们的工作给予物质和精神上的全面鼓励，充分调动教师参与劳动教育的积极性。第二，建立规范指导教师参与劳动教育与实践活动的规章制度。明确指导教师参与劳动教育与实践教学的规划、动员、组织、管理、考核评价等方面的职责，如指导教师是否对劳动教育与实践活动进行全过程管理指导，是否按要求公正合理地考核学生成绩等，对于这些方面要有相关的制度规范。同时，对于在开展劳动教育与实践活动中没有按制度规范开展工作的指导教师，要对其进行批评，甚至评优评先一票否决等。

（三）构建良好的学生责任与激励制度

落实《大中小学劳动教育指导纲要（试行）》要求，良好的学生责任与激励制度是构建大学生劳动教育责任制与激励机制的核心。第一，制定规范大学生劳动教育与实践的具体细则。可编写大学生劳动实践指导手册，把劳动教育纳入专业人才培养方案，规定学时学分，对大学生参加劳动教育与实践提出时间和任务要求，特别是将大学生在参加劳动教育与实践中的表现和综合测评考核有机结合起来，杜绝弄虚作假等不良现象，把大学生参加劳动教育实践的情况记入《大学生素质拓展证书》，定期评选表彰先进集体和个人，同时对不参加劳动教育实践的大学生进行批评教育。第二，遵循精心组织、务求实效原则。一是精心组织动员，激发学生内在驱动力。学校要结合上级文件、权威报告或招聘信息的相关要求向学生说明，社会需要的是有劳动实践经验的人才，用人单位主要看重的是求职者的社会实践能力和综合素质，帮助大学生认识社会需要的人才类型，认识、体验劳动实践对其成才的作用，从而使大学生主动投身到劳动实践中。在劳动实践动员阶段，指导教师必须向学生讲清楚劳动实践与社会实践的关系、目的、意义、要求，使学生认识到通过实践可以把所学的知识转化为实际能力，进而巩固和发展所学知识，通过实践还可以发现自身和社会现实之间的差距，找到努力的方向。二是注重能力培养，务求实效。认真组织大学生参加社会调查、生产劳动、志愿服务、公益活动、科技发明和勤工助学等劳动实践活动，积极探索和建立劳动教育与专业学习相结合、与服务社会相结合、与勤工助学相结合、与择业就业相结合、与创新创业相结合的管理体制，使大学生在劳动教育与实践活动中增强合作能力、创新能力、学习能力、适应能力和社会责任感，从而培养综合素质能力，提高实践效果。

（四）建立健全运行保障制度

大学生劳动教育与实践活动的有效开展必须有人力、物力和财力的支持。目前大部分高校在这方面只有整体计划，没有很好地具体落实。因此，应建立健全大学生劳动教育与实践运行保障制度。

第一，建立健全人力保障制度。一方面，应建立健全人力保障的领导机制。建立健全党委统一领导、高校和地方党政齐抓共管、有关部门各负其责、全社会大力支持的领导体制和工作机制，形成全党全社会共同关心支持大学劳动教育与实践的强大合力。另一方面，应制定对大学生劳动教育与实践加大人力投入的政策。高校应配套制定相应的指导教师激励政策，比如鼓励专业教师跟随学生到劳动教育实践第一线，指导学生开展劳动教育实践活动。专职从事学生教育管理的学生辅导员也应成为指导大学生参加劳动教育实践的重要力量，在活动组织、活动评价、活动保障等方面给予学生及时的指导等。

第二，建立健全物力保障制度。一方面，应建立健全劳动教育实践基地建设制度。按照《中共中央 国务院关于全面加强新时代大中小学劳动教育的意见》提出的"多渠道拓展实践场所"的要求，高校应主动与城市社区、农村乡镇、爱国主义教育基地、企事业单位、部队、社会服务机构等联系，本着合作共建、合作共赢的原则，从地方建设发展的实际需求和大学生锻炼成长的需要出发，建立多种形式的劳动实践基地，使学生受锻炼、当地见效益。因此，高校应根据实践基地的需要和要求，致力于为基地解决实际问题和提高学生的劳动素养，有针对性地安排学生到实践基地进行劳动锻炼，建立与实践基地之间的长期联系与合作。另一方面，高校应加大对大学生劳动教育实践网站的建设力度。学校应加强校园信息化建设，特别是加强大学生劳动教育实践网站建设，给予专门的场地和电脑、服务器等物力投入。

第三，建立健全财力保障制度。开展好社会实践活动需要充足的资金支持，应建立多种形式的经费和制度保障机制。一方面，政府应加大投入、提高高校预算比例，使劳动教育与实践活动的投入经费有所保证。另一方面，高校应扩大社会交流合作范围，争取当地政府、社会、企业资金支持，并与之加强合作。同时，高校还应该为大学生顺利开展劳动教育实践活动提供各种经济保障，比如帮助大学生遴选劳动教育实践项目，给予一定的经费支持，提供必要的药品、后勤服务，以及为参加劳动教育实践的师生购买相关保险等。

（五）建立健全劳动教育与实践表彰奖励机制

国家级、省级、学校教学成果奖项，应将劳动教育教学成果纳入评奖范围，对优秀成果予以奖励。高校应依托有关专业组织、教科研机构等开展劳动教育经验交流和成果展示活动，激发广大教师实践创新的潜能和动力。各地应积极协调新闻媒体传播劳动光荣、创造伟大的思想，大力宣传劳动教育先进学校、先进个人。

此外，大学生劳动教育与实践表彰奖励机制的构成应包括奖项设置和奖项实施，做到彼此补充、相互搭配，实现奖励的最终目的。从操作层面来说，大学生劳动教育与实践表彰奖励机制的建立要从以下四个方面做出努力：

一是奖项设置兼顾物质性与精神性。大学生劳动教育与实践表彰奖励项目中的物质奖励也要发挥精神激励作用，不但要给予奖品奖金，还要做好宣传工作，挖掘奖金奖励项目所蕴含的精神价值。荣誉性的奖励项目除颁发荣誉证书之外，则要适当配备一些附属的物质奖励，如精心设计一些具有纪念意义和传承价值的奖品。大学生劳动教育与实践表彰奖励的所有项目首先都应当是荣誉性的，要注重维护奖项的荣誉价值，在奖金类奖励项目上更要强化宣传效果，维护奖项的荣誉。

二是奖项实施兼顾先进性与全面性。大学生劳动教育与实践表彰奖励制度既要能够选拔拔尖人才予以表彰，也要能够鼓励后进共同成长。获奖学生作为一个阶段劳动教育的先进分子要能够带领全体学生共同进步。表彰奖励项目要覆盖因个性发展进步不同步等因素，促进学生全面发展、整体进步，重点关注因家庭经济困难、学习方法不当等造成的起点稍低但有进步追求的大学生，他们的进步空间和进步愿望更需要得到正面的肯定和激励。

三是奖项认定兼顾公平与公正。高校管理部门和教师要在劳动教育与实践表彰评奖过程中坚持全程公开、公正和透明，主动向大学生公开表彰评奖程序和评奖依据，坚决杜绝暗箱操作和照顾性奖励现象，弘扬正气清风，形成能够经受考验的评奖结果，让大学生在评奖过程中受到纪律教育、理想信念教育和工作方法教育，实现大学生劳动教育与实践表彰奖励的多重效应。高校还要加强对劳动教育与实践表彰奖项、奖金的纪律监督和财务审计，做到表彰奖励资金专款专用，提升表彰奖励工作质量，形成良好的表彰评奖、颁奖氛围，促进校园文化建设。

四是奖项宣传兼顾典型性和普遍性。高校劳动教育与实践表彰奖励工作既要坚持教育发展中形成的优良传统,又要与时俱进,结合时代性要求,在新时代高等教育改革与发展的大背景下做好劳动教育与实践表彰奖励制度的普遍性设计,充分激励大学生争先创优,全面发展。高校大学生劳动教育与实践表彰奖励制度要注重鼓励创新,鼓励个性发展,鼓励大学生发现兴趣、劳有所获,激励全体大学生自觉追求进步。

[案例 5-5]

池州学院召开大学生劳动教育工作推进会

8月26日上午,池州学院在办公楼北二楼召开大学生劳动教育工作推进会,校长柳××出席会议并讲话,副校长阳××主持会议。相关部门负责人及教育部学校规划建设发展中心劳动素养教育课题组相关教师参加会议。

柳校长从学校劳动教育课程简论、大学生劳动素养教育设计与实践、劳动教育反思这《中共中央 国务院关于全面加强新时代大中小学劳动教育的意见》(以下简称《意见》)和教育部《大中小学劳动教育指导纲要(试行)》(以下简称《纲要》)中规定性的实践思考等三个方面做了题为"池州学院大学生劳动素养教育实践与反思"的报告,回顾了学校大学生劳动素养教育发展的历程,全方位解读了学校大学生劳动素养教育的设计与实践的过程。他指出,劳动教育需要重点关注劳动评价,达成发展性目标;注重集体劳动,培养大学生集体精神;运用劳育"黄金定律",增强劳动育人效果;加强劳动学科研究,增强劳动教育的科学性,强化劳动价值观教育;为学校劳动教育明确了思路,指明了方向。

阳××强调了学习贯彻《意见》和《纲要》的重要性和必要性。他指出,要增强推进劳动教育的政治自觉,从思想上高度重视大学生劳动教育;要全面落实《意见》的各项任务要求,凸显学校特色,从培养方案与大纲、条件保障、过程管理等方面打造池州学院特有的劳动教育模式;要丰富劳动教育形式,拓展劳动教育平台,扎实提高劳动教育成效。

会上学习了习近平总书记给中国劳动关系学院劳模本科班学员回信重要精神,学习了《意见》和《纲要》等文件精神。

与会人员结合自身的工作职责,畅所欲言,对学校劳动教育的开展提出了建设性意见。

近年来,池州学院将劳动育人融入立德树人环节,务本崇实,积极建构全方位、立体化的劳动育人体系,以劳树德、以劳增智、以劳强体、以劳育美、以劳创新,加强学生劳动教育,促进学生全面发展。2010年,池州学院试行劳动周制度,对大学生的劳动教育开始进行统一组织和管理,在实践探索中解决劳动教育问题。2011年,学校启动大学生通识素养教育,劳动课作为劳动素养教育的主要依托课程纳入学校通识教育课程体系,进入人才培养方案,专设30课时和1学分,专设教学大纲,出台《池州学院大学生劳动课管理暂行规定》《池州学院劳动课程实施细则(试行)》等制度,对劳动教育做出规定。2014年,学校编写《大学生劳动素养》教材,该教材是当时国内唯一一本高校劳动素养教育教材。2016年,学校通过召开经验交流会和专家咨询等方式启动了大学生劳动素养教育第二次改革,正式出台《池州学院大学生劳动课管理规定》,劳动素养教育进入学校总管、教务处主管、二级学院分管、后勤集团和团委协管的四级管理模式。

2018年,学校充分利用多年积累的劳动教育经验,启动大学生劳动素养教育第三次综合改革,"大学生劳动素养课程标准与实施机制研究"获教育部学校规划建设发展中心委托项目,池州学院《大学生劳动素养》优质教材项目立项,全力开展大学生劳动素养课程标准研制和教材修订工作。2019年,学校召开劳动素养综合改革推进会,从教育研究、课程设计、教学资源、制度完善、教材修订和实施方案等多方面齐发力,全面推动劳动素养教育改革和发展。同年,学校在校内建设菊花种植基地,将教育扶贫纳入劳动素养教育实践。2020年,为解决高校劳动教育"起点"和内容选择问题,学校劳动教育研究团队完成了全国高校劳动教育开设现状与效果调研,修订《大学生劳动素养》教材,全力推出切合需要、高质量的使用教材。

8月21日,柳校长在"新时代高校劳动教育实施体系建构"学术研讨会上作了"大学生劳动素养教育实践与反思"专题报告,从池州学院大学生劳动素养教育课程的发展历程、劳动素养教育育人体系、劳动素养教育的设计与实践等方面介绍了学校大学生劳动素养教育开展情况,获得与会专家学者的热烈反响和关注。

资料来源:池州学院召开大学生劳动教育工作推进会[EB/OL].(2020-8-31)[2022-07-01]. https://www.sohu.com/a/415714265_100176181.

二、健全大学生劳动素养评价制度

为使劳动教育更好地得到贯彻落实,防范大学生劳动积极性不高、内在动力不足的问题,新时代高校需要健全劳动素养评价制度。将劳动素养纳入大学生综合素质评价体系,制定一整套科学合理的劳动素养评价标准,充分发挥评价的激励和导向作用;组织开展劳动技能和劳动成果展示、劳动竞赛等活动,全面客观记录课内外劳动过程和结果,加强实际劳动技能和价值体认情况的考核;建立公示、审核制度,确保记录真实可靠。把劳动素养评价结果作为衡量学生全面发展情况的重要内容,作为评优评先的重要参考和毕业依据,作为高一级学校录取的重要参考或依据,使新时代劳动教育体系更趋完善。

(一) 劳动素养评价的主要内容

劳动素养是指经过生活或教育活动形成的与劳动有关的人的素养,包括劳动价值观、知识、能力等具体指向。苏霍姆林斯基认为,劳动素养还包括"劳动活动在一个人精神生活中的作用和地位,以及劳动创造中的充实的智力内容、丰富的道德意义和明确的公民目的性"[①]。从大学生特点、评价指标可操作性、社会认知程度等综合角度来看,劳动素养的内涵与指向重点体现为以下四个方面。

1. 劳动意识的评价维度

人类的劳动是有意识的活动,在活动之前就有着一定的思考和安排。培养正确的劳动意识就是让大学生具有正确的劳动动机和劳动态度。劳动动机体现为劳动者在劳动过程中所追求的目的;劳动态度体现为劳动者在劳动过程中的心理感受。新时代高校通过劳动教育使大学生明确劳动动机、端正劳动态度,进而增强劳动意识。

---

① 苏霍姆林斯基. 劳动教育和个性全面发展[J]. 杜殿坤,译. 外国教育资料,1980(2).

2. 劳动观念的评价维度

劳动可以锻炼人的吃苦精神，劳动可以使人形成坚定的意志。劳动观念是人们对劳动的看法和态度。新时代的劳动观念是以热爱劳动为荣、以不劳而获为耻，尊重努力劳动、贡献社会的不同阶层的劳动者，愿意以自己的体力劳动和脑力劳动建设祖国、奉献社会、服务人民。树立正确的劳动观念，是提高大学生劳动素养的基本要求。

3. 劳动能力的评价维度

劳动能力是人们进行劳动工作的能力，包括体力劳动和脑力劳动两个方面，是人们通过劳动创造价值的必备能力。劳动能力是让大学生懂劳动、会劳动。

4. 劳动成果的评价维度

劳动是人与社会、人与自然的互动过程，强调结果评价是在探讨人作为劳动主体对生活和工作的影响。劳动能使大学生学会生活、学会生存、学会交往、学会发展，劳动使人身心健康，要通过劳动实践活动培养大学生热爱劳动的思想、吃苦耐劳的精神和对工作的责任心。

（二）劳动素养的评价载体

劳动素养作为人的内在素质，具有内生性、内在性、自主性特点，必须在外化形态下才能得到准确的评价与衡量。构建科学合理的劳动素养评价体系，重点要在丰富评价载体上下功夫，给予劳动素养充分的外在表达空间与形式，这既是加强劳动教育的必然要求，也是实现劳动素养科学评价的重要方面。依据高校学生管理的特点，结合劳动教育中对"服务""创造""躬行"等劳动价值的重点弘扬，以及劳动素养的评价载体与呈现形式，评价体系建构应涵盖以下四个方面。

1. 日常行为

劳动是人类社会各项活动的基本形态之一。劳动素养的生成、塑造与展现都在日常行为中充分存在。大学生学习、生活的各个方面都与劳动意识、劳动观念、劳动能力有着千丝万缕的联系：大学生在校内外各个公共场所中能否自觉维护环境卫生，充分尊重他人的劳动成果；在学生宿舍能否具备"一屋不扫，何以扫天下"的劳动意识和主动维护环境卫生的行动；在参与考试测验、学术研究和科研探索时，能否自觉诚实守信、遵纪守法，严格遵从学术规范，从劳动成果的角度更加深刻和自觉地维护学习学术秩序。劳动素养在日常行为中的表现还可以外化为服务他人、奉献集体的意识与行动。对大学生来讲，积极参与学生社团组织、为集体举办的文体活动贡献力量，都是以个人劳动与付出服务他人的形式，在劳动素养评价体系中应从劳动成果的维度予以适当体现。

2. 志愿服务

志愿服务是劳动教育的重要载体之一。志愿服务的过程是大学生实践能力、劳动精神、劳动素质全面锻炼与提升的过程。高校将劳动教育融入志愿服务中，让大学生有意识、有目的地参与其中，在志愿服务过程中实践劳动精神、弘扬劳动精神。大量的志愿服务活动能够培养大学生勇于实践、无私奉献的勤劳奋进精神，增强大学生的劳动意识和劳动素养。

3. 实习实训

实习实训是高校课堂教学内容巩固和提升的重要环节，是大学生将理论应用于实践的必要途径，是培养大学生吃苦耐劳、知行合一、乐于奉献等优秀品德及责任担当意识的重要过程。新时代高校应结合自身专业特色，不断完善实习实训项目，为大学生提供更多的劳动实践机会，加强校内外实习实训基地对大学生劳动素养的引导与教育。一方面，深化校企合作，践行产教融合，提升人才培养质量，通过校内外指导教师的合力，使大学生在实习实训中树立热爱劳动、劳动光荣的意识。另一方面，大学生能够在实际工作岗位的实践锻炼中，立足本职工作，强化劳动意识和劳动能力，形成个人的责任感和使命感，深刻体悟劳动的价值与意义。

4. 社会实践

社会实践活动为学生提供了与社会全方位体验与交流的真实场景。大学生通过社会实践将所学知识转化为劳动成果，能够更加直观地感受到通过劳动实现目标、通过劳动创造价值的意义。同时，社会实践活动能够促进大学生劳动能力的提高，塑造大学生的职业素养和道德品质，使大学生通过亲身实践理解劳动价值的内涵，形成尊重劳动、热爱劳动的劳动观。

（三）劳动素养评价结果的运用

构建劳动素养评价体系要充分借鉴和吸收综合素质评价的有益成果，真正做到评价设计科学合理，评价过程公开公正，评价结果导向正确、社会信服。劳动素养评价体系应当与新时代高校普遍实行的学生综合素质评价体系相一致、相融合，把劳动素养纳入综合素质评价的"五育"目标之一，从加强劳动教育的视角，优化学生综合素质评价的各项指标设计，实现劳动教育在综合素质体系中的专项占比，提升劳动教育各项内容的重要性。劳动素养评价结果的运用应当注重以下三个方面。

1. 探索劳动素养评价的专项表彰机制

劳动教育作为五育并举的重要指标之一，与德智体美相比，尚未建立起有效的表彰或惩戒机制。大学生的思想状态、学习成绩、体格检测、文体评比等都有相对独立的考评办法和表彰机制，但对于"劳育"而言，探索劳动素养评价体系的目标之一就是要在形成劳动素养评价的定量或定性结果基础上，对劳动素养优秀的大学生予以表彰，对相对落后的大学生进行督促，通过正面奖励和反向引导的方式，强化劳动教育的具体实施效果。因此，要在劳动素养评价体系的结果认定上，建立"劳育"表彰的物质性或荣誉性奖励机制，设立"劳动光荣奖""劳动之星""劳动先进奖""劳动创造奖"等项目，辅以适当的物质奖励，还要举办劳动技能大赛、劳动表彰大会等活动，扩大劳动素养的教育教学成果，巩固劳动教育的长期效应。

2. 建立劳动素养评价与大学生综合素质测评融合机制

劳动教育是德智体美劳全面培养教育体系的重要组成部分，将劳动素养纳入大学生综合素质评价体系中，能够充分发挥劳动教育的激励和导向功能。制订涵盖劳动观念、劳动意识、劳动能力的评价制度和评价标准，通过综合测评结果将劳动教育与评奖评优挂钩，能够促使大学生增强劳动意识，更加注重自身劳动素质的培养。目前在大学生综合素质评价体系中，劳动教育方面的体现不多，甚至有所缺失，这种情况亟待改变。劳动素养评价与综合素质评价体系的融合，要充分考虑劳动素养评价的四项维度，既要设计好劳动意识、劳动观念等非客观维度的测量方法，也要为劳动能力、劳动结果等适宜定量考察的指标进行合理赋值，从而达到充分肯定大学生在劳动素养上成长与进步的测评目的。

3. 建立劳动素养评价结果的档案记录机制

劳动素养评价体系要能够体现大学生综合劳动素质的形成过程，促进大学生崇尚劳动、尊重劳动、争做辛勤劳动、诚实劳动、创造性劳动的积极践行者。劳动素养评价为挖掘大学生的专业能力潜质提供了基本素质保障。大学生在专业知识的学习中发扬吃苦耐劳的精神，形成比学赶超、奋勇争先的浓厚学习氛围，更加有助于挖掘专业能力潜质，为未来成为本专业、本行业的卓越劳动者夯实基础。建立劳动素养评价结果的档案记录，能够客观反映大学生的成长过程，体现出大学生劳动能力、劳动态度的发展变化，这对其未来的求职升学、择业就业、创新创业等方面都是有益的。大学生个体的劳动素养评价结果是检验其个人成长的重要记录，以建立劳动素养评价成绩表、记录卡等形式综合反映大学生的基本素质，可以为今后开展就业推荐、择业指导等提供背景材料和基础信息。此外，对大学生劳动素养评价做群体性的过程记录分析，是检验和考察劳动教育成果、效率的重要方面。因此，要尝试通过网络化、系统化、平台化的方式采集大学生劳动素养评价信息，构建科学合理的劳动素养评价体系，形成劳动素养评价结果的档案记录机制，推动劳动教育在高校具体落地实施。

[案例 5-6]

探讨当代大学生应该具备哪些劳动素养

大学生在中国人的心中一直是高知识分子的代名词，这个群体通常代表着当代的精神风貌以及国人素质。国家培养大学生，为的就是源源不断地储备新鲜力量。而要想获得优秀的人才，除了培养大学生的科学素养之外，劳动素养也不容忽视。作为一名合格的大学生，应当具备的劳动素养有哪些呢？下面就来探讨一下。

一、具备艰苦奋斗的品质，认真对待任何事情

劳动的过程就是工作的过程，大学生在以后的工作岗位上肯定会遇到许多坎坷，而用人单位需要的是能踏踏实实工作、不畏艰辛的人才。大学生要想从学校成功过渡到社会，就必须培养自己艰苦奋斗的劳动品质，这样才能尽早地适应社会环境，做到在劳动过程中不分轻活重活，不论高低贵贱，都认真对待。艰苦奋斗是劳动素养的首要条件，若脱离这一点，所谓的培养劳动素养就是纸上谈兵。

二、具备健康的体魄与心理

身体是矛盾的基础，所谓身体是革命的本钱。大学生在培养劳动素养之前，必须要强健体魄。身体是成长和成才的基本条件，也是人才竞争的资本，保持健康的身体是劳动素养的重点之一。

由于目前社会竞争激烈，大学生在走向社会之后，可能岗位会有高低之分，这就需要大学生具备自我调节能力，平衡心态。良好的心理素质也是劳动素养的组成部分，大学生要豁达开朗，积极乐观，学会正确面对挫折，在社会实践中放平心态，不要过高地评价自己，以良好的心理素质去迎接劳动挑战。

三、在家庭和学校里充当劳动者的角色

家庭是培养大学生劳动素质的主战场。在家庭生活中，大学生不仅要主动承担起日常的家务活动，还应该主动帮家里分担一些事务。比如可以到田间地头去做农活或者到自家经营的小店帮忙。从做力所能及的事逐渐过渡到高难度的劳动活动，这样大学生就可以收获多种劳动技能，也可以从劳动中体现自己的价值，得到他人的认可。

大学也会提供许多劳动机会给学生，比如参加植树或者参加志愿队等活动都具有非

凡的意义，且其核心目的就是为锻炼大学生的劳动素养。在家庭和学校中发挥劳动者作用是大学生必备的劳动素养之一。

马克思曾经说过，劳动是人的生活，需要人的生活就是劳动。在竞争日益激烈的今天，社会更加需要的是应用型的人才，大学生必须要培养劳动素养。

资料来源：子琦. 探讨当代大学生应该具备哪些劳动素养［EB/OL］.（2021-03-30）［2022-07-01］. https://baijiahao.baidu.com/s?id=1695643510797135956&wfr=spider&for=pc. 有改动。

三、加强劳动教育督导检查与质量评估

劳动教育督导是新时代高校教育教学督导体系的重要组成部分，其核心是构建评估指标体系。评估指标是督导评价体系的核心，是衡量和评定劳动教育质量效度的主要依据和准绳。基于以往的教育评估实践，劳动教育督导评估必须克服整齐划一的评估指标缺陷，在兼顾传统基础性指标的基础上提出发展性指标和创新性指标，鼓励高校建立自我评价机制和树立个性化持续发展理念。由此，需要确立层次性、可量化系统性、创新性、定性与定量结合的指标建构原则。

在设计评估指标时，既要考虑到引领高校规范开展劳动教育的基础性要求，又要兼顾本校劳动教育的特色发展。因此，应从基础性、发展性和创新性三个新维度提出新时代高校劳动教育督导评价指标体系（见表5-1）。

表5-1 新时代高校劳动教育督导评价指标体系构成及其评分标准

评价维度		督导项目	监测评分建议	得分
基础性指标	环境劳育	基础设施与资金投入	基本配备劳动教育基础设施（5分）；满足教学要求（8分）；定期更新设备（10分）	
		师资队伍建设与互聘	师资队伍基本满足（5分）；满足（8分）；较好（10分）	
		组织管理与制度建设	基本具备组织机构与管理制度（5分）；具备（8分）；较好（10分）	
		设置校内劳动教育教学督导	专项劳动教育教学督导基本到位（5分）；到位（8分）；较好（10分）	
		校园劳动文化	校园劳动文化氛围一般（5分）；较好（8分）；好（10分）	
		产教融合与社会支持	产教融合与支持程度一般（5分）；较好（8分）；好（10分）	
	专业劳育	学校领导重视劳育在专业教育中的渗透	学校重视程度一般（5分）；较好（8分）；好（10分）	
		列入专业人才培养目标	劳育目标未列入（0分）；有相关表述（5分）；明确列入（10分）	
		设置劳动教育学分	0学分（0分）；1学分（5分）；2学分及以上（10分）	
		设置实践实验课门数	5门以下（5分）；5~8门（8分）；8门以上（10分）	
		实习实训前教育次数	5次以下（5分）；5~8次（8分）；8次以上（10分）	
		校内专业实验室建设	5个以下（5分）；5~8个（8分）；8个以上（10分）	

续上表

评价维度		督导项目	监测评分建议	得分
基础性指标	课程劳育	开设劳动教育通论或通识课程	与其他课程合开（5分）；单独开设（10分）	
		设置劳动教育学分	0学分（0分）；1学分（5分）；2学分及以上（10分）	
		开设职业生涯与就业指导及相关课程	未融合劳动教育内容（5分）；融合劳动教育内容（10分）	
		编写相关劳动教育教材或讲义	1部以下（5分）；2部（8分）；2部以上（10分）	
		各类先进人物进课堂	5次以下（5分）；5~8次（8分）；8次以上（10分）	
		创建服务社会或企业的劳育课程	1门以下（5分）；2门（8分）；2门以上（10分）	
		面向社会开展公益讲座	5次以下（5分）；5~8次（8分）；8次以上（10分）	
	思政劳育	融入劳育的思政课程门数	5门以下（5分）；5~8门（8分）；8门以上（10分）	
发展性指标	思政劳育	融入劳育的思政课程学分	0学分（0分）；0.5学分（5分）；1学分及以上（10分）	
		列入思政课程大纲	未列入（0分）；有相关表述（5分）；明确列入（10分）	
		融入思政课堂教改	未融入（0分）；有相关表述（5分）；明确列入（10分）	
		思政教师开展劳育课题	1个以下（5分）；1~3个（8分）；3个以上（10分）	
	实践劳育	组织专业类学科竞赛	1个以下（5分）；1~3个（8分）；3个以上（10分）	
		学生创新创业参与	国家创新创业立项班均1项（5分）；1~2项（8分）；2项以上（10分）	
		校外实践基地建设	1次以下（5分）；1~3次（8分）；3次以上（10分）	
		课外劳动体验活动次数	1次以下（5分）；1~3次（8分）；3次以上（10分）	
		课外志愿服务活动次数	1次以下（5分）；1~3次（8分）；3次以上（10分）	
		课外劳动技能培训次数	1次以下（5分）；1~3次（8分）；3次以上（10分）	
创新性指标	特色劳育	劳育目标	将劳育目标与学校人才培养目标结合，一般（5分）；较好（8分）；好（10分）	
		特色定位	将劳动教育与学校、专业特色相结合，一般（5分）；较好（8分）；好（10分）	
		运作载体	将劳动教育与新技术、新载体相结合，一般（5分）；较好（8分）；好（10分）	
		成果呈现	将劳动教育与科研、教研成果相结合，一般（5分）；较好（8分）；好（10分）	
		应用推广	将劳育成果广泛推广，开展1年以下（5分）；1~3年（8分）；3年以上（10分）	
		持续改进	将紧跟国家劳动教育政策持续改进，一般（5分）；较好（8分）；好（10分）	

（一）基础性指标

基础性指标主要包括学校开展劳动教育的环境、专业和课程载体三类指标，是新时代高校开展劳动教育的基础条件和保障环境。

一是环境劳育。育人环境由自然环境、社会环境、校园环境三部分共同构成。① 环境劳育主要包括基础设施与资金投入、师资队伍建设与互聘、组织管理与制度建设、设置校内劳动教育教学督导、校园劳动文化、产教融合与社会支持六个方面。劳动教育的开展必须因地制宜，利用好现有的"环境"，否则就会进入教育误区。长期以来，我国劳动教育在学校教育体系中处于"说起来重要，做起来次要"的尴尬境遇，存在地位被弱化、实施被简化等问题，无法充分发挥劳动教育的育人功能。诊断性评价有利于规范新时代高校劳动教育课程体系、教学体系、管理体系，以保障劳动教育的基础和前提。此外，长期受到"唯考试""唯分数""唯文凭"的社会风气影响，近年来一些青少年不想劳动、不爱劳动、不会劳动，甚至鄙视劳动的现象时有发生。为了改变这一现状，提升大学生劳动的主动性和积极性，让大学生人人"想劳动、愿劳动、爱劳动"，需要加强过程性评价。过程性评价不仅有利于发挥激励功能，还有利于引导大学生对劳动过程开展积极的反思，从而更好地把握劳动技能，增进劳动情感。新时代高校劳动教育需要从种种劳育误区中走出来，大力关注环境劳育。

二是专业劳育。劳动教育是新时代高校专业教育不可缺少的组成部分。② 专业劳育主要包括高校领导重视劳育在专业教育中的渗透、列入专业人才培养目标、设置劳动教育学分、设置实践实验课门数、实习实训前教育次数、校内专业实验室建设六个方面。在中国特色社会主义进入新时代的今天，高校对如何开展劳动教育认识还不到位，存在三种认识误区：第一种认为，开展劳动教育就是中华人民共和国成立初期劳动教育的简单"回归"；第二种认为，开展劳动教育就是对过去"教育与生产劳动相结合"方针的机械"重复"；第三种认为，开展劳动教育就是淡化课堂教学而去"学工、学农、种地"的单一模式。③ 科学开展高校专业劳动教育，就是要克服上述三种片面观点，建立一种以专业精神、专业能力、劳动精神、劳动能力培养为核心的专业教育体系。

三是课程劳育。课程是开展劳动教育的主要载体。课程劳育主要包括开设劳动教育通论或通识课程、设置劳动教育学分、开设职业生涯与就业指导及相关课程、编写相关劳动教育教材、各类先进人物进课堂、创建服务社会或企业的劳育课程、面向社会开展公益讲座七个方面。厘清综合实践活动与劳动教育的正确关系是当前强化劳动教育的关键问题。事实上，综合实践活动与劳动教育互为补充，共同承担立德树人的核心使命与任务。当前，《意见》强调的一个紧迫任务，就是从国情、校情、课情出发，统筹考虑劳动课程的目标、内容、实施和评价的影响，以适应新时代劳动教育对劳动教育课程方

---

① 杜乐，张蕊. "环境育人"视角下乡村小学空间环境营造研究：以汉阴县三坪小学改扩建项目为例［J］. 华中建筑，2019（4）：50.

② 南京医学院教务处. 在医学教育中试行专业劳动教育的体会［J］. 中华医学教育杂志，1985（1）：13.

③ 刘向兵，闻效仪. 通过新时代劳动教育引领和推动人力资源开发建设［J］. 教育经济评论，2019（1）：4.

面的新要求。

（二）发展性指标

发展性指标主要包括思政劳育和实践劳育两类指标，是高校深化劳动教育的核心价值观和实践拓展的路径。

一是思政劳育。尽管高校德育、劳育各有其功能和规律，但多数学者认为二者密不可分，如认为劳动教育是高校思想政治教育的重要组成①，是思想政治教育不可或缺的内容和形式②；高校劳动教育是促进大学生全面发展的素质教育，是大学生思想政治教育的重要抓手，对塑造全面发展的新时代大学生有重要意义③。思政劳育主要包括融入劳育的思政课程门数、融入劳育的思政课程学分、列入思政课程大纲、融入思政课堂教改、思政教师开展劳育课题五个方面。劳动教育对于促进大学生社会适应能力和整体素质发挥重要作用，其中增强思政劳育效果也成为培养学生劳动素质的重要途径。④

二是实践劳育。劳动教育是实现理论与实践相结合的重要载体，也是大学生快速适应社会、在工作岗位上大有作为的基础保障。⑤ 实践劳育主要包括组织专业类学科竞赛、学生创新创业参与、校外实践基地建设、课外劳动体验活动次数、课外志愿服务活动次数、课外劳动技能培训次数六个方面。

（三）创新性指标

创新性指标主要包括新时代高校开展特色劳动教育的一类指标，是高校结合本校特色、专业特色在劳动教育领域进行创新、增强劳育效果、扩大劳育影响的体现。特色劳育主要包括劳育目标、特色定位、运作载体、成果呈现、应用推广、持续改进六个方面。劳动教育与新时代高校的文化渗透紧密相连，强化大学生的劳动教育，使基地建设做到"一校一品牌、一校一特色"。⑥ 劳动基地丰富了大学生的知识，不仅培养了大学生对劳动的感情，而且通过参与劳动过程中的管理、观察、记录，使大学生获得了许多从书本里学不到的知识经验。

（四）有效推进新时代高校劳动教育督导评价

一是基础性条件督导：全面客观公正，标准可行。基础性条件督导的重点在于新时代高校开展劳动教育的规范要求，即根据我国劳动教育方针、法律、法规有关规范要求制定的，体现了本校基本办学条件、劳动教育管理、办学基本要求和年度工作重点等方面内容，具有法定性、指令性和统一性。从"评估指标即是可操作标准"的设计初衷出发，每年定期审视高校内部开展劳动教育的环境、专业和课程三个基础条件的符合性，

---

① 吴梦希. 浅析劳动教育在高校思想政治教育中的现状与策略研究 [J]. 科技风, 2018 (17): 37.

② 王迈悦. 劳动教育：思想政治教育不可或缺的内容和形式：学习和研究马卡连柯的劳动教育思想的启示 [J]. 文化创新比较研究, 2017 (14): 28.

③ 牛敏. 以劳动教育为抓手，推进大学生思想政治教育 [J]. 湖北开放职业学院学报, 2019 (8): 90.

④ 王丽娜. 劳动教育在高校思想政治教育中的现状与对策研究 [D]. 雅安：四川农业大学, 2016.

⑤ 杨旭. 劳动教育实践育人途径与模式研究 [J]. 黑龙江教育学院学报, 2019 (5): 75.

⑥ 李金文. 小基地大教育：学生劳动实践技能的特色教育 [J]. 学周刊, 2013 (1): 121.

在评估标准的制定上更注重思路上的引领、行为上的规范和对共性问题的解决，引导高校依据标准规范劳动教育行为。

二是发展性需求督导：实行纵向评价，激励为主。发展性需求督导的重点强调新时代高校劳动教育的自主性发展要求，即由高校依据教育改革和发展需要，根据自身发展的不同阶段从思政劳育和实践劳育两个方面进行规划，一般在督导评估中采用"同质分组、纵向比较、单项表奖"的评价方式。首先，对高校内部进行若干等级划分，在同一等级内进行校校横向比较；其次，针对处在不同学科专业、不同发展水平的院系进行纵向比较。在最后评审认定时，按照"优秀、合格、基本合格、不合格"四个等级给出督导评定结果，以便激励不同学校快速发展，共同提升水平。

三是创新性成长督导：鼓励特色劳育，注重引领。创新性成长督导的重点在于新时代高校劳动教育的个性化发展要求，即由高校依据自身教育改革和发展需要，结合本校办学特色深入开展劳动教育，走出一条适应办学特色的劳动教育发展之路。在评估方式上，应采用"望、闻、问、切"四个主要途径了解高校个性化的特色发展。"望"是亲临现场观察学校重点开展的"建设点"和"特色点"；"闻"是从汇报中听出可继续完善的"操作点"以及被忽略的"问题点"；"问"是从与校长、管理人员、教师交谈中厘清高校潜在的特色发展想法与指导需求；"切"是在现场考察中看出学校可深入发展的优势及尚未关注的薄弱环节。采用"望、闻、问、切"的新督导方式，目的是帮助高校提炼劳动教育特色，切实指导高校找准发展定位，真正做到"原无现有、人有我优、人优我创"，更好地提升劳动教育成果质量，推动新时代高校健康、有序、规范、科学发展。

［案例 5-7］

以评价促进劳动教育高质量开展

劳动教育是"五育"的重要组成部分，是中国特色社会主义教育制度的重要内容，但在实践中，劳动教育是教育体系中的短板。劳动教育评价影响着新时代的劳动教育改革和劳动教育质量提升。2020 年 10 月，中共中央、国务院印发的《深化新时代教育评价改革总体方案》（以下简称《总体方案》）提出加强劳动教育评价，深入贯彻落实《总体方案》，有利于全面系统地落实新时代劳动教育政策，切实保证劳动教育提质增效。

以诊断性评价规范劳动教育课程体系、教学体系和管理体系建设

……

教学体系是劳动教育有效实施的重要保证。教学体系评价是依据劳动教育的目标和要求，对劳动教育的教学内容、教学手段、教学过程和结果进行评判。长沙市构建了"中小学校劳动教育状况评价指标体系"，其中，教学体系方面包括教学内容、教学形式、教学资源和教学评价等指标。基于此，通过对劳动教育的教学体系开展评价，有利于保障劳动教育的规范实施。

管理体系是实施劳动教育的制度保障。实践中，有的学校把劳动当作惩戒学生的手段，有"劳"无"育"，忽视对劳动观念和劳动习惯的教育。为改变这一现状，教育部门要加强劳动教育的督导评价，将学校劳动教育的实施情况纳入中小学责任督学挂牌督导内容。为完善管理体系,构建督导评价制度,各地进行了有益的探索,湖北省把劳动教育纳入教育督导体系,纳入中小学责任督学挂牌督导内容,定期组织对全省各级政府和有关部门保障劳动教育情况以及学校组织实施劳动教育情况进行督导,以保障劳动教育的实施。

以过程性评价激发劳动开展的持久动力
……

开展劳动过程性评价要充分利用互联网、大数据、云计算等现代信息技术手段,如新出现的劳动评价系统就是充分利用信息技术手段开展劳动教育过程性评价的有益探索。这一系统采用平板、手机、个人电脑、机器人等工具把学生在家庭、学校、社区(基地)等场所的劳动开展情况进行全面、客观、真实记录,同时通过问卷访谈、测评等方式对学生劳动观念、劳动能力、劳动习惯、劳动精神等劳动素养进行科学评价,并动态生成劳动质量监测报告。对学生的劳动过程开展监测与纪实评价,有利于发挥评价的激励和导向功能。

以终结性评价监测学生劳动素养发展状况
……

终结性评价是根据劳动教育的目标对劳动教育的达成度进行恰当的评价,是对劳动教育的效果进行价值评断。当然,采用终结性评价对劳动素养进行监测并不意味着以标准化测试的形式来衡量学生劳动素养的发展状况,而是坚持定性评价与定量评价相结合,以定性评价为基础,以定量评价为补充,全面客观地反映劳动教育实效;坚持自我评价和他人评价相结合,吸纳学生自身、教师、同伴、家长和服务对象等主体参与评价,以客观系统全面地反映学生劳动素养发展状况。

开展劳动素养评价要建构完善的劳动素养评价体系。要以培养德智体美劳全面发展的社会主义建设者和接班人为根本宗旨,以教育部颁布的《大中小学劳动教育指导纲要(试行)》和《中小学综合实践活动课程指导纲要》的教育目标为主要评价依据,结合综合素质档案分析,兼顾必修课学习和课外劳动实践,对劳动观念、劳动能力、劳动精神、劳动习惯和品质等劳动素养发展状况进行综合评定。劳动素养发展状况的评价结果既可以作为学生升学的重要依据,同时,可监测劳动教育的实施结果,及时完善劳动教育实施体系和保障体系,促进劳动教育更高质量地开展。

资料来源:程建坤. 以评价促进劳动教育高质量开展 [N]. 中国教育报,2020-12-24(8).

第三节 新时代大学生劳动教育的社会支持

一、建立大学生校内外劳动教育实训实践基地

《中共中央 国务院关于全面加强新时代大中小学劳动教育的意见》明确要求"充分利用现有综合实践基地、青少年校外活动场所、职业院校和普通高等学校劳动实践场

所，建立健全开放共享机制","高等学校要充分发挥自身专业优势和服务社会功能，建立相对稳定的实习和劳动实践基地"。劳动实践基地是开展劳动教育实践的重要场所和依托，高校必须依据人才培养目标和劳动教育需要，充分发挥自身专业优势和服务社会功能，建立相对稳定的劳动实践基地，让大学生到实践中训练操作技能，到实践中检验学习成效。这就需要充分发挥和利用现有实习见习基地、校办企业、校办工厂的资源，对大学生开展劳动技能训练；积极开发和建设校内实验、实训场地，依照劳动教育的要求设置科技创新、创业孵化等劳动实践项目；将劳动教育场所搬到田间地头、工厂车间，到城镇、乡村创建劳动教育实验区，培养大学生对产业新业态、劳动新形态的适应能力。

（一）完善校内劳育实训基地建设，落实专业性劳育实践要求

校内劳育实训基地优势明显：大学生安全有保障、实训实践安排更方便、学习内容更科学、教学进度更灵活。高校在建设校内劳育实训基地时，可以从以下几个方面着力：

1. 校内自建劳育实训基地

高校在校内自建劳育实训基地，方便土地使用、设计规划、基地配置等方面的协调，便于依据专业课程要求，有针对性地开展劳育实践教学工作。高校自建劳育实训基地，主要问题是资金来源，可以采取多种方式保证校内劳育实训基地建设的人力、财力。

2. 校企联合共建劳育实训基地

目前，国内高校本科人才培养方案依然过于重视理论教学，普遍倾向于通才培养。高校自身在资金、师资、劳育实践培养模式上积累不足，培养的学生参加工作后适应期较长。为完善人才培养方案，提高学生的竞争力，高校要主动联系各专业的相关企业，主动与企业深度交流，多到企业开展实地调研，了解企业对人才的需求，利用企业的资金、设备、人才等优势，共同建立一些专业性较强的校内劳育实训基地，培养企业需要的人才。地方政府应起到纽带作用，促成校地合作、校企合作的开展，并监督校地合作、校企合作有序进行。

校企联合共建劳育实训基地需要双方共同投入。实训基地建在校内，由高校提供场地、师资、管理，负责理论教学与管理工作；企业提供技术人员、原材料和相关设备，负责生产和劳动实训。例如，工科专业建立的实训基地旨在为学生的实践训练提供一个接近真实的工业环境，既不同于普通的实验室，也不同于进行单一工业技能训练的实习场所。这种工业环境无论是在设备配置、布置，管理方式的运作，还是在选择典型产品的生产、执行的工业技术标准和安全法规等方面都基本接近实际的工厂环境。在训练前，实训基地根据各个专业的不同需要和科技发展态势，精心设计一系列基本训练课程与项目。实际的工程实训一般包括基本训练和项目训练：基本训练主要是通过劳动操作，使学生对设备和工艺方法有所感知，初步建立起生产设备、工艺方法和生产效率以及加工质量之间相互关系的概念。这种基本训练又可分为基本技术训练和高新技术训练，其中后者被视为侧重点，旨在培养学生的创新意识。项目训练是一项综合应用训练，目的是让学生运用已有的专业知识和前一阶段基础训练所获得的经验，通过群体劳作来完成一个真实的工业项目或工程项目课题，培养学生解决问题的能力、协作精神、领导才能等。这种劳育实训基地不是满足某一门课的一个实践性教学环节，而是可以进行综合性的工程实践训练，它着眼于学生培养的整体性，不是仅仅为了让学生学习一些设备的操作和

许多加工技术，而是培养学生寻求、接受新科技的能力，以及创新性思维。

3. 校校合作共建劳育实训基地

在高校劳育实训基地建设过程中，除了自身筹资建设和校企合作外，高校还应考虑利用兄弟院校的优势资源。在我国高校的发展过程中，一流高校由于自身的资源和底蕴优势，在实训基地的建设上已经取得了丰硕的成果。薄弱高校可以与实训基地建设较完善的一流高校达成专业劳育实训基地使用上的合作，在合作过程中交付实习费用，由对方负责实习、实训安排；也可以参与到其他高校的专业劳育实训基地建设中，共同建立实训基地。地方政府和各高校可以在已有的实训基地基础上统筹区域的优势资源，集中力量，针对不同专业建立一批规模大、质量高的专业劳育实训基地，统一管理，开放使用。这样，对政府和高校而言可以节约资金，避免各高校重复建设，避免由于力量不足导致劳育实训基地职能不健全，还可以提高专业劳育实训基地的利用率，降低专业劳育实训基地的运行成本。

4. 构建内容丰富的校园劳动教育活动平台

鉴于大学生思想认识的多元化，高校可以开展更加丰富多彩的校园劳动教育活动，以调动大学生参与劳动的积极性。这些劳动教育活动包括手工制作大赛、劳动主题辩论赛、劳动教育知识竞赛、劳动主题征文活动、劳动短片征集活动、排演节目等。同时，应加强学生会、社团联合会、学生工作处、后勤部门等学校各组织、各部门之间的联系，拓宽育人平台，丰富育人形式，实现全员、全过程、全方位育人。例如，可以开展卫生包干、垃圾分类、绿植认领、整理图书、行道树刷白等活动，这些活动既能锻炼大学生的动手能力，又能让他们为建设绿色校园贡献自己的力量。还可以利用社团开展诸如志愿公益、劳动技能练习、手工制作、科技创造、职业体验等形式多样、内容丰富的校园活动。这些校园社团活动的开展，有助于增强劳动教育的感染力与趣味性，使大学生在集体行为中投入情感，深化对劳动的认知，从而提高大学生的劳动觉悟。

（二）以校企合作为主要途径，共建校外劳育实践基地

应用型高校校外劳育实践基地建设，应该朝向多元化模式发展，在兼顾企业和高校共同利益的前提下，采用多种合作模式，本着"以学生发展"为目的的理念，做到服务于不同专业、不同培养阶段的大学生需求，构建多层次的校企合作共建劳育实践基地。

1. 专业认知劳育实践基地模式

这种校企合作共建劳育实践基地模式可以用于大一、大二阶段的本科生。此阶段学生刚进入大学，对于所学专业的了解还不是很多。高校在传授理论知识的同时，最需要做到的就是让大学生提高专业认知度，了解专业的未来就业方向、具体的培养目标和学习内容是什么。基于此，高校可以与企业签订共建劳育实践基地协议，企业承诺在合适的时间为学生提供专业认知劳育实践，以结合专业知识考察企业为主，让学生熟悉企业的生产流程与日常管理工作，感受现代企业生产与管理对于企业发展的重要性，为学生今后更深入地学习专业知识打下基础。目前，这种类型的劳育实践基地在经管类专业中的应用较多，它在一定程度上提高了学生的专业认知度，比单一的课堂讲授模式要好。

2. 校企合作专业劳育实践基地模式

这种劳育实践基地模式适应于高校各专业在较高层次培养阶段的实践要求。高校承

诺每年向企业输送一定数量的优秀本科生进行劳育实践或者毕业实习，企业向学校承诺每年接受一定数量的学生到企业进行顶岗锻炼，将在此过程中一些表现突出的大学生吸收为企业正式员工，提供良好的待遇。这种模式下，高校和企业实现了互惠互利，减少了企业招聘员工的不确定性，也解决了一部分高校毕业生的就业问题。但是企业每次接收的学生数量有限，同时不能进行单一的课程实训教学；企业更侧重于培养学生的技术技能和组织管理能力，忽视在实践中对其进行创新教育。这是目前高校主要应用的校企合作专业劳育实践模式。

3. 校企合作共建课程劳育实践模式

这种模式适应于高校各专业培养阶段对单一课程实训实践需求的情况。一般是让大学生在学习中的某一阶段，深入企业对局部管理知识进行劳育实践。产教融合，问题针对性更强，能直接反映大学生对于本专业的熟悉程度以及分析问题和解决问题的能力。同时，它也重视将企业直接引入高校课堂教学中，通过创设教学情境或者实施项目化教学，引入企业项目，让大学生从前期的设计到后期的生产运营都参与进来，提高他们的技术操作与管理能力。这种校企合作模式以学校为主、企业为辅，高校与企业建立长期联系。高校利用自身的科研能力，消化一些企业项目，最终将项目的阶段性成果交付企业，企业也会得到相应的发展。这种模式是高校和企业都乐意接受的类型，高校可以进行探索性的尝试。

4. 校企合作联合大学生创新创业劳育实践模式

当前，很多应用型本科院校都建立了大学生创业园，吸引各种类型的企业深入高校，联合专业和教师进行创业，激发大学生的创新创业欲望。企业提供创业市场调研信息以及创业硬件条件，高校利用自身的科研优势以及数据库资源等，积极地寻找创新创业路线。这种劳育合作模式中，校企双方的积极性都会很高，大学生在创新创业过程中学到的东西比以往任何一个时期都多，不仅是专业知识的深化，而且是参与创新创业劳育实践的亲身体验。企业盈利的同时最大化地发挥了大学生创新思维的优势，是一种很好的校企合作劳育实践新模式。在创新创业劳育实践中，校企要打破传统的人才培养机制，通过丰富的创新创业自学、互学和展学教育，让大学生积极地参与到创新创业过程中，让他们成为创新创业的主人，从而提高就业竞争力。

5. 校企合作共建产业学院、未来学院劳育实践模式

高校单独办学模式虽然能够将大学生集中在一起进行专业理论和实践学习，但是企业参与高校管理的积极性并不高。校企合作共建产业学院、未来学院劳育实践模式将传统的以学校管理为主转变为以企业管理为主，政府、企业、学校三者共同出资建立产业学院、未来学院。产业学院、未来学院人才培养过程本着以大学生发展为主的理念，根据大学生的爱好和性格，制定多元化的人才培养方案。企业根据行业产业化趋势以及企业发展需求，向教育部门或者政府申报行业急需专业，按照行业目标制定人才培养方案和目标，大学生毕业后可以选择直接进企业工作或者自主就业创业。这种合作模式使企业的主动性更强，能够获得专业性较强的毕业生，而大学生将理论转化为实践的速度比其他模式更快。国内很多高校已经在努力推进这种模式，比如现在很多地方的龙头企业都建立了自己的职业学院。但是这种模式的弊端也比较突出，那就是培养的人才知识和技能过于单一化，造成学生适应其他行业的能力降低，教育者需要认真思考。

二、组织大学生社会实践和志愿服务

大学生劳动教育是新时代高校人才培养的重要组成部分，是当代中国教育发展的必然要求。教育部《大中小学劳动教育指导纲要（试行）》中明确了劳动教育目标与内容，提出将劳动教育纳入人才培养全过程，进一步丰富、拓展劳动教育实施途径。各高校切实将劳动教育融入人才培养方案，在创新创业训练、暑期社会实践中强化大学生劳动意识，增加劳动实践环节。这些措施同时也丰富了"三全育人"体系中"实践育人"的内涵，推进实践教学制度改革。其中，社会实践和志愿服务作为劳动教育的重要实现路径，发挥了独特的综合性育人作用。

（一）构建将大学生劳动教育融入社会实践育人的新模式

劳动教育归根结底是一个实践问题，社会实践是落实劳动教育的有效途径。劳动教育仅仅通过课堂教学引导和校园文化熏陶是不够的，还需要落实在社会实践中。一方面，应建立大学生劳动教育融入社会实践育人新模式的协调机制，让劳动教育有机融入社会实践中，让大学生在实践中发现自身的不足，从而巩固相关知识，提高实践技能；另一方面，在实践中内化理论知识，能让大学生将对劳动教育的感性认识上升到理性认识，确保劳动教育的实效性。

1. 建立大学生劳动教育融入社会实践育人新模式的领导协调机制

大学生社会实践作为立德树人的实践活动，是一项复杂且重要的工程。高校必须建立起将劳动教育融入社会实践育人新模式的领导协调机制，才能保证从思想上重视，达到良好的实践效果，最终做到持续性发展。在高校应该由教务处、学生处、校团委、创新创业教育中心、马克思主义学院等不同的职能部门和教学单位成立一个大学生社会实践领导协调小组。教务处将社会实践纳入课程化和学时学分制，发挥领导统筹作用。马克思主义学院可以组织教师开展社会实践的课程教学和事后调查报告的批阅。学生处、校团委和创新创业教育中心可以组织社会实践团队的申报，与地方对接协调，以及后期进行表彰总结等。通过领导小组的协调，学校不同部门才能各司其职，发挥出一加一大于二的作用，社会实践劳动育人的功能才能更好地发挥出来。

2. 将劳动教育有机融入社会实践活动中

大学生社会实践以短期为主，一般在寒暑假期间进行。实践类型可分为基层调研、公益支教、科技支农、社会志愿服务、实习创业训练等，活动形式丰富多样。基层调研通常从社会热点切入，观察国情市情、政策实施成效，挖掘现实经济与社会问题，针对现状提出可行性建议。例如，"三下乡"暑期社会实践中，学生团队赴乡镇进行精准扶贫或乡村振兴主题调研，对于当地企业及村民开展问卷调查、座谈会等方式的调研，了解当地经济发展、产业扶贫状况，形成"三下乡"调研报告，总结可推广精准扶贫模式，提出相关建议。

大学生公益支教、科技支农实践根据服务时间长短分为长期与短期两种类型。长期支教、支农时间在一年及以上，有国家支持贫困山区教育、精准扶贫等政策支持。短期支教以公益助学、支农为主，赴地级市中小学或贫困山区进行基础知识教学或科技服务。志愿服务类型通常以重大展会、赛事活动（广交会、高交会、博览会、运动会、大型马拉松赛等）、关爱弱势群体、社会责任等为主题，以爱心公益、承担社会责任为目的。例如普及理论宣讲、精准脱贫帮扶、助力省运会实践、廉洁文化宣讲等。

3. 将劳动教育与专业实习相结合

新时代高校学生的专业实习大多走向基层、走向乡村。社会实践与专业实习相结合的举措，能够有效改变只有少数学生干部、有热情的学生参与社会实践的现状，让更多的大学生积极投身社会实践，同时又能充分利用实习实践基地的资源和优势，让大学生在实习的基础上结合专业知识，将社会实践活动落实得更加有成效。社会实践活动与专业实习的有机结合，能够实现双赢，既锻炼了大学生的实践调研能力，也有效促进农村基层文化、科技、卫生等方面的良性发展。一方面，二者相结合能有效改变多年来社会实践，包括"三下乡"活动仅仅由团委牵头开展的困境，通过将社会实践和学生教学实践环节相结合，扩大社会实践活动的覆盖面。另一方面，大学生的最终归宿是融入社会实践，加入建设社会主义的历史洪流中去。二者的结合充分发挥了社会实践团队的主观能动性，大学生在社会实践活动中将专业学习的知识和能力加以应用，用理论知识解决实际问题，真正实现学有所用、服务社会、实现价值，为毕业就业打下了坚实的基础。

4. 将劳动教育与创新创业相结合

"大众创业，万众创新"，创新、创业、创造已经成为引领时代潮流的精神。每年的盛大赛事"挑战杯"和"创青春"是大学生展现创新创业精神的最好平台，还有"互联网+创新创业"大赛，以及2017年增设的"青年红色筑梦之旅"赛道。大学生在开展社会实践活动时，可以充分把企业、农村、社区各项实际情况与专业学习、科研方向以及所承担的创新创业项目相结合，学以致用，开展有针对性的活动。大学生在社会实践期间把所学的专业知识运用于实践当中，从中感受自己专业知识所带来的成就感，从而有效提高自己的专业能力与水平。

（二）探索以志愿服务为载体的大学生劳动教育实践路径

在新时代背景下，以志愿服务为载体，探索加强大学生劳动教育的价值意蕴与实践路径，培养大学生群体正确劳动观念、劳动习惯、劳动情感、劳动精神，使大学生了解生产技术、掌握生活和劳动技能；帮助大学生端正学习态度，认真学习专业知识，并在就业、创业过程中更加务实和理性。青年志愿服务是新时代大学生思想政治教育的有效载体。志愿服务是以社会主义核心价值观为根本引领和基本遵循，在充分尊重大学生主体地位与平等参与意识的基础上，提升和发展大学生的精神境界、实践能力和知识拓展。劳动是推动人类社会进步的根本力量，是人民美好生活的源泉。以志愿服务为载体开展劳动教育，既有助于发扬无私奉献的志愿精神、继承互帮互助的中华民族优良传统、传递文明友善和谐的社会风气，也是回归人之本质、回归大学生自身的主体性教育方式，能够帮助大学生在自主实践中发现自我，通过双手改变和创造自己的生活，在改造客观世界的同时改造自身主观世界，实现自我教育。

1. 培育项目化、专项化的志愿服务，提升高校劳动教育成效

培育项目化的志愿服务。从1993年在全国范围内兴起志愿者行动以来，志愿服务经历了由粗放到精细、由广泛化服务到项目化运作的过程。项目化运作逐渐成为许多志愿

者组织选择的一种有效活动形式。① 相对于原来广泛化服务而言，将志愿服务项目化确实有诸多优点：更有利于组织或个人精力的集中和经验积累，更有利于志愿者组织和志愿者的快速成长，使志愿者组织或个人在服务的过程中逐步做到专业化，使志愿服务能够长期坚持、深入持久，能够在志愿服务的领域产生本质性的服务效果。

培育专项化的志愿服务。由于志愿者需要干预的社会领域太广阔，志愿者团体和个人可以从事和参与的志愿者项目也很多。然而，任何组织或个人的时间、精力和能力都是有限的。对志愿者团体和个人来说，由于各方面条件的限制，他们无法介入需要志愿者介入的所有领域，也不能介入全部想介入的领域，不能参与所有想参与的志愿活动，只能在有限的领域参与有限的活动，只能选择符合自己所学所得、能够最终获得收获的少数志愿活动。因此，培育专项化的志愿服务，使志愿者集中在特定领域运用专业知识与兴趣特长，这样更有利于志愿服务发展和社会进步，从而使以志愿服务为载体的劳动教育取得良好成效。

将志愿服务由广泛化服务发展到项目化和专项化运作，更能提升新时代高校劳动教育成效。在有限的领域内做有限的专项项目，选择适合自己所学习的知识、能够进行实践的少数志愿服务项目，集中精力踏踏实实地做，将其深化、细化、专业化，才更有利于新时代大学生在劳动教育的过程中集中精力和累积经验，使志愿者团队的学生在服务的过程中逐渐成长，快速走向成熟，从而成功地实现将劳动教育融入新时代高校，达到立德树人的劳动教育目的，彰显劳动教育成效。

2. 积极关注参与志愿服务与劳动教育，加强二者的融合

志愿服务是进行劳动教育的实施载体。劳动教育在实施途径方面有其特点，它不是在课堂里"讲"出来的，而是组织大学生在真实的劳动中"干"出来的，主要通过生产劳动和公益劳动等来实施。《国家中长期教育改革和发展规划纲要（2010—2020年）》中指出："坚持教育与生产劳动、社会实践相结合……鼓励学生积极参与志愿服务和公益事业。"志愿精神体现为"个人对生命价值、社会、人类和人生观的一种积极态度"。在影响志愿者和救助对象、作用于社会体系结构和心理各方面的基础上，志愿精神最终的目的是在全社会每个成员的心灵中得到内化，成为一种面对人生、社会和生命的个体态度。这是志愿精神的最深层次，是奉献服务、自助助人、公民参与、互助友爱和共同进步等精神内涵在个人人生态度之中的升华。而劳动教育最核心的价值是培养人格，两者在培养目标上具有高度一致性。

积极关注志愿服务与劳动教育。高校具有占地面积广、基础设施多、生源分布散等特点，要引导大学生在校园内开展有想法、有规划的志愿服务活动，积极践行劳动教育，实现劳动教育与志愿服务的有机融合。在大学校园里，可以通过加强志愿服务活动整体设计、融入劳动教育教学环节，提升志愿服务和劳动教育融合的覆盖面，提高大学生参与的融入性，增加大学生参与的趣味性。同时可以通过勤工俭学机制措施，将志愿服务等活动向大学生招募开放，从活动项目设置、开展、效率等多方面进行评估，创造性地

---

① 远人公益. 志愿服务的项目化和专项化［EB/OL］.（2012-05-06）. http://blog. sina. cn/dpool/blog/s/blog_ 6ae3b5e201014adz. html,2012-05-06.

增强高校劳动形式的育人功能,是实现劳动育人的重要路径。①

3. 运用"第二课堂成绩单"制度调动大学生参与积极性

随着新时代高校共青团改革的大力推行与顺利实施,"第二课堂成绩单"制度已经发挥着推动学生综合素质能力提升的重要平台作用。"第二课堂成绩单"制度作为高校推动大学生第二课堂与第一课堂互促互融的抓手,极大地促进和丰富了第二课堂的实效性。高校可以将志愿服务活动与"第二课堂成绩单"制度相关联、相结合,通过"第二课堂成绩单"制度中相关模块的设计和内容的增强,在志愿服务中融入劳动教育,增强大学生对于劳动教育的了解和参与。充分利用第二课堂的学分制度并相应提出志愿服务所获成绩的次数和分数要求,将"第二课堂成绩单"作为大学生思想政治表现、奖学金助学金、入党入团等考核的重要依据之一。鼓励或要求大学生积极主动参加高校各种志愿服务活动,比如高校公共区卫生服务、绿化养护等公益性劳动项目、班级集体劳动项目,跟随朋辈导师进行实践学习等基础劳动实践,将学科知识教育和志愿服务结合。高校可以多与妇联、残联、社会工作协会等社会福利组织共同组织志愿服务或义务宣传,为大学生提供参与志愿服务的平台、劳动教育的途径。学生会可以举办"爱心义卖"等活动筹集物资,或组织志愿者义务表演,进入敬老院、孤儿院等为老人和小孩送去温度和欢乐。高校还应鼓励支持学生深入城乡,进入农村进行义务劳动,例如"暑期三下乡"等。大学生积极参与志愿服务,实现劳动教育与志愿服务有机融合、相辅相成。

三、引导大学生客观科学地掌握数字劳动

(一)数字劳动的概念界定——非物质劳动与物质劳动之论

国外学者对数字劳动概念的理论建构各不相同,也没有达成统一的定义。依据对数字劳动的属性划分,国内外学者对数字劳动概念的界定主要有两种观点。

1. 数字劳动是非物质劳动的当代形式

该观点认为数字劳动是区别于物质劳动的文化、知识、信息生产和消费的非物质劳动。"维基百科"对"数字劳动"词条的解释指出,数字劳动概念是从意大利自治主义的马克思主义的理论传统以及后福特主义理论发展而来,重点是探索和解释自动化、信息化产业中高水平的认知和文化劳动,它根植于高技术的全球化生产系统和知识经济。安托尼奥·卡西里认为数字劳动是指社交平台、互联网和移动终端使用者们的日常网络信息活动。② 有些学者认为数字劳动是指知识文化的消费被转化为额外的生产性活动,这些活动被劳动者欣然接纳的同时却被剥削,这就将数字劳动纳入到资本主义社会"免费劳动"这一更广泛概念中。泰拉诺瓦等学者根据免费劳动和非物质劳动思想给数字劳动下了初步的定义,主张用非物质劳动概念来解读数字劳动,指出数字劳动是免费劳动的一种表现形式,但她所理解的数字劳动主要指向互联网上的在线劳动,③ 属于非物质

---

① 吴奶金. 高校劳动教育内涵与可行性路径分析 [J]. 大理大学学报,2020 (5):38-41.

② ANTONIO CASILLI. Digital labor:travail, technologies et conictualités [M] //. Questceque le digital labor?. Paris:Editions de 1´INA, 2015.

③ 周延云,闫秀荣. 数字劳动和卡尔·马克思:数字化时代国外马克思劳动价值论研究 [M]. 北京:中国社会科学出版社,2016.

劳动的范畴。特雷博·肖尔茨认为数字劳动既是游乐场又是工厂的互联网上的劳动，除传统的工资劳动外还有无规律的自由免费劳动，是个体消耗在社交网络上的创造性工作。① 可见，这种观点主要基于劳动客体和劳动产品的非物质性，把数字劳动描述为由用户网上行为活动所实现的非物质劳动。

2. 数字劳动本质上还是物质劳动

该观点认为数字劳动涵盖了数字媒介生产、流通与使用所牵涉的脑力与体力劳动的多种形式。即使是在互联网领域，脑力劳动仍是基于人类肉体的物质性大脑活动，并未离开自然与物质，所以数字劳动归根到底也是物质劳动。福克斯和马里索尔·桑多瓦尔认为各种形式的用于数字媒体生产、流通和使用的脑力劳动与体力劳动②，即"数字媒体技术和内容的生产中资本积累所需要的所有劳动都属于数字劳动"③，这是更广泛意义上的数字劳动。福克斯的数字劳动是生产性劳动，包括硬件生产、内容生产和软件生产者的劳动和生产性使用者的劳动④，其范畴不仅指数字内容生产，还包括数字生产的所有模式，是农业、工业和信息劳动等劳动形式共同形成的全球生产网络，这个生产体系确保数字媒体的存在和发展。⑤ 福克斯的数字劳动是异化的数字工作，通过阐释马克思的劳动概念，指出资本主义社会中的数字劳动是以人类的四重异化为基础的数字工作，是劳动主体、劳动对象、劳动工具和劳动产品的异化。⑥ 相对于第一种观点，周延云、闫秀荣认为"社交媒体产消合一只是数字劳动的一种形式，它是网络化的、连接到其他网络的数字劳动形式，一起构成了能够使数字媒体生存的全球生态剥削"⑦。这种观点对数字劳动的界定有如下特点：以数据信息、数字技术和互联网为支撑，囊括工业、农业、经济、知识、信息等领域，是消耗人们时间的数据化、网络化形式的物质劳动。⑧ 这种观点实际上否定了非物质劳动与物质劳动的对立存在对于研究数字劳动的必要性，认为非物质劳动仍可归属于马克思的物质劳动范畴。但在具体讨论数字劳动的概念和涵盖范围时，这种广泛意义上的而非专业的概念认识容易将数字劳动与其他劳动形态统而视之，不便于深入研究数字劳动作为非物质劳动形式时的特殊性。

综上分析，两种观点对数字劳动概念的界定存在属性上的差别，但都认为数字劳动是生产性劳动，即数字劳动是非物质性或物质性的生产劳动，能够生产商品和剩余价值，

---

① LYNETTE KVASNY. Digital labour: the internet as playground and factory [J]. New Technology, Work and Employment, 2013 (3).

② CHRISTIAN FUCHS, MARISOL SANDOVAL. Digital workers of the world unite! a framework for critically theorising and analysing digital labour [J]. Communication, Capitalism & Critique, 2014 (2).

③ TREBOR SCHOLZ. Digital labor: the internet as playground and factory [M]. New York: Routledge Press, 2013.

④ 李仙娥. 数字经济时代的数字劳动 [N]. 中国社会科学报, 2016-11-24 (4).

⑤ 燕连福, 谢芳芳. 简述国外学者的数字劳动研究 [N]. 中国社会科学报, 2016-05-17 (2).

⑥ 燕连福, 谢芳芳. 福克斯数字劳动概念探析 [J]. 马克思主义与现实, 2017 (2).

⑦ 周延云, 闫秀荣. 数字劳动和卡尔·马克思: 数字化时代国外马克思劳动价值论研究 [M]. 北京: 中国社会科学出版社, 2016.

⑧ 吴欢, 卢黎歌. 数字劳动与大数据社会条件下马克思劳动价值论的继承与创新 [J]. 学术论坛, 2016 (12).

存在资本对数字劳动的剥削。两种观点对数字劳动的定义也就存在狭义和广义之分。第一种观点对数字劳动的定义是狭义或专业定义,主要针对数字媒体中用户的数字劳动;第二种观点是广义的概念界定,数字媒体生产、流通和使用中资本积累所需的劳动都被囊括进来,包含第一种观点对数字劳动的定义。由于学者对数字劳动属性、定义的界定不同,其适用范围、具体表现形式也相应地有所不同。

(二)基于不同属性划分的数字劳动具体形式

1. 根据数字劳动是非物质劳动的观点划分

根据数字劳动是非物质劳动的观点,数字劳动的具体表现形式主要包括互联网产业的专业劳动、无酬劳动、受众劳动和玩劳动。互联网专业劳动通常是指由拥有一定技术知识的人员所进行的与技术性相关的工作,如程序编程、应用软件开发,以及非技术性人员所进行的管理与日常工作,如后台管理员、网站客服。① 在宏观层面,夏冰倩对中国互联网行业专业人员的劳动条件进行了分析②,梁萌分析了互联网中知识劳动者边界定位、阶级分析理论传统、互联网劳动者特点等③。在具体表现方面,曹晋等人则考察了网络编辑等知识劳工的弹性雇佣关系、工作收入和工作时间。④ 无酬数字劳动是与有偿专业劳动相区别,也与其他形式的无酬劳动(家务、家庭手工作坊)不同的,为数字媒介公司生产利润却得不到报酬的在线用户劳动,比如社交媒体 Facebook、推特、微博等平台上的用户内容生产。布莱恩·布朗提出了无酬数字劳动定义的理论化的细微差异,研究了数字资本主义中无酬劳动的主要特征。⑤ 受众劳动是基于传播和媒体视角而得出的无酬劳动的一种特殊形式。布莱斯·尼克松认为受众劳动是无酬劳动的特殊形式,他追溯了作为政治经济理论基础的受众劳动概念的发展历程,探讨了受众劳动过程的政治经济学和数字时代的劳动剥削。⑥ 与个人信息发布、网页创建、资料上传等反映用户生产性与主体性劳动形式相区别,受众劳动以用户的消费性为特点,是用户在互联网上阅读、浏览与收听时所进行的消费活动,这些消费行为同时被资本积累所觊觎,是媒介生产中的一部分。针对网上用户的产消者特点,福克斯认为互联网时代的受众不仅仅是被动的观看者,更是内容的生产者,商业资本基于劳工所受强迫性、异化、产消者双重商品化的三种方式剥削"数字劳工"。⑦ 对于数字时代受众劳动对资本积累的贡献,虽然受众劳动在数字经济中处于核心地位,数字经济越来越依赖个人信息的商品化,但学术界

---

① 燕连福,谢芳芳. 简述国外学者的数字劳动研究 [N]. 中国社会科学报,2016-05-17 (2).

② BINGQIAN XIA. Digital labour in Chinese internet industries [J]. Communication, Capitalism &Critique, 2014 (2).

③ 梁萌. 互联网领域中的知识工人 [J]. 学术探索,2014 (3).

④ 曹晋,许秀云. 传播新科技与都市知识劳工的新贫问题研究 [J]. 新闻大学,2014 (2).

⑤ BRIAN BROWN. Will work for free: the biopolitics of unwaged digital labour [J]. Communication, Capitalism & Critique, 2014 (2).

⑥ BRICE NIXON. Toward a political economy of "audience labour" in the digital era [J]. Communication, Capitalism & Critique, 2014 (2).

⑦ CHRISTIAN FUCHS. Dallas smythe today – the audience commodity, the digital labour debate, marxist political economy and critical theory. Prolegomena to a Digital Labour Theory of Value [J]. Communication, Capitalism & Critique, 2012 (2).

并没有对作为一种特定数字劳动的受众劳动给予足够重视。① 玩劳动主要指用户为了获取乐趣在网络上进行的一系列娱乐性质活动，如闲聊、网络游戏和影视观赏，这些活动同时也为媒介公司生产了更多的资源和数据。阿威德·伦德考察了劳动和游戏之间的关系，并通过建构游戏、工作、赌博和劳动概念的分类学，提出对玩劳动的理解和批判。②

除了上述四分法，李仙娥将受众劳动与玩乐劳动归为一种，认为受众劳动和玩劳动同属于无酬劳动且有重叠部分。黄再胜认为"数字劳动是通过网络化数字化技术加以协调的一种非物质劳动形态"，他将数字劳动分为社交媒体平台无酬劳动、网络平台的微劳动和网约平台的线上劳动三种主要形态。③ 虽然不同学者对数字劳动具体形式的划分有所差异，但都是指数字技术、互联网领域中创造剩余价值的非物质劳动形式，可以大体划分为网上的有酬劳动和无酬劳动两种形式。

2. 根据数字劳动本质上属于物质劳动的观点划分

根据数字劳动本质上属于物质劳动的观点，对数字劳动具体形式进行划分。福克斯对数字劳动采取广泛意义上的概念，他在分析数字劳动具体形式时关注的是和数字媒体相关的劳动形式。福克斯将数字劳动纳入价值链的全球剥削领域中，跨国信息资本主义条件下的国际数字劳动分工要求在全球范围内全时段控制和剥削劳动，以实现利润的最大化。福克斯的数字劳动不仅表现在数字媒体领域，全球ICT产业资本积累的实现建立在大量工业、农业生产领域的劳动剥削之上，因此他对数字劳动形式的划分是从更为广泛的意义上理解的。福克斯分析了ICT行业全球价值链上所涉及的各种形式的数字劳动，包括非洲矿工奴隶般的劳动，中国富士康员工的劳动，印度软件业中的劳动，硅谷硬件装配工的劳动，谷歌工程师的贵族式劳动，呼叫中心泰罗制、主妇式的服务性劳动，社交媒体产消者用户的劳动等，认为所有被剥削的劳动形式相互依存。④

福克斯对数字劳动表现形式的研究涵盖了工业、服务业、信息等领域中的各种相关劳动形式，而将互联网专业劳动、无酬劳动、受众劳动、玩劳动等劳动形式作为数字劳动在互联网中的具象形态。因为他将"价值链"概念作为运用马克思生产方式理论分析各种不同形式数字劳动的逻辑前提，这一范畴就将不同领域内各种不同形式的数字劳动连接在一起。

(三) 大学生要客观科学地掌握数字劳动

数字劳动是数字经济发展的真正秘密，是劳动者剩余价值生产乃至价值生产的资本化、货币化，其本质是资本的剥削和积累。以往学者多从企业、政府的角度关注如何促进数字经济发展和数字世界管理问题，很少有人从大学生劳动者角度分析如何构建安全、

---

① ERAN FISHER, CHRISTIAN FUCHS. Reconsidering value and labour in the digital age [M]. Houndills/Basingstoke/Hampshire: Palgrave Macmillan press, 2015.

② ARWID LUND. Playing, gaming, working and labouring: framing the concepts and relations [J]. Communication, Capitalism & Critique, 2014 (2).

③ 黄再胜. 数字劳动与马克思劳动价值论的当代拓展 [N]. 中国社会科学报, 2017-04-27 (4).

④ 周延云, 闫秀荣. 数字劳动和卡尔·马克思: 数字化时代国外马克思劳动价值论研究 [M]. 北京: 中国社会科学出版社, 2016.

健康、和谐的网络劳资关系，以及通过制度和机制创设来维护数字劳动者的权益。

1. 大学生要强化维护权益教育

一是唤醒大学生认知，勇于维护自身权益。信息技术带来了经济社会的巨大发展进步，也使人们的生活更加便捷和丰富多样。当我们通过移动终端连接到网络，进行网购、查阅、游戏、交流时，我们感受到的是技术带来的乐趣和满足感，即使花费一上午时间去网购、玩手游，也很少有人认为自己的上网行为是生产性行为，受到了资本的控制和剥削。因此，很多人选择不断地网购或装卸游戏，在无意识中源源不断地为资本积累贡献大量的时间和精力。在数字劳动中，作为产消者的个体不只是数据商品生产的物件，而是具有生产性、群体性和社会性的集体和价值创造者。数字经济发展中的财富和权力来源于用户的创造和授权，用户才是网络空间和数据信息的所有者和主导者。普通的网络用户在进行内容生产时要看到上网行为背后隐藏的资本逻辑，不能只看到消费和娱乐而忽视生产劳动和劳动主体，在个人信息或隐私遭受侵犯时要勇于维护个人权益。当前，网络在环境保护、群体性事件和跨国运动等社会运动方面都有广泛的应用，社交媒体平台成为普通个体或边缘群体发声和维权的重要渠道。新时代大学生要善于学习和利用信息技术，依法捍卫合法权益。

二是提高网络素养，强化网络联合。互联网既是资本剥削劳动者的场域，更是劳动者联合、抵抗剥削的场域。作为大学生网民认知和行动动员的中介，以互联网为基础的信息与通讯技术对大学生网民认知的形塑和网络抗争时的内外沟通有重要的作用。一方面，大学生用户在使用网络获取社会、文化、荣誉资本和满足需要时也在不断掌握知识技能；另一方面，互联网、社交媒体平台在大学生网民维护权益过程中发挥了动员（认知动员、情感动员、示范动员等）、组织等作用。因此，提高新时代大学生网民对网络知识技能的掌握程度（如IT技能培训、储备人才），促进新时代大学生在网络世界的合作和沟通，能帮助大学生在数字领域占领技术和资本制高点。这不但能缩小因数字鸿沟带来的社会分层，还有助于大学生抵抗资本对网络空间和数据资源的侵占。

2. 保护大学生劳动者数据产品强化数字治理

一是增强数字劳动权益保护意识。虽然大学生用户的内容生产价值难以测量或者很低，但这并不代表数据产品是可以免费共享的，企业家不能打着网络免费共享的旗帜和口号去侵占用户的创造性劳动。网上产生的具有使用价值和交换价值的数据信息是数字劳动者创造性劳动的结果，但个体网上消费、娱乐的背后是社会的结构性不平等，即资本支配着生产资料和劳动产品。增强对数据信息成果的保护，首先需要大学生受众认识数字劳动产生的数据商品的内涵、特点、生产过程和经济价值，将其纳入数字劳动者权益保护的范围。对数字劳动生产内容的保护具体可体现在数据开发利用中，重视技术和法律层面保护用户隐私和数据产品。

二是加强数字治理，健全管理制度。并不是有关用户的所有信息都能虚拟化、货币化、娱乐化，也不是所有的网络数据源都是资本积累的"聚宝盆"，要通过技术和法律手段控制网络的商品化，不能将荣誉、人际关系、道德等都以金钱为标准照搬到网络上来。在技术层面，大学生作为数字劳动者的生产内容所有权应归属于大学生用户，平台商使用用户的数据信息要经过用户的许可，网络服务和使用条款应建立在使用者和所有者平等协商、公平公正的基础上。为此，要构建网上用户数字产品安全保护体系，以劳资双方协议的形式背书，并建立网络信息和用户隐私泄露预测和警报系统，防止用户数据信息在技术上被盗用和侵占。在法律层面，要建立健全劳动政策，否则在隐私和数据产品遭到泄露和侵权时大学生用户无法维护自己的合法权益，无视价值生产者只会让数字技术沦为资本剥削和积累的工具。网络立法中要完善社交媒体平台管控，严格禁止擅自使用、买卖用户个人信息的违法行为；完善网络信息服务和安全保护法律法规，依法规范和治理网络行为。

三是建立网络空间稳定的雇佣关系。参与生产过程并提供大量劳动时间进行价值生产的大学生劳动者，应享有权利更加民主、自由、平等地参与生产决策和剩余价值分配，合理分享劳动成果，减少劳动异化和剥削现象。因此，在制定相关政策和法规时还要关注数字劳动者的福利待遇或薪酬问题，构建和谐健康的雇佣关系。在现实中，企业家寄希望于人工智能、云计算、大数据和物联网等新技术能最大限度地取代人工劳动，但技术决定论的迷思已逐渐被打破，数据产品、网络游戏、社交媒体使用等背后存在的严重劳工问题没有得到解决，构建和谐健康的网络雇佣关系仍是雇主、员工和政府无法回避的现实问题。由于正式的劳动关系难以覆盖数字劳动者，政府应承担起向没有稳定雇佣关系的劳动者提供法律和社会福利保障的责任。比如在数字商品的成果分配中，劳动者享有数字产品使用权的福利，在分配中通过福利制度补偿劳动者的劳动付出。

3. 建设共有的网络空间

一是建设共建共享的网络空间。在数字化时代，资本通过对网络空间的"圈地运动"从而实现对数据信息的垄断和占有。为了应对数字世界资本主义的异化和剥削，福克斯在《数字劳动和卡尔·马克思》一书中提出建立"共有的互联网"或"工人阶级的互联网"的政治目标，人类的互联网应该消除阶级利益矛盾，实现共同占有和共同使用。[①] 构建共有的互联网空间，劳工阶级必须实现自觉联合和团结，掌握数据资源的所有权和使用权，数字信息技术要实现集体共有，保障大学生掌握数字技术知识技能，并将资本榨取剩余价值的触角阻挡在网络空间之外，防止资本衡量一切的错误意识形态的侵蚀。这样才能摆脱资本逻辑的控制，按照大学生的逻辑建设网络空间，为反抗资本在数字世界的空间圈占和数据源窃取奠定坚实基础。人和人之间的社会关系既有联系又相互排斥。在实践中，虽然共有的互联网建设具有艰巨性、复杂性和不可预测性，但人类社会历史的发展要求网络的未来发展必须以最广大数字劳动者的发展和利益为根本，劳动者共建共享的数字世界具有抵制资本剥削从而促进对经济社会的共同拥有的发展潜力，这也是目前为止最接近共产主义目标的一条途径。

二是建设非营利性、非商业化的网络空间。建设共有的互联网需要建立数字劳动者的非营利性、非商业化网络空间，网站可以拒绝广告的任意植入和数据肆意使用，寻找实现网络运作的资本替代物，不断将被资本主导和控制的商业化网站排挤出网络空间，减少网络上的劳动异化和剥削现象。"维基百科"的运作就超出了资本逻辑，它的创作者和内容生产者是成千上万的各类爱好者、发烧友和旁观者，其中并没有商业公司、被挑选出来的各种专家的参与，是普通的用户创造和成就了"维基百科"。

---

① FUCHS C. Digital labour and Karl Marx [M]. New York：Routledge Press，2014.

4. 辩证看待数字经济时代的数字劳动

在数字经济时代，新的劳动形态数字劳动极大地促进了经济社会发展，使个体的主观能动性、创造性得到了更大的发挥。但数字技术不只是实现人类进步的工具，网络也不仅仅等同于虚拟空间，它们还是资本主义通过文化和技术劳动实现价值生产的资本剥削逻辑的延伸①，数字劳动的背后是被遮蔽的权力不平等和资本生产逻辑。

数字劳动是数字时代马克思劳动价值论的扩展和生长出的新劳动形态，是在以前的社会环境中生产不出来的。随着社会进步和科技的发展，物联网、智能化甚至人造人等新兴技术的发展和普及必然会带来劳动形态的基因突变，数字劳动的具体表现形式也会出现新的特点。但所有劳动形态必然都围绕着人类主体来展开，没有人的参与就没有生产过程，资本积累也就无从谈起。数字劳动包括不同类型的表现形式，但这些形式对数字劳动者并不都是可见的，资本将劳动形式表现为民众的消费或娱乐行为，并使潜在的社会劳动关系隐藏起来、不可见。商业网站的价值生产被全球商品崇拜和各种形式的数字劳动剥削塑造着，要打破资本剥削数字劳动的现实，就要破除商品至上和资本至上对人类的扭曲，建立劳动者的数字世界。

在信息技术和数字技术飞速发展的今天，我国大力促进数字技术在社会各领域中的运用和普及，这对实现共享发展、全面建成小康社会具有重要的推动作用。但在具体实践中，我们也要重视数字经济发展中出现的贫富分化问题，在推动"互联网＋"连接融合到各行各业的同时，健全相关政策法规，强化互联网治理，维护普通数字劳动者权益，努力建设和谐健康的网络劳资关系。②

---

① TERRANOVA T. Free labor：producing culture for the digital economy [J]. Social Text, 2000, 18 (2)：34 - 35.

② 孔令全. 数字时代的数字劳动和数字治理 [J]. 厦门特区党校学报, 2017 (4)：43 - 46.